U0934598

北京国际交往中心发展报告

2019

ANNUAL REPORT ON
THE CENTER OF
INTERNATIONAL EXCHANGES OF BEIJING (2019)

刘 波 主编

《北京国际交往中心发展报告（2019）》编辑委员会

主编简介

刘波　2009 年博士毕业于中国人民大学国际关系学院。2009 年 7 月进入北京市社会科学院工作，现为外国问题研究所所长、研究员。研究领域主要为国际关系与国际大城市比较。出版个人著作多部，在《现代国际关系》《外交评论》等刊物上发表论文 20 余篇，并有多篇文章被《国际政治》《中国外交》等全文转载。主持多项国家社科基金和北京市社科基金。

摘　要

《北京国际交往中心发展报告（2019）》是由北京市社会科学院外国问题研究所主编的年度系列丛书。力求思考与回应北京城市国际化前沿热点与焦点问题，把脉北京国际交往中心建设趋势，推进全球化背景下国际大都市参与全球治理进程。丛书既关注国际交往中心建设历史方位和内在规律等问题，也探讨平台建设、路径选择等主题，以期实现首都北京与国际其他城市行为体之间的多向度比较研究。本报告每年度围绕特定研究专题进行组稿，侧重于对现实问题的学术性研究，提倡具有一定国际视野、立足于服务国家总体外交及城市建设和可持续发展的问题研究，以及深入有见地的理论研究与密切联系现实的城市国际化发展个案研究。

随着我国国际影响力的不断提升，“一带一路”倡议落地生根，北京作为大国首都，国际化城市框架持续优化，吸引越来越多的国际资源集聚，国际交往的影响力和话语权进一步提升。本报告围绕北京国际交往中心研究，共设7个板块。“内涵要素篇”主要探讨北京国际交往中心建设的内涵意蕴以及当前面临的现实挑战，并探讨城市作为新崛起的参与主体，在全球治理中的角色与作用。“国际组织篇”主要探讨在城市多元发展路径中，北京与相关国际组织的交往模式。“国际会展篇”主要探讨城市会展的发展目标、发展思路、空间布局、品牌建构以及世界城市国际会展比较等。“文化形象篇”主要探讨北京国际交往中心建设过程中的软实力因素，以及北京城市形象与品牌建设。“服务设施篇”主要探讨北京国际交往中心建设过程中的硬件和软件设施以及世界城市国际交往中心建设经验。“组织管理篇”主要探讨京、津、冀三地建设世界级城市群过程中，北京国际交往中心建设的组织体系和管理架构。“经验借鉴篇”主要选介国内外城市在对外交流合作过程中的特色做法和经验启示。

摘 要

前　言

习近平总书记在视察北京时提出，北京要坚持和强化首都全国政治中心、文化中心、国际交往中心、科技创新中心的核心功能。总书记关于北京城市战略新定位的讲话为首都城市发展指明了方向。2017 年《北京市国民经济和社会发展第十三个五年规划纲要》提出“十三五”时期北京要强化国际交往功能，建设国际城市。《北京城市总体规划（2016 年－2035 年）》提出落实城市战略定位，优化提升首都核心功能，加快推进国际交往中心建设，构建世界级城市群。2019 年我国主场外交活动异常活跃，4 月第二届“一带一路”国际合作高峰论坛在北京成功举办，5 月亚洲文明对话大会在北京举办，这些活动的成功举办为展示北京国际交往中心建设成绩和北京扩大改革开放成果提供了重要契机。北京作为首都，是国家外交和国际交往活动的核心承载地，是向世界展示我国改革开放和现代化建设成就的首要窗口，在服务国家总体外交、塑造和提升国家形象方面发挥着独特作用，近年来北京国际交往的影响力和话语权进一步提升。

《北京国际交往中心发展报告（2019）》是北京市社会科学院主办的系列发展报告之一，由外国问题研究所负责编撰出版。本报告是在前 6 年编撰经验的基础上，结合习近平总书记 2014 年、2017 年、2018 年、2019 年四次视察北京的重要讲话精神，结合首都北京“四个中心”建设的现实要求，深入探讨北京国际交往中心建设的历史方位和内在规律。国际交往中心建设是一项开创性事业，国际国内都鲜有先例可循，国内外相关研究成果更是凤毛麟角。随着“一带一路”等国家外交倡议的实施，将有越来越多的重大国际活动在北京举办，如何破解难题，进一步加强国际交往中心建设，已成为具有重大历史使命、任务艰巨的课题。相对于其他城市而言，北京作为首都，建设国际交往中心有着不同于其他城市的独特内涵。北京国际交往中心建设是要把北京建设成为对外交往的枢纽、国际资源集聚的平台、展示国家形象的窗口。本报告正是围绕以上内容开展编撰工作。

世界需要一个东方国际交往中心。北京国际交往中心建设是中国开展对外交流、参与国际事务的必然要求；是北京融入“一带一路”倡议的具体实践；对于首都城市功能战略调整、推进京津冀协同发展、提升北京国际知名度、服务中央开展全方位外交活动、向世界展示中国深化改革开放的国家形象具有重要的意义。

国际交往中心建设是一项复杂的系统工程，政治站位高、涉及面广、协调统筹推进难度大。希望《北京国际交往中心发展报告（2019）》的出版，能为实践中解决当前我国北京、上海等城市的国际交往交流问题提供一种新的宏观思考维度；能够使广大读者特别是关心北京国际交往中心建设的朋友，全面、深刻地了解国内外城市在国际交往中心建设方面的发展状况和先进经验，并从中发现更多更好的可以“攻玉”的“他山之石”。

刘　波

2019 年 8 月于北京

目　录

专栏一　内涵要素篇

专栏二　国际组织篇

专栏三　国际会展篇

专栏四　文化形象篇

专栏五　服务设施篇

专栏六　组织管理篇

专栏七 经验借鉴篇

专栏一　内涵要素篇

北京城市发展动力推进国际交往中心的延伸

——基于张庭伟[*]“城市政体理论”的研究和探讨

谢 鹏　傅 骁[**]

摘　要：“政府力”、“市场力”与“社会力”的合力物化，推进了城市空间布局的演变，实现了存量更新与增量拓展。其中，高速交通路线打造的综合区位优势，因其兼具可达性、通达性与集聚性效应，构成了推动城市发展的新动能。北京国际交往中心建设所拥有的交通区位优势，推进了城市空间布局的存量更新，奠定了国际大都市的基底；推进了城市空间布局

* 张庭伟，“城市政体理论”（Urban Regime Theory）代表人，美国伊利诺斯大学终身教授，美国规划联合会（ACSP）国际委员，美国注册规划师协会（AICP）国际委员，美国规划院校联合会（ACSP）国际委员。

** 谢鹏，中国社会科学院研究生院政治学系博士研究生，研究方向为政治学理论与国家治理；傅骁，中南大学建筑与艺术学院硕士研究生，注册城乡规划师、工程师，研究方向为城市规划。

的增量拓展，实现了城市空间布局的重心转移。北京逐步形成“一核一主一副、两轴多点一区”的城市空间结构和综合交通区位优势，由“单中心”封闭式空间发展模式向“多中心”均衡式空间发展模式演变，国际交往中心也随之向外延伸，形成了“三圈”：“核心圈”，即“一核”“一主”；“外延圈”，即“一副”“两轴”“多点”“一区”；“协同圈”，即京津冀“环北京区域”。国际交往中心职能向外溢出，北京也亟须优化空间布局，进一步提升国际交往中心职能。

关键词： 城市政体理论　综合交通区位优势　空间布局演变　国际交往中心　职能外溢

一　城市发展动力与空间布局演进

城市政体理论（Urban Regime Theory）是美国城市政治学理论的核心范式，它发轫于20世纪80年代初，发展于八九十年代，至21世纪达至巅峰。城市政体理论认为，城市空间布局意指“社会经济活动在特定空间内的非均质性分布”。城市不同部类经济集聚效应的变化导致市场行为人、常住居民选址的变化，并影响到城市土地的有效利用，使得城市空间布局表现出内部调整与外部扩展两种迹象，即原有的城市空间存量更新与增量拓展。存量更新是空间利用的集约化与空间重组的功能化双向并重的内涵式发展，而增量拓展则是在原有城市空间不足以容纳城市生产与生活时，将非城市建设用地转变为城市建设用地的过程。存量更新与增量拓展相互联系、互为因果。没有增量拓展，城市空间难以承接大规模产业与人口集聚，其内部功能结构的重组和存量更新将难以实现；而没有内部空间存量更新的推动，增量空间的外延式拓展也就失去了动力和支持。

城市空间布局的演变是城市内外诸多力量的合力物化，大致可分为

“政府力”、“市场力”与“社会力”，分别代表了政府、市场与社会三大主体力量。① 它们之间的相互作用推动了城市空间的存量更新与增量拓展，而城市则通过不断的存量更新与增量拓展以扩宽并优化空间布局（见图 1）。在相同权重的假设下，“政府力”与“市场力”的合力将对城市空间布局的演变起到主导作用。② 北京国际交往中心建设所拥有的交通区位优势就包含了“政府力”与“市场力”的双重作用，成为影响城市空间布局变化的新触媒。

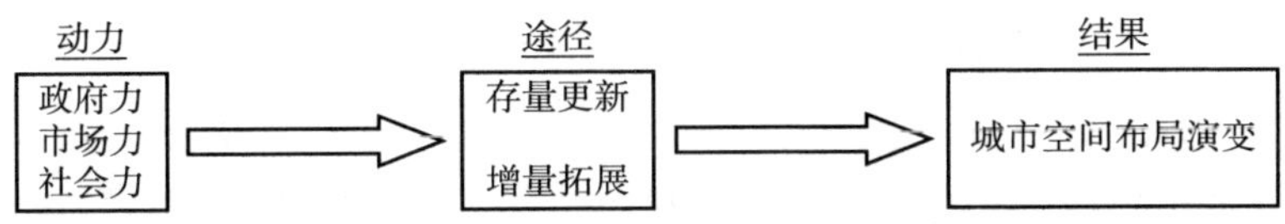

图 1　城市空间布局演变逻辑

二　综合交通区位的优化提升城市发展动力

高速交通路线所打造的综合区位优势，具有地理优越、交通便捷的特点，通过其交通优势形成“政府力”、“市场力”以及“社会力”的多重合力效应，在将城市空间向邻域拉动的同时，交通枢纽周边经济区、辐射带动

---

① 张庭伟认为，城市空间结构与布局的演变是作用于城市空间的各种力相互作用的结果，可简约分为“政府力”、“市场力”与“社会力”。“政府力”主要指当地政府的组成与发展战略；“市场力”主要包括控制资源的各种经济部类及与国际资本的关系；“社会力”则囊括了社区组织、非政府机构及全体市民。

② “城市政体理论”（Urban Regime Theory）认为，影响城市发展的资源性要素分别由政府、市场与社会三大主体掌控。三大主体中任何单一力量都不能推动城市的健康发展，它们通过合作表达利益诉求，共同促进城市的发展，而政府 - 市场 - 社会所构成的联盟状态则被称为“政体”（Regime）。在此基础上，张庭伟教授指出三大主体力量可能形成的合作模型：合力模型、覆盖模型与综合模型。其中，由于政府在城市发展中的规划性作用以及市场在城市发展中的经济源动力作用，在相同权重的假设中，“政府力”与“市场力”的合力模型将对城市空间布局演变起主导作用。

区会逐渐形成并发展起来。北京、上海这种国际化都市，还会推进国际交往中心的延伸。由此，城市空间布局也将由“单中心”封闭式空间发展模式逐渐向“多中心”均衡式空间发展模式演变，并最终形成区域空间一体化的网络结构。[①] 国际交往职能逐渐分散，呈现“多点开花”之势。可以说，城市形态每一阶段的变化都与交通条件的改善有着密切联系，而高速交通路线所打造的综合区位优势将极大地提升城市发展动力，从而促进城市空间的存量更新与增量拓展，以此加速该地区城市化与国际化进程（见图2）。具体而言，高速交通路线所打造的综合区位优势对提升城市发展动力、推动城市空间结构演进的效应主要表现在下述几个方面。

综合交通区位优势主要依托交通线路的扩散。高速交通线路对城市空间布局的存量更新与增量拓展作用尤为明显，城市因此由“单中心”封闭式空间发展模式向“多中心”均衡式空间发展模式演变，并最终形成区域空间一体化的网络结构

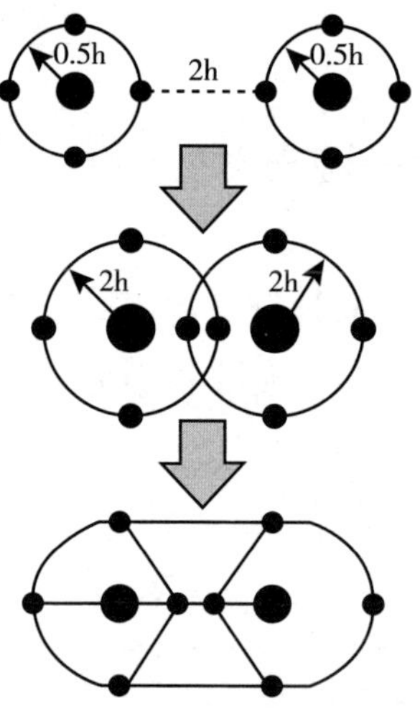

高速交通路线连接以前，各城市以及城市内各区域之间相对独立发展：城市内部时间距离小于城市间时间距离；区域内部时间距离小于区域间时间距离

高速交通路线缩短了各城市以及城市内各区域之间的距离，城市及城市内各区域范围扩大，内部时间距离延长

高速交通路线的建设促进各城市以及城市内各区域形成“轴—辐”式交通模式，多中心城市空间布局形成，连接性好的节点将获得更多增长机会

图2　综合交通区位优势对城市发展动力及空间布局的效应

① 高速交通线路促进了城镇空间布局的存量更新与增量拓展，城镇空间布局因此逐渐由“单中心”封闭式空间发展模式向“多中心”均衡式空间发展模式演变，并最终形成区域空间一体化的网络结构。综合交通区位优势的可达性效应、通达性效应以及集聚性效应则充分体现在城镇空间布局的扩展与优化上。

（一）可达性效应

交通是运输的生命线，综合交通枢纽是运输的节点。高速的交通系统不仅提高了运输速度、节约了运输时间，而且进一步扩大了资本所能到达的空间范围。① 从而在以市场经济和全球化为特征的这一时代，城市空间结构从“以经济活动部类为特征的水平结构到以经济活动层面为特征的垂直结构”成为可能。② 由综合交通枢纽作为连接方式的多种高速运输方式一体化联运已成为克服地区间经济交往地理限制、满足跨地域生产体系需要的重要因素。由此，在全球化产业发展的新规律下，产业逐步向具有高度可达性的地区转移，引导地区产业结构变化，从而导致地区空间布局重构。对于国际化都市而言，国际会议、活动、项目都将往“新晋之地”倾斜。

（二）通达性效应

与可达性效应相伴而来的是高度的通达性效应。综合交通枢纽作为运输的节点，其涵盖了多种运输模式。这样，以高速为特征的交通系统通过可达性效应，在加强地区间资源跨区域合理流动的同时，也增强了地区内以及地区间交通运输的通达性。不仅资源的跨区域运输更为频繁与便捷，而且地区内城市交通也将随之改善，从而不断优化提升城内交通运输效率。城际以及城市内交通运输通达性由此提升。对于国际化都市而言，国际往来会增加，国际商务更便捷，地区国际会议、活动、项目的承办能力也会相应提升。

---

① 在相同时间内，速度与路程成正比：S = V · T。因而，速度越快，所走路程越多，则资本所能到达的空间范围越广。

② 市场经济以自由资本为主要特征，资本在市场上自由流动；而经济全球化则以世界分工与世界市场为主要特征，商品生产合理分工且商品销售广泛流动。在工业经济时代，产业的管理与控制、研究与开发和制造与装配三个层面往往集中在同一城镇，城镇间依赖程度相对较低，因而城镇之间的经济活动差异在于部类不同而不在于层面不同——城镇体系水平结构。但在经济全球化与市场经济的进程中，三个层面的聚集向不同城镇分化，经济空间结构重组表现为制造与装配层面的空间扩散和管理与控制层面的空间集聚，城市间依赖程度较高——城镇体系垂直结构。

（三）集聚性效应

高速交通路线所打造的综合区位优势，尤其是具有机场、高铁、高速公路等高可达性元素的交通系统，对城市的经济、政治、文化以及社会活动将产生高度的吸附作用，特别是对高科技、高附加值、技术密集型产业以及与全球接轨的资源产业的集聚作用，成为区位集中的开端。它所带来的费用节约和利益增长带动进一步集聚，其内聚力通过倍数效应不断增强，向外扩散的辐射力也将随内聚力增强而增强。在这种集聚和扩散的共同作用下，一方面，综合交通枢纽所在地区的规模得以扩大；另一方面，该地区与周边组团、中心城区的联系得以增强，导致空间结构发生改变。对于国际化都市而言，伴随其集聚越来越多的优质资源，国际化程度也会越来越高。因此，综合交通区位优势是重要的集聚因子，从本质上引导着城市空间布局的改变以及国际交往中心的延伸。

三　北京交通区位优势与城市空间布局重心转移

（一）交通区位优势下的存量更新：奠定国际大都市基底

北京是中国的首都，是全国政治中心、文化中心、国际交往中心、科技创新中心，是一个拥有3000多年建城史和850多年建都史，充满了东方神韵与现代风采的国际大都市。北京交通基础设施完善，是全国铁路和航空枢纽。

铁路方面，北京铁路局所辖线路分布在北京、天津、河北“两市一省”及山东、河南、山西省的部分地区，是全国铁路网的重要枢纽，处于路网中枢位置。北京拥有京九铁路（北京—香港九龙）、京沪铁路（北京—上海）、京广铁路（北京—广州）、京哈铁路（北京—哈尔滨）、京包铁路（北京—包头）、京原铁路（北京—忻州原平）、京通铁路（北京—通辽）和京承铁路（北京—承德），这些都是国内铁路运输的重要线路。多条铁路干线共同构成以北京为中心，以天津、石家庄两个枢纽为支点的网状布局。在国际铁路运输方面，去往俄罗斯各地市、蒙古乌兰巴托和朝鲜平壤以及越南河内的列车均从北京发车。[①] 随着高铁线路全面铺开，京沪两地纳入5小时经济圈，千里京沪一日行。

航空方面，北京首都国际机场是全球规模最大的机场之一，是中国国际航空的主要中心，距市中心25千米，几乎所有北京的国内国际航班均在首都国际机场停靠和起飞。机场到北京市区全线通高速，同时配有一条地铁专线，从东直门到达T2航站楼仅需15分钟。北京首都国际机场每天有94家航空公司近1700个航班将北京与世界上54个国家的244个城市紧密连接，是连接亚、欧、美三大航空市场最为便捷的航空枢纽。从1978年至2014年，年旅客吞吐量由103万人次增长到8612.83万人次，居亚洲第1位、全球第2位。[②]

同时，北京还建有6座机场：北京南苑机场、北京良乡机场、北京西郊机场、北京沙河机场和北京八达岭机场、北京大兴国际机场。北京大兴国际机场是建设在北京市大兴区与河北省廊坊市广阳区之间的超大型国际航空综合交通枢纽，按照客流吞吐量1亿人次、飞机起降量80万架次的规模建设7条跑道和约140万平方米的航站楼，机场预留控制用地按照终端旅客吞吐量1.3亿人次、飞机起降量103万架次、9条跑道的规模设计，[③] 是继北京首都国际机场、北京南苑机场后的第三个客运机场。

不论是铁路还是航空，包括四通八达的高速公路（见图3），北京综合交通区位优势所形成的“政府力”与“市场力”的合力物化，带来的不仅是交通条件的改善、人员出行的方便，更是由于其兼顾可达性效应、通达性效应和集聚性效应，进一步推动城市空间布局的存量更新，北京逐渐成为中

---

① 关于北京铁路局详情介绍，请参见官网，http：//www.beij.12306.cn/Dzsw/action/HomeIndex_connectionIndex。

② 关于北京首都国际机场详情介绍，请参见官网，http：//www.bcia.com.cn/aboutus/index.shtml。

③ 数据源自任振南、镇佳《携手北京新机场 再筑烽火大辉煌》，详情参见新华网，http：//www.xinhuanet.com//info/2017-07/19/c_136799579.htm。

国的国际交往中心：诸多国家在北京建有使领馆和办事处，许多国际组织和有影响力的民间机构也在北京设有办事处，国际商业机构包括著名跨国集团在北京设有办事处、代表处和经营性机构；北京与诸多国家的城市建立友好城市关系，“朋友圈”遍布全球；北京举办包括 APEC、“一带一路”高峰论坛在内的多场大型国际会议……大量人员往来，大批资源汇聚，铸造了这个国际化大都市。

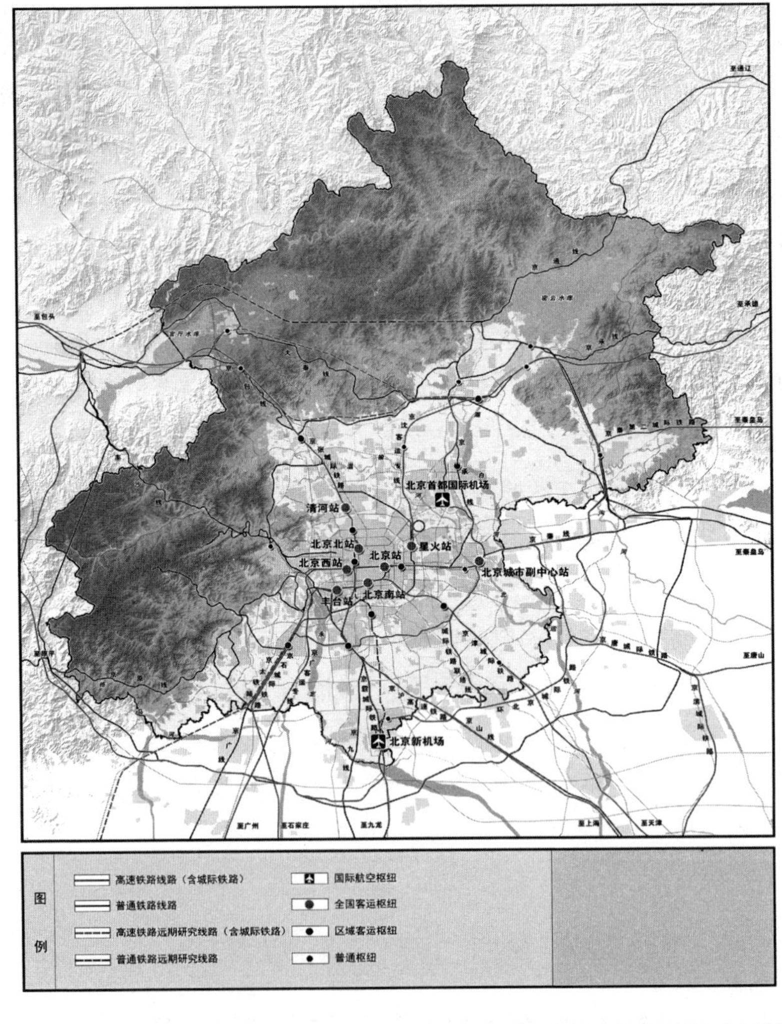

图3 《北京城市总体规划（2016 年 –2035 年）》市域客运枢纽体系规划

（二）交通区位优势下的增量拓展：城市空间布局重心转移

随着交通条件的进一步改善，综合交通区位优势也将推动北京实现增量拓展，这不可避免地导致该地区城市空间布局的改变。为了满足北京市增量拓展的需要，北京市规划和自然资源委员会出台的《北京城市总体规划（2016 年 - 2035 年）》明确指出，为落实城市战略定位、疏解非首都功能、促进京津冀协同发展，充分考虑延续古都历史格局、治理“大城市病”的现实需要和面向未来的可持续发展，着眼打造以首都为核心的世界级城市群，完善城市体系，在北京市域范围内形成“一核一主一副、两轴多点一区”的城市空间结构，着力改变单中心集聚的发展模式，构建北京新的城市发展格局。①

“一核”是首都功能核心区，总面积约 92.5 平方公里；“一主”是中心城区即城六区，包括东城区、西城区、朝阳区、海淀区、丰台区、石景山区，总面积约 1378 平方公里；“一副”是北京城市副中心，规划范围为原通州新城规划建设区，总面积约 155 平方公里；“两轴”即中轴线及其延长线、长安街及其延长线；“多点”是五个位于平原地区的新城，包括顺义、大兴、亦庄、昌平、房山新城；“一区”是生态涵养区，包括门头沟区、平谷区、怀柔区、密云区、延庆区，以及昌平区和房山区的山区，是北京的大氧吧。

北京城市空间布局重心转移，将极大地改变城市交通网络及区位优势；反之，也将推进北京城市空间布局的进一步演变。而这也是北京城市空间布局存量更新与增量拓展的题中应有之义。

四 “多中心”均衡式空间发展模式与国际交往中心的延伸

按照《北京城市总体规划（2016 年 - 2035 年）》规定，形成“一核一

① 详情参见《北京城市总体规划（2016 年 - 2035 年）》，http://ghgtw.beijing.gov.cn/col/col5096/index.html。

主一副、两轴多点一区”的城市空间结构和综合交通区位优势，必将导致“政府力”“市场力”“社会力”的合力效应，使得“一核”“一主”“一副”“两轴”“多点”“一区”各有侧重，在北京市城市规划中地位得到提升，北京逐步由“单中心”封闭式空间发展模式向“多中心”均衡式空间发展模式演变，“一副”“两轴”等地作为综合交通区位优势改善之地，将由于城市发展的可达性、通达性、集聚性效应，成为新的国际交往中心。北京国际交往中心的延伸，具体可概括为“三圈”。

（一）“核心圈”，即“一核”“一主”

《北京城市总体规划（2016 年 – 2035 年）》规定，首都功能核心区是全国政治中心、文化中心和国际交往中心的核心承载区，是历史文化名城保护的重点地区，是展示国家首都形象的重要窗口地区。中心城区是全国政治中心、文化中心、国际交往中心、科技创新中心的集中承载地区，是建设国际一流的和谐宜居之都的关键地区，是疏解非首都功能的主要地区。

由于交通网络布局和基础设施建设成熟，首都功能核心区和中心城区的交通网络布局没有大的变动。但是，北京站、北京西站、北京南站等主要铁路车站就在其中，且身处北京首都国际机场 40 分钟“抵达圈”。人口迁移以及大量北京市“四套班子”搬迁，一定程度上疏解了首都非核心功能：路段不再那么拥堵，人流量也没那么大了。与此同时，这也进一步改善了首都功能核心区和中心城区的交通区位优势，承载北京国际交往中心的能力也得到了相应提升。

（二）“外延圈”，即“一副”“两轴”“多点”“一区”

通州，作为北京的城市副中心，是新两翼中的一翼。《北京城市总体规划（2016 年 – 2035 年）》规定，通州应当坚持世界眼光、国际标准、中国特色、高点定位，以创造历史、追求艺术的精神，以最先进的理念、最高的标准、最好的质量推进北京城市副中心规划建设，着力打造国际一流的和谐宜居之都示范区、新型城镇化示范区和京津冀区域协同发展示范区。“两轴”

“多点”“一区”则充分发挥特色，在国际交往中心建设中扮演相应角色。

《北京市通州区总体规划（2016 年 –2035 年）》根据副中心 155 平方公里不同的功能定位、历史和自然条件，划定 11 个功能区块：文化旅游区、研发创新区、滨水生态区、商务服务区、旧城居住区、历史文化区、枢纽核心区、行政办公区、配套服务区、文化艺术区、国际交往区。其中，单列国际交往区，并划定温榆河以东、潞苑北大街以南、六环路以西、运潮减河以北区域为国际交往区。

对此，北京出台了一系列交通规划。例如，目前 17 条正在运营的地铁线路中，只有 3 条是进入通州区域的，即八通线、6 号线、亦庄线。但是在最新的地铁规划政策出台后，北京正在规划的 21 条地铁线路中，有 10 条将进入通州区域，这意味着通州区轨道交通线网进一步加密，形成多节点、网格状、全覆盖的交通网络。七横指平谷线、京唐城际、市郊铁路、6 号线、八通线、7 号线和 R1 线；三纵则是指 M17 线、S6 线、城际铁路联络线。北京地铁平谷线将是跨京冀首条城市轨道交通线（见图 4）。此外，为服务于环渤海及京津冀地区，北京还将建设京唐城际铁路，通州范围内设北京城市副中心站。交通来往更加便捷，对疏解非首都核心功能和推进国际交往中心延伸起到至关重要的作用。

加之，通往外围的交通条件改善，以及会议承载能力提升，许多大型国际会议也将放至“两轴”“多点”“一区”等地。例如，位于京郊怀柔城北的雁栖湖，就作为 2014 年 APEC 领导人非正式会议的主会场，承办过 2017 年“一带一路”高峰论坛圆桌会议。北京国际交往中心的“外延圈”即将形成。

（三）“协同圈”，即京津冀“环北京区域”

北京国际交往中心建设要与京津冀协同发展相衔接。《北京城市总体规划（2016 年 –2035 年）》明确提出“建设以首都为核心的世界级城市群”，具体表现在“提升京津冀城市群在全球城市体系中的引领地位”，这属于典型的城市维度的国际化目标。规划指明要“充分发挥北京一核的引领作用”，“在推动非首都功能向外疏解的同时，大力推进内部功能重组，引领带动京津冀

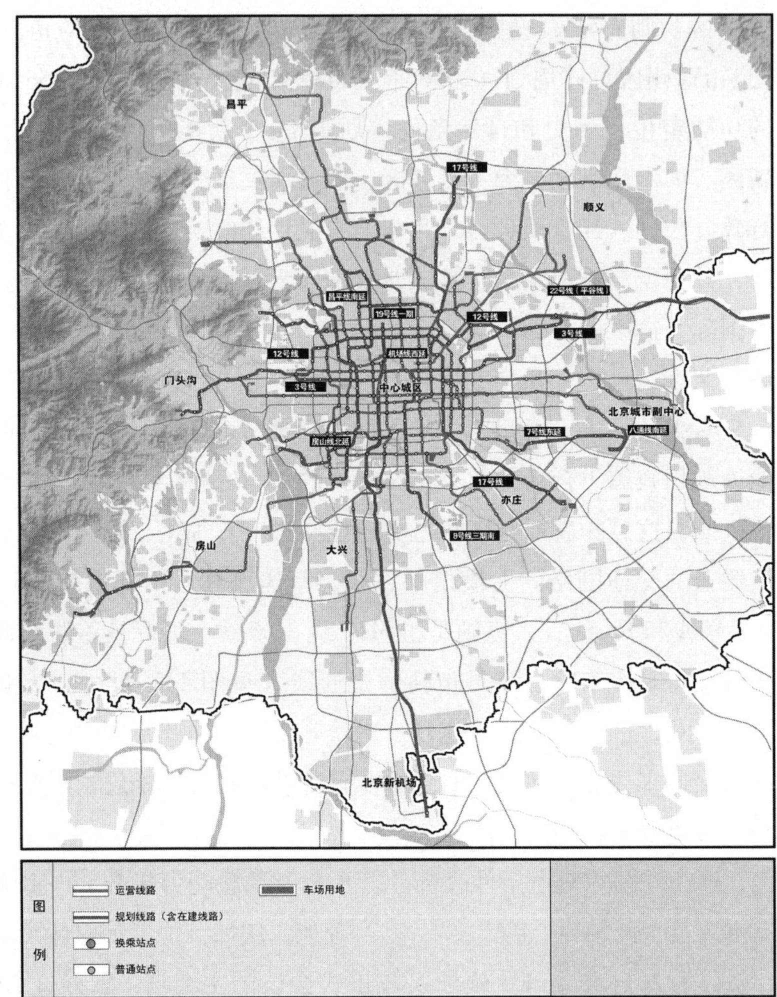

图4　《北京城市总体规划（2016年－2035年）》市域轨道交通2021年规划示意

协同发展”。其中，非首都功能疏解，是指北京用世界级城市的资源实力带动京津冀城市群的发展。国际优质资源要素的聚集地在北京，以北京为交往和创新平台，可以为京津冀城市群的经济发展、社会治理、文化提升和环境改善提供全球性资源。①

① 参见周鑫宇《国际交往中心建设的新内涵》，《前线》2018年第9期。

交通区位优势的改善，为京津冀地区建设“协同圈”奠定了基础。近年来，京津冀轨道交通建设取得了有目共睹的成绩，包括津保高铁、京津延长线、张唐铁路在内的多条线路已经开通运行，京张高铁、京唐高铁、京雄城际铁路、京滨城际铁路等多条线路已经确定开通时间表，正在紧张施工。根据《京津冀协同发展交通一体化规划》，到2020年，京津冀三地多节点、网格状的区域交通网络便会形成。[①] 到时，将形成京津石中心城区与新城、卫星城之间的“1小时通勤圈”，以及京津保唐“1小时交通圈”，相邻城市间基本实现1.5小时通达（见图5）。四通八达的轨道交通体系，不但拉近了城与城之间的距离，有效改善地区间发展不平衡的状态，促进区域经济的协同发展，1小时“经济圈”“生活圈”的加速形成，更可以在较大程度上缓解北京的压力，推进京津冀其他地区承接北京溢出的国际交往职能。

五　结语：进一步提升国际交往中心职能任重道远

根据《北京城市总体规划（2016年－2035年）》，北京的一切工作必须坚持全国政治中心、文化中心、国际交往中心、科技创新中心的城市战略定位，履行为中央党政军领导机关工作服务、为国家国际交往服务、为科技和教育发展服务、为改善人民群众生活服务的基本职责。

北京国际交往中心建设必将着眼于承担重大外交外事活动的重要舞台，服务国家开放大局，持续优化为国际交往服务的软硬件环境，不断拓展对外开放的广度和深度，积极培育国际合作竞争新优势，发挥向世界展示我国改革开放和现代化建设成就的首要窗口作用，努力打造国际交往活跃、国际化服务完善、国际影响力凸显的重大国际活动聚集之都。

据此，北京将优化九类国际交往功能的空间布局，规划建设重大外交外

① 详情参见刘亚力《〈京津冀协同发展交通一体化规划〉出台　构建“四纵四横一环”骨架　统一机动车排放标准》，《北京日报》2015年12月14日。

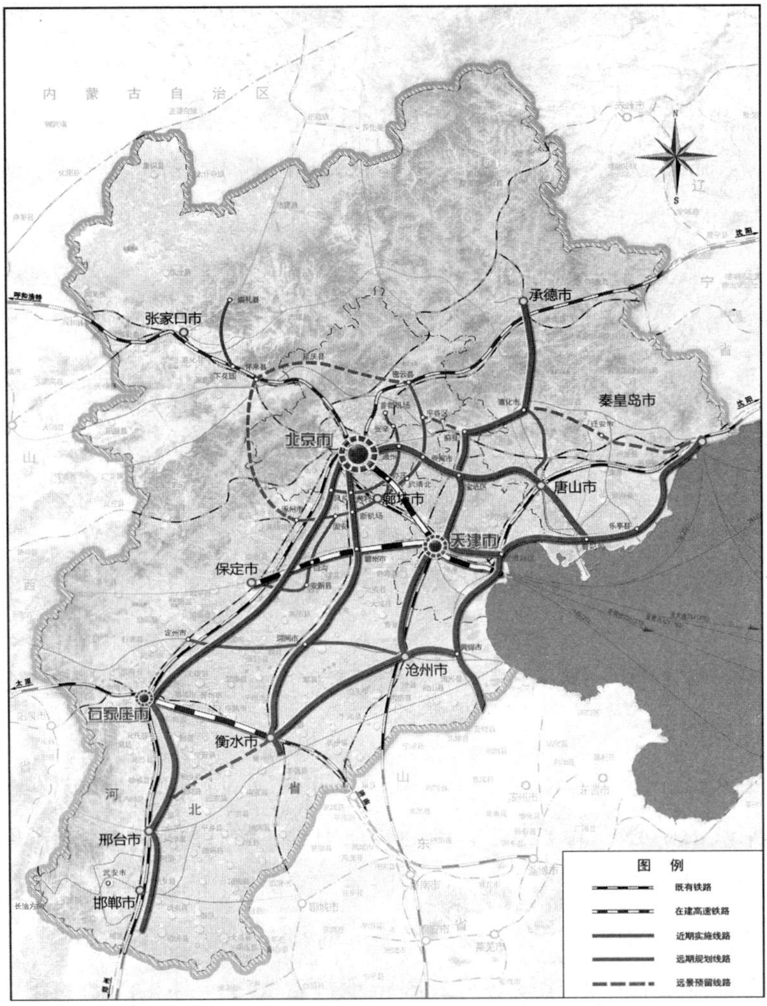

图 5　京津冀地区城际铁路网规划示意

事活动区、国际会议会展区、国际体育文化交流区、国际交通枢纽、外国驻华使馆区、国际商务金融功能区、国际科技文化交流区、国际旅游区、国际组织集聚区。

北京还要优化首都功能，增强国际交往中心职能延伸地区的综合实力和承载力，进一步提升城市综合竞争力和国际影响力。一是以两轴为统领，围绕核心区，在西北部地区、东北部地区、南部地区形成主体功能、混合用地的空间布局，保障和服务首都功能优化提升。二是东北部地区包括朝阳区东部、北部地区，应强化国际交往功能，建设成为国际一流的商务中心区、国际科技文化交流区、各类国际化社区的承载地。三是全面规范和完善多样化、国际化的城市服务功能，展现良好的对外开放形象。北京提升国际交往中心职能任重道远！

城市在全球治理中的话语权构建*

宋梦元　戴维来**

摘　要： 近年来，全球化深入发展，在全球治理主体多元化的背景之下，城市的职责和功能日益凸显，渐渐成为参与全球治理的重要主体之一。本文通过对全球城市相关研究的回顾，论述了作为治理主体城市的角色和功能，分析一些城市治理案例来探寻城市如何实现自身治理经验的创新，在此基础上不断提升其在全球治理中的话语权，通过与世界上其他城市的友好交往和参与跨国城市网络来发挥城市影响力。

关键词： 城市　全球治理　话语权　跨国城市网络

近年来，伴随着全球化转型升级，在世界范围内，虽然资金、人才以及技术上的流动促进经济繁荣、资源合理配置，但是在发展的同时，全球化这把双刃剑也造成了不可逆转的各种全球性问题。在全球化转型的过程中，各个国家的权利开始出现转移和扩散的现象，例如在全球治理观上，各个国家的理念、政策逐渐发生转变。在全球治理多元化的大背景下，国家在全球治理上的主导作用开始逐渐下降，一些超国家组织、跨国企业和公民组织纷纷

* 本文为国家社科基金一般项目“中等强国崛起对中国提升全球治理话语权作用研究”（项目编号：17BGJ038）的阶段性成果。

** 宋梦元，安徽大学社会与政治学院硕士研究生；戴维来，同济大学政治与国际关系学院副教授、博士。

担起治理的重任，而国家内部的各类次国家行为体包括“城市”在这个大转型的浪潮中脱颖而出，基于个体需要，在治理碎片化的国际环境中，城市逐渐成为全球治理的主角。[①] 作为一种新的治理主体，城市应该在国际领域中承担什么样的角色，发挥怎样的作用以及如何引领全球治理中的话语权都成为值得探讨的问题。

一 全球化时代城市及其相关研究

从20世纪下半叶的传统观念来看，城市并不具备国家的主体功能，而且没有外交权限，仅仅隶属于国家。而在全球化与信息化飞速发展的过程中，城市配置资源的功能日益凸显，信息与技术的流动也让全球市场体系对城市产生极大的需求。[②] 城市在全球治理的过程中具有突出的作用，在全球化的背景之下，城市在全方位、多层次的治理过程中的参与意识逐渐被唤醒，而这正是悄悄发生着的“城市革命”，城市崛起的同时，每个城市自身的治理行为都开始与全球治理联系起来。[③] 全球化与城市治理是双向驱动的过程，全球化程度高的城市能够更好地进行治理，而这又吸引着治理状态良好的城市进一步全球化。[④]

所谓全球化城市，又称为“全球城市”“世界城市”“国际城市”等。全球化毫无疑问为城市提供了转型与发展的机会，同时也为城市发展成为经济、政治和文化流动的枢纽创造了有利的环境。在国外的研究中，一些学者给出了经典的定义。帕特里克·盖迪斯（Pateick Geddes）在1915年所写的《演化中的城市》中较早地提出“世界城市”的概念，他认为世界城市是指

① 于宏源：《城市在全球气候治理中的作用》，《国际观察》2017年第1期，第40~51页。

② 汤伟：《超越国家——城市和国际体系转型的逻辑关系》，《社会科学》2011年第8期，第19~21页。

③ 张福磊：《全球化时代的城市与国家关系研究》，山东大学博士学位论文，2015，第2页。

④ Frannie A. Léautier, *Cities in a Globalizing World: Governance, Performance, and Sustainability*, IMFO: Official Journal of the Institute of Municipal Finance Officers, Volume 6, Issue 4, Winter 2006, p. 2.

能够举办重要商务活动的城市，并且这些城市在世界经济、商业方面占有重要地位。[①] 彼得·霍尔（Peter Hall）在其出版的《世界城市》中认为世界城市是指能够对国际上其他国家中的城市在经济、政治以及文化等方面造成深刻国际影响的一流城市。[②] 美国学者科恩提出将跨国公司作为衡量全球城市标准的新理论框架，他认为全球城市是一个国际劳工可以相互协调的新中心。[③] 而弗里德曼（Friedmann）（1995）则提出一个城市掌握经济权力的大小代表着其在世界体系中的地位高低，全球城市总的来说是世界经济的生产和控制中心，他还提出两种范式："世界城市假说"和"世界城市案例研究"。[④] 沙森（Saskia Sassen）（2004）则认为世界主要城市之间的友好往来使得某些治理政策独立于国家策略，为城市提供自由成长的环境。[⑤] 而罗思东等人（2013）也认为世界城市在全球经济中扮演着指挥和控制的角色，在国际体系中呈现三种维度：一是全球市场体系；二是全球管理体系；三是全球性公民社会。[⑥]

基于相关学者的研究和分析，本文认为世界城市或者说全球城市实际上就是指从各方面来看，在国际社会中对其他国家、地区或城市具有一定的影响力和号召力，能够直接影响国际事务的大城市，城市成为全球连接、网络化和私有竞争集合在一起的经济实体。

二 作为治理主体的城市：角色和作用

城市发展结构在全球化的催化下发生根本性的变化，使得城市竞争空间

① 苏宁：《世界城市理论综述与启示》，《商学院学报》2010 年第 11 卷第 2 期，第 71 页。

② Peter Hall, *The World Cities*, London: Weidenfeld and Nicolson, 1984, pp. 1 - 7.

③ Cohen, R. B., *The New International Division of Labor, Multinational Corporations and Urban Hierarchy*, London: Methuen, 1981, pp. 287 - 315.

④ 郑剑锋：《世界城市理论研究综述》，《当代社科视野》2009 年第 11 期，第 26 页。

⑤ Saskia Sassen, Local Actors in Global Politics, *Current Sociology*, 2004, Vol. 52, No. 4, pp. 649 - 670.

⑥ 罗思东、陈惠云：《全球城市及其在全球治理中的主体功能》，《上海行政学院学报》2013 年第 14 卷第 3 期，第 89 页。

扩展。城市全球化的本质不仅仅是城市内部社会经济结构的变化，同时也是城市向外辐射范围的变化。① 近年来，城市在全球治理中的主体作用表现得更为明显，城市自身虽然具有一定的对外交往和自我治理的能力，但仍旧受到国家强制力的约束。全球化增强了一些较为活跃的城市在国际领域的自主性和影响力，而城市对国家的依附性使一切行为仍在一定程度上反映国家的政策和要求。随着国家权力开始逐渐向世界城市倾斜以及不断形成的跨国城市网络，二者共同促使世界城市在全球治理中占有重要的席位，而作为治理主体的全球城市在国际事务中所担任的角色以及发挥的功能与作用也极其重要。

城市在全球治理中所担任的角色有以下两种，一是市民利益维护者，参与全球治理的过程，实际上也为城市争取了更多的利益。荷兰阿姆斯特丹积极参与应对非洲难民的治理，其中一个重要的原因就是避免难民入侵城市抢占公共资源，干扰城市居民生活。二是理想主义追寻者，例如城市参与反种族隔离运动。面对黑人长期受到压迫与歧视，阿姆斯特丹在 1986 年就宣布反对南非实行的种族隔离制度，联合其他城市共同抵制南非的各种经济、政治和文化活动以追求和平，从根源上解决移民问题。② 全球化时代下，城市在原有角色的基础上又被赋予新的意义以更好地处理国际事务和参与全球治理，同时更好地服务市民，给市民提供良好的生活条件。而罗思东和陈惠云（2013）在分析全球城市的主体功能时，则认为城市除了具有经济功能、政治功能和社会文化功能以外，在全球治理中还发挥着城市外交以及组建跨国城市网络的功能，并认为后两种功能是城市参与全球治理并具备主体地位的基本要素。③ 城市作为全球治理重要的参与者，对于世界经济、政治、文化、生态都有重要的影响，在治理中不断地提供公共物品，同时还影响着国

① 马庆斌：《全球化背景下的城市发展研究》，《云南大学学报》（社会科学版）2004 年第 1 期，第 53～54 页。

② 黄书铭：《全球治理视角下的城市外交竞争策略研究》，外交学院硕士学位论文，2014，第 40～43 页。

③ 罗思东、陈惠云：《全球城市及其在全球治理中的主体功能》，《上海行政学院学报》2013 年第 14 卷第 3 期，第 87～89 页。

际治理政策和规则的制定。如欧盟为了维护自身利益，通过对成员国中城市和城市联盟治理经验与意见的分析来制定有益于欧盟各城市共同利益的策略。①

从传统意义上来说，城市作为政策的实施者，一直都是应对全球性问题的重要战地。因为与低一级别的乡镇相比，城市的基础设施、资金、技术等资源要素都较为完善；与高一级别的国家相比，城市是实践的主体，能够较好地落实全球性问题的治理政策；与国际社会相比，城市更有凝聚力和组织能力。随着全球治理转变为自下而上模式，城市在创新治理理念和推进治理机制的实践上发挥着引领作用。例如，在全球气候治理方面，众多城市在全球气候组织的带领下积极参与到气候谈判的进程中，助力全球气候政策的落实。② 由此可见，在全球治理新趋势下，城市主要发挥三个方面的作用。

第一，在全球治理中，城市起着强有力的抓手作用。城市是全球治理最基本的执行单元，全球治理行动最终还是要落实到一个个具体的城市治理行为中，全球治理可在城市多层治理中反映出来。一方面是贴近生活，接地气，城市作为治理主体使民众更容易理解和接受一些治理政策与机制，与国家、国际组织相比，城市在相关政策、规划方案的实施方面更具有时效性，例如城市必须及时想出对策解决道路拥堵问题、处理城市垃圾等；另一方面是治理手段多元化，将单个城市作为治理的把手，可以针对当地实际发生的问题因地制宜地采取相应的措施。

第二，随着全球化背景下城市的崛起，城市在改革全球治理秩序方面起着推动作用。在全球性环境问题急需全面的解决机制时，城市扮演着重要的角色，城市的许多手段和方式都逐渐成为国际上的典型范例以供其他国家、地区或者城市借鉴和学习，能够得到全球各地区的响应。特别是在国际秩序转型过程中，城市也是特定形式的世界秩序的一个方面。全球治理面临诸多

① 朱鑫鑫：《城市在多元气候治理中的引领作用》，上海国际问题研究院硕士学位论文，2016，第24～25页。

② 朱鑫鑫：《城市在多元气候治理中的引领作用》，上海国际问题研究院硕士学位论文，2016，第19～26页。

挑战往往可归因于国际社会缺乏领导力。市长能够超越城市政治并发展跨国网络，可能是有效应对气候变化或可持续发展等重大挑战的关键因素。[①] C40城市被广泛认为是城市应对全球气候变化的关键驱动因素。C40城市成立于2006年，是一个致力于应对气候变化的世界城市联合网络组织，包括中国、美国、加拿大、英国、法国、德国、日本、韩国、澳大利亚等国家的94个城市成员。该组织采取大胆的气候行动，引领更健康、更可持续的未来。[②]

第三，城市具有构建和平的功能，齐心协力预防和解决全球问题，增强国际社会凝聚力，具有较强的合作性和灵活多变的方式。例如，我国在“一带一路”建设中，秉承“和平共处、平等互利”的原则与沿线节点城市友好往来和务实合作，致力于解决中东地区城市所出现的能源问题，不断推进当地全面发展等。[③] 再如“和平市长”（Mayors for Peace）行动，“和平市长”是一个致力于促进和平的城市国际组织，该组织于1982年在当时广岛市长的倡议下成立，在国际议程上主张废除核武器以及解决贫困和难民、地方冲突、环境变化等问题。

三　城市对全球治理话语体系的建构

在世界秩序转型升级的大背景下，国家话语权的竞争渐渐地从传统国际话语权向全球治理话语权转变。所谓话语权，有学者认为它来源于后现代主义学者福柯提出的概念，是一种用暴力与强制力去改变他人意志与想法的方式；而中国部分学者则认为话语权包括两层含义，一种是权利，一种是权力，意思是在人们的权利得以保障的前提与基础之上，可以用适当的权力施加影

① Michele Acuto, City Leadership in Global Governance, *Review of Multilateralism and International Organizations*, July-September 2013, Vol. 19, No. 3, p. 481.

② 详情见C40官方网站，https：//www. c40. org/。

③ 裴学胜、史业华：《浅谈“一带一路”国际节点城市之间的合作模式》，《广东蚕业》2018年第52卷第9期，第139～141页。

响。[①] 实际上，一个国家的话语权、在国际上的影响力根本上还是综合国力的体现，同时国家话语权的建构不仅需要将本国的创新意识运用到实践中，还需要他国的积极参与。[②] 而当前治理主体多元化让更多的非国家主体参与到全球治理中，城市作为主体之一构建话语权就具有极其重要的意义。

话语体系是一个涵盖多方面因素的复杂体系，是城市综合实力的集中体现，也是衡量一个城市是否能够参与国际事务的重要标准。[③] 因此，建构城市话语体系也需要一定的框架与方法。同时，城市话语体系的建构是城市拥有话语权优势的基础，[④] 而对于一座城市来说，要想在国际上彰显影响力，最重要的就是综合实力要达到一定标准。全球秩序转型升级和全球治理主体多元化推动着传统话语权解释能力的转移，其逐渐转向全球治理主体话语权上。[⑤] 全球城市从三个方面参与全球治理，其中之一就是在经济、人才供给以及治理经验方面在全球治理中发挥相应的作用。[⑥] 城市作为全球治理中的新主角，其话语权体系的构建少不了城市自身成功的治理经验及其所开展的丰富外交活动。

（一）城市自身治理能力提升

最初的城市治理是指解决城市日益复杂的环境问题，而随着时代的发展，治理开始向多层次领域扩展，日益转变为从全球化的角度去思考城市的治理方略。城市“创新治理”主张通过建立创新性的城市品牌与明确定位，整合

① 吴志成、李冰：《全球治理话语权提升的中国视角》，《世界经济与政治》2018 年第 9 期，第 13 ~ 14 页。

② 王翼：《国际话语权演变特点与中国话语建构》，《毛泽东邓小平理论研究》2016 年第 4 期，第 67 ~ 69 页。

③ 蔡峻：《构建以“城市”为主题的国际话语权》，《中国城市报》2018 年 11 月 5 日。

④ 杨建：《以文化创新发展促进城市话语体系建构》，《特区实践与理论》2019 年第 1 期，第 110 页。

⑤ 吴志成、李冰：《全球治理话语权提升的中国视角》，《世界经济与政治》2018 年第 9 期，第 14 页。

⑥ 汪炜：《世界政治视野下的全球城市与全球治理——兼谈中国的全球城市》，《国际政治研究》2018 年第 1 期，第 102 ~ 106 页。

城市内部各种资源，与世界上其他城市产生市场差异等方法，提高城市竞争力和治理能力。[①] 我国城市发展特色很好地展示了创新治理的案例。例如海口市被定义为“椰风海韵，南海明珠”，促使其旅游业繁荣发展；中国香港被称为“购物天堂”“亚洲魅力之都”，其城市品牌是活力与创新；曲阜市被看作“孔子故里，东方圣城”，其把握城市文化内涵，以传承独特的城市文化背景来发展城市；舟山市被定义为“海天佛国，渔都港城”，因为毗邻东海，海产丰富，同时普陀山旅游业基础雄厚，以此形成该城市发展路径。创新成为城市成长和发展的治理新能量、新动力，其在丰富城市内涵和意义的同时能够提高城市的影响力和在全球治理中的话语权。安迪·索恩利等人在其著作中论述了卡迪夫的空间规划与多层次治理，提到城市治理政策应该朝着同一个方向努力而不是相互竞争。作为英国威尔士最大的煤炭出口港，卡迪夫也应该如伦敦这样的世界城市一样在欧盟范围内发挥越来越大的作用。英国政府将决策和治理权下放到区域一级，改变了经典的单一状态模型的轮廓，对威尔士多层次治理和空间管理的转变产生了重大影响。城市治理最重要的是寻求灵活性的治理政策而不是组建新的持久而又健全的政府形式。[②] “治理”将国家、区域和城市决策者联系起来，在当今国际社会中，城市无论是寻求自身发展还是在世界范围内发挥影响力，都需要在自身治理手段和方式中找到突破口。

（二）部分国家城市的治理经验

在全球治理中，城市以灵活的身份参与到跨国城市合作网络当中，以此形成城市共同参与全球治理的局面。这些参与其中的城市不仅是治理经验的接受者，也是治理经验的传播者。

---

① 陈晖渊：《城市治理：全球化下创新治理的概念阐述》，《海峡两岸“行政改革与公共治理能力现代化”学术研讨会论文集》，2015，第273～278页。

② WGM Salet，Andy Thornley，Anton Kreukels，*Metropolitan Governance and Spatial Planning*：*Comparative Case Studies of European City-Region*，Abingdon：Taylor & Francis，2003，pp. 77－90.

经济大国的城市参与全球治理：“北九州岛模式”之日本绿色城市建设。日本的北九州岛市从一个环境污染触目惊心的重工业城市转变为著名的绿色生态城市，这样的城市治理建构之路对于世界各国的城市而言都具有学习和借鉴的意义。“北九州岛模式”是由日本政府、企业、市民以及其他社会组织机构共同发展出来的环境治理模式。政府方面设立严格的机制和全面的大气污染监视仪，高校与研究所提供科技人才研制创新性技术，企业作为最为核心的执行者，改善企业生产工艺与模式，使用绿色生产技术，而民众则积极参与到宣传、策划北九州岛环境保护的活动中。① 由此，北九州岛渐渐地突破旧产业结构，以新兴产业代替原有的重工业，成功地转变为依托生态环境和新兴产业而创造城市价值的绿色城市。

不仅如此，北九州岛还通过国际交往与合作，发挥城市影响力和话语权，参与到全球治理之中，将环境治理技术与经验传播给其他国家。北九州岛市政府发起北九州岛清洁环境倡议东亚，促使许多城市都参与进来，致力于共同治理空气污染、水污染以及各类垃圾清理等城市环境问题。参与到该倡议的城市通过相互合作、经验互鉴，形成了深厚的友谊和信任，更重要的是通过环保经验的学习，懂得环境治理更重要的是把握整体环境目标，根据城市自身能力和实际特点来制定环境治理政策。②

中等强国的城市参与全球治理：巴西里约热内卢的贫民窟治理经验。贫困人口问题一直是国际社会所关注的热点，而巴西在城市化进程中就产生了严重的贫民窟现象，其中以里约热内卢为代表的城市出现了一系列严重的后果。自 20 世纪 90 年代开始，联合国和世界各国开始关注在全球出现的贫民窟问题，使得巴西政府也开始重视贫民窟问题对国家和社会造成的负面影响，关注社会公平和贫富差距等相关问题，形成了一系列值得世

① 朱光明、杨继龙：《日本北九州岛：“灰色城市”到“绿色城市”的治理之路》，《社会治理》2015 年第 2 期，第 137～141 页。

② 薛晓芃：《网络、城市与东亚区域环境治理：以北九州岛清洁环境倡议为例》，《现代国际关系》2017 年第 6 期，第 59～62 页。

界各国借鉴的治理经验。[①]

巴西里约热内卢的贫民窟作为一种非正规性的存在一直是这座城市最为棘手的问题。政府改变以往的强制性手段，不再对贫民窟进行大规模强制性拆除和迁移，进而转变为新的治理模式，即将城市空间内非正规性与正规性制度以合理的方式相结合，对贫民窟进行改造升级，使贫民窟在社会中有存在的合理性，同时提升贫民窟的公共服务设施质量、关注贫民生活状况。巴西政府通过设立专门的治理机构城市部，建立起多元主体协作治理的网络，除了政府的治理措施，社区、金融机构、国际组织以及当地的居民都参与到治理贫民窟这一重大任务中来，将土地使用权的合法化作为治理的重要内容，采用因地制宜的治理手段。这种治理方式简单地说是由强制性的手段转为包容性的发展战略，这种柔性化的城市治理方式使得里约热内卢的贫民窟问题得到了一定的解决。[②] 由于巴西贫民窟的规模、内部社会结构以及治理主体等方面在国际社会中具有典型特征，因此对于其他城市极具借鉴性，为世界范围内解决贫民窟问题提供了一个创造性的治理方案。

（三）城市外交能力提升

从全球治理的角度来看，国家作为治理主体的地位不可取代，但全球治理问题复杂多样，因此也不可忽视其他治理主体，而城市通过城市外交、加入跨国城市组织等方式开展合作、参与全球治理。从以往学者的研究来看，城市外交就是指城市在不违背国家相关政策法规、外交政策以及国家利益的情况下，为了自身的发展和利益与其他城市开展友好国际交往。[③] 从传统的观点来看，城市一般情况下通过三种方式直接参与国际事务或开展友好往来：一是与其他城市发展友好关系、结为友好城市；二是设立城市间的国际组织；

① 杜悦：《巴西治理贫民窟的基本做法》，《拉丁美洲研究》2008 年第 30 卷第 1 期，第 59 ~ 60 页。

② 李明烨、亚历克斯·马格尔哈斯：《从城市非正规性视角解读里约热内卢贫民窟的发展历程与治理经验》，《国际城市规划》2019 年第 2 期，第 56 ~ 63 页。

③ 黄书铭：《全球治理视角下的城市外交竞争策略研究》，外交学院硕士学位论文，2014，第9 ~ 11 页。

三是直接与其他国家和地区城市开展交往。①

全球城市有着惊人的经济实力，人和财富前所未有地集中，拥有最先进的基础设施。它们具有跨越传统国界的规模，可能会产生许多最紧迫的政治问题，突破人们对国际政治的传统理解。然而，不只是全球城市，还有为数众多的其他类型的中小城市也在制造和适应这种变化。如果城市之间的经济、社会发展差异较大，那么其相互往来的机会就少，合作的可能性就小。以中欧多层气候合作为例，城市规模、结构以及城市中的产业结构相似才使得中欧在气候治理上的合作顺利进行。因此为了保证城市之间在全球治理中保持长期稳定的合作，中欧双方需要鼓励具有相似特征的城市加强气候方面的伙伴关系，以解决世界各国在气候治理问题中的非对称性难题。② 相似性让城市合作更具有可能性，由于城市处境类似，城市之间携手构建命运共同体的机会就大。虽然城市在全球治理中发挥着独特的作用，但是由于身在其中，难免有利益偏颇而无法直接制定政策，因此最为公平的方式就是组建跨国城市网络。早在 1992 年之前，欧洲的很多城市就已经加入气候联盟（Climate Alliance）、气候保护城市（Cities for Climate Protection）、能源城市（Energy Cities）等组织之中。③ 本杰明·莱弗尔（Benjamin Leffel）等人认为，城市治理的主要手段是通过所谓的跨国城市网络（TMNS）参与到全球治理的进程中，而城市的等级越高就越有可能被邀请或成功申请成为 TMNS 的成员。④ 跨国城市网络的兴起为城市参与全球治理提供了广阔的平台，不同的城市在跨国组织中互动与合作，在国际社会中交流分享自身治理理论和经验，并且主导着治理政策的制定与实施，在全球环境、疾病、人口等治理方面发挥着不可替代的作用。

---

① 龚铁鹰：《国际关系视野中的城市——地位、功能及政治走向》，《世界经济与政治》2004 年第 8 期，第 40 ~ 41 页。

② 康晓：《中欧多层气候合作探析》，《国际展望》2015 年第 1 期，第 90 ~ 106 页。

③ 巩潇泫：《欧盟气候治理中的跨国城市网络》，《国际研究参考》2015 年第 1 期，第 11 页。

④ Benjamin Leffel & Michele Acuto, Economic Power Foundations of Cities in Global Governance, *Global Society*, 2018, pp. 2 - 20.

四 结语

当今时代，全球治理显现出复杂而又扑朔迷离的状态，治理主体多元碎片化，全球城市作为一个独特而又普遍的行为体，在全球治理中的作用和责任日益凸显。城市在参与全球治理这一过程中，压力与挑战并存，但从城市发展层面来看，这是城市走向国际舞台难得的机遇。城市在参与全球治理时，一方面，展现城市智慧，为国际社会贡献自身力量，帮助区域制定相关政策和制度解决共同面临的问题与困境；另一方面，优先了解和实施全球治理的具体政策，帮助城市走出困境，承担起城市的责任和主体功能。

在国际外交、全球治理以及跨国城市网络三个领域中，城市开始发挥着关键性的作用。在应对全球气候变化问题上，城市通过加入 C40 等跨国城市组织，启动“全球气候与能源市长公约”，将城市作为最基本的载体致力于减少温室气体排放，从根本上降低气候变化的风险。① 面对全球环境问题，城市在地方政府的跨国环境合作网络中扮演着重要的角色，城市成为国家间协调环境共识、分享环境治理经验、输出“环境治理技术”的重要主体力量，是全球环境治理新的增长点。② 同时，在全球所出现的能源危机、人口问题、贫困问题以及疾病防控问题中，城市已经超越国家的局限性，利用跨国城市网络等非政府组织参与到全球问题的治理中去。

由此可见，在全球化背景下城市在全球治理中的话语权和引导权逐渐增强，担任着重要的主体角色。首先，能够参与到全球治理中的城市其本身必定有某方面的治理优势与独特的经验可供国际上其他城市学习和借鉴，只有具备足够的治理经验才能在全球治理中有话语权和影响力；其次，城市主要通过与其他城市开展友好合作或者加入跨国城市网络来共同面对全球治理难

① 盛守光：《全球气候治理中的城市气候领导联盟（C40）研究》，外交学院硕士学位论文，2018，第 8 ~ 9 页。

② 薛晓芃：《网络、城市与东亚区域环境治理：以北九州岛清洁环境倡议为例》，《现代国际关系》2017 年第 6 期，第 61 ~ 63 页。

题，合作能够汇集各种治理经验，各城市之间分享、交流、传播地方性的治理经验，推动治理机制创新，为全球治理贡献城市力量。总之，城市日益成为全球治理中的重要参与主体，虽然城市在当今全球治理中发挥的作用与国际行为体相比还比较小，但不可否认的是城市在全球治理中的话语权和影响力逐渐扩大，并成为全球治理体系中不可或缺的参与主体之一。

打造“东方智慧”定位的国际交往中心

——关于北京“国际交往中心”的思考与建议

李新玉*

摘　要： 建设国际交往中心是北京在21世纪迈向世界城市战略目标的关键所在，是中国向世界展示东方智慧的重要窗口，也是世界政治、经济、文化、科技重心转移的战略需要。北京拥有独特的城市特点和融传统与现代、集东西方文化的优势，借助“国际友好城市”平台，可将北京国际交往中心定位为“东方智慧中心”。

关键词： 北京　国际交往中心　智慧城市

国际交往中心，主要指在国际交往中具有一定影响力，能够在地区或全球发挥重要作用的城市。换言之，世界城市，亦称全球城市，是一个城市发展的高级阶段，是城市国际化水平的重要标志。1966年，国际著名世界级城市规划大师彼得·霍尔在他的著作《世界城市》中指出，世界城市指那些已对全世界或大多数国家产生全球性经济、政治、文化影响的国际第一流大城市。目前，公认的世界城市包括纽约、伦敦、巴黎、东京等。世界城市往往就是国际交往中心。

目前，国际上就如何定义世界城市，主要有三个评价体系：英国“全

* 李新玉，中国人民对外友好协会民间外交战略研究中心主任，研究方向主要为公共外交。

球化与世界级城市研究小组”（Globalization and World Cities Study Group and Network，GaWC），每年公布全球城市分级排名；美国“科尔尼全球城市指数”（The A. T. Kearney Global Cities Index），主要围绕商业活动、人力资本、信息交换、文化体验和政治参与五大维度 27 个衡量标准评估全球领先城市的综合实力水平；日本森纪念财团都市战略研究所的“全球城市综合实力排行榜”（The Global Power City Index，GPCI），主要从经济、研究开发、文化交流、居住、环境、交通出行六个领域对城市的综合实力进行评估。根据这些评价体系，伦敦在 2015 年 3 月公布了《伦敦规划》，提出打造“全球顶级城市”目标；巴黎也提出到 2030 年将巴黎打造成为“世界之都”的规划；纽约在 2013 年提出建设“更加强壮、更具弹性的纽约”目标。这些世界城市的发展目标中，都有一个非常重要的元素，那就是国际交往水平，而积极打造具有特色的国际交往中心是建设世界城市的必然要求。

2015 年 8 月 23 日，中共中央政治局审议并通过《京津冀协同发展规划纲要》，其中明确将北京定位为“全国政治中心、文化中心、国际交往中心、科技创新中心”。同时，提出建设“以首都为核心的世界级城市群、区域整体协同发展改革引领区、全国创新驱动经济增长新引擎、生态修复环境改善示范区”。三省市定位分别为：北京市“全国政治中心、文化中心、国际交往中心、科技创新中心”，天津市“全国先进制造研发基地、北方国际航运核心区、金融创新运营示范区、改革开放先行区”，河北省“全国现代商贸物流重要基地、产业转型升级试验区、新型城镇化与城乡统筹示范区、京津冀生态环境支撑区”。

中央明确提出北京作为全国政治中心、文化中心、国家交往中心、科技创新中心的战略定位，这是党中央赋予北京的神圣使命，其中国际交往中心既是首都政治中心的基本功能，又是国家政治、经济、文化、科技发展水平的综合体现，是实现北京世界城市战略目标的关键所在。那么，北京与其他世界城市相比，具有什么突出特点？北京成为国际交往中心的“魂”是什么？

关于建设北京国际交往中心各类建言献策很多，基于世界城市国际交往中心的基本元素，如各国使领馆情况、国际组织总部/代表处数量情况、跨国公司数量情况、国际论坛/大型会展情况、各种人文交流与旅游互动情况等以及“硬件”与“软件”建设的各种分析均从不同视角详细论述，在此就不赘述。本文仅就北京独特的城市特点和融传统与现代、集东西方文化的优势，借助“国际友好城市”平台，建议将北京国际交往中心定位为“东方智慧中心”。

一　顶层特色设计，定位“东方智慧”的国际交往中心

提起巴黎，人们第一反应是“世界时尚之都”；说起伦敦，人们普遍认为是“世界金融中心”。那么北京应该如何定位？北京城市的“魂”是什么？

分析北京所有特点后，笔者认为，“东方智慧”是北京的魂。北京，中华文明的象征，具有悠久灿烂、生生不息的历史，凝聚厚重尊贵的文化积淀、博大精深的东方智慧。北京，有着3000多年的建城史和800多年的建都史，是世界著名的历史文化名城，更是中国国家形象的代表。如果说21世纪是东方文明世纪，那么中国北京应责无旁贷地担负起“东方智慧中心”的使命，向世界敞开胸襟，展示东方文明的博大精深、中华文化的源远流长和“天下兴亡，匹夫有责”的政治豪气。北京独特的文化地位，世界独一无二。

因此，建议将北京国际交往中心定位为“东方智慧中心”。在加强中华文化展示，恢复重建一些古老建筑和历史遗迹的同时，有序建设具有中华文化特点的博物馆，娓娓道来东方智慧；与大自然结合，开辟“天地人”的“和”文化展示区，让世界感知东方智慧的博大精深……只有凸显“东方智慧”的特色定位，北京国际交往中心的影响力、吸引力、感召力才能得到有效提升，从而为北京政治中心在国际舞台上提升话语权增色！

二　国际友好城市是建设北京国际交往中心的重要抓手

截至2018年3月15日，北京共有友好城市73对，其中市级友好城市55

对（见表1），下属辖区友好城市18对（见表2），主要特点为以下几方面。

（1）友好城市五大洲全覆盖

北京市友好城市分布于全球50个国家。在55对友好城市中，欧洲24对，亚洲15对，美洲10对，大洋洲3对等，其数量在全国排名第2位。

（2）结好城市大多为所在国首都或国际大都市

在55对友好城市中，45个为所在国首都。其余10个城市中，5个为首都所在区或州：法国巴黎大区、澳大利亚首都地区、西班牙马德里自治区、智利首都大区和印度德里邦。还有4个为所在国最大城市：美国的纽约、巴西的里约热内卢、南非的豪登省、澳大利亚的新南威尔士州。

北京国际友好城市独特的资源优势为北京打造国际交往中心提供了广阔的空间和机遇，它们不仅是加强国际交往天然的纽带与桥梁，也在合作发展机制上提供了有力的保障。因此，以国际友好城市为平台，积极开展与国际友好城市之间全方位、多层面的合作交流，是打造北京国际交往中心的一条有效通道。建议充分发挥国际友好城市的平台作用，携手重要的国际大都市，发起创建“世界城市国际交往中心联盟”，相互学习，相互借鉴，相互支持，互助共赢。

表1 北京市国际友好城市一览

序号	外方城市	国别	结好时间
1	东京都	日本	1979年3月14日
2	纽约市	美国	1980年2月25日
3	贝尔格莱德市	塞尔维亚	1980年10月14日
4	利马市	秘鲁	1983年11月21日
5	华盛顿市	美国	1984年5月15日
6	马德里市	西班牙	1985年9月16日
7	里约热内卢市	巴西	1986年11月24日
8	巴黎大区	法国	1987年7月2日
9	科隆市	德国	1987年9月14日
10	安卡拉市	土耳其	1990年6月20日
11	开罗市	埃及	1990年10月28日
12	雅加达特区	印度尼西亚	1992年8月4日
13	伊斯兰堡市	巴基斯坦	1992年10月8日

续表

序号	外方城市	国别	结好时间
14	曼谷市	泰国	1993 年 5 月 26 日
15	布宜诺斯艾利斯市	阿根廷	1993 年 7 月 13 日
16	首尔特别市	韩国	1993 年 10 月 23 日
17	基辅市	乌克兰	1993 年 12 月 13 日
18	柏林市	德国	1994 年 4 月 5 日
19	布鲁塞尔首都大区	比利时	1994 年 9 月 22 日
20	河内市	越南	1994 年 10 月 6 日
21	阿姆斯特丹市	荷兰	1994 年 10 月 27 日
22	莫斯科市	俄罗斯	1995 年 5 月 16 日
23	巴黎市	法国	1997 年 10 月 24 日
24	罗马市	意大利	1998 年 5 月 28 日
25	豪登省	南非	1998 年 12 月 6 日
26	渥太华市	加拿大	1999 年 10 月 18 日
27	首都地区	澳大利亚	2000 年 9 月 14 日
28	马德里自治区	西班牙	2005 年 1 月 17 日
29	雅典市	希腊	2005 年 5 月 10 日
30	布达佩斯市	匈牙利	2005 年 6 月 16 日
31	布加勒斯特市	罗马尼亚	2005 年 6 月 21 日
32	哈瓦那市	古巴	2005 年 9 月 24 日
33	马尼拉市	菲律宾	2005 年 11 月 14 日
34	伦敦市	英国	2006 年 4 月 10 日
35	亚的斯亚贝巴市	埃塞俄比亚	2006 年 4 月 17 日
36	惠灵顿市	新西兰	2006 年 5 月 10 日
37	赫尔辛基市	芬兰	2006 年 7 月 14 日
38	阿斯塔纳市	哈萨克斯坦	2006 年 11 月 16 日
39	特拉维夫 - 雅法市	以色列	2006 年 11 月 21 日
40	首都大区	智利	2007 年 8 月 6 日
41	里斯本市	葡萄牙	2007 年 10 月 22 日
42	地拉那市	阿尔巴尼亚	2008 年 3 月 21 日
43	多哈市	卡塔尔	2008 年 6 月 23 日
44	圣何塞市	哥斯达黎加	2009 年 10 月 17 日
45	墨西哥城	墨西哥	2009 年 10 月 19 日

续表

序号	外方城市	国别	结好时间
46	都柏林市	爱尔兰	2011 年 6 月 2 日
47	哥本哈根市	丹麦	2012 年 6 月 26 日
48	新南威尔士州	澳大利亚	2012 年 8 月 3 日
49	德里邦	印度	2013 年 10 月 23 日
50	德黑兰	伊朗	2014 年 2 月 27 日
51	乌兰巴托市	蒙古	2014 年 8 月 17 日
52	万象市	老挝	2015 年 4 月 24 日
53	布拉格市	捷克	2016 年 3 月 29 日
54	明斯克市	白俄罗斯	2016 年 4 月 26 日
55	里加市	拉脱维亚	2017 年 9 月 15 日

表 2　北京市所辖区友好城市一览

序号	城市	外方城市	国别	结好时间
1	北京市昌平区	胡鲁努伊区	新西兰	2016 年 7 月 6 日
2	北京市大兴区	新安郡	韩国	2016 年 4 月 8 日
3	北京市东城区	东京都新宿区	日本	1997 年 5 月 22 日
4	北京市东城区	首尔特别市钟路区	韩国	2003 年 11 月 6 日
5	北京市东城区	维也纳市第九区	奥地利	2007 年 9 月 18 日
6	北京市丰台区	东京都葛饰区	日本	1992 年 5 月 25 日
7	北京市海淀区	奥林匹亚市	希腊	2008 年 2 月 28 日
8	北京市通州区	伊那市	日本	1994 年 11 月 22 日
9	北京市通州区	首尔特别市九老区	韩国	2002 年 4 月 8 日
10	北京市通州区	亚默湾市	丹麦	2014 年 10 月 27 日
11	北京市通州区	奥西奥拉郡	美国	2015 年 10 月 12 日
12	北京市通州区	圣康坦市	法国	2015 年 11 月 20 日
13	北京市通州区	斯皮什新村市	斯洛伐克	2016 年 7 月 27 日
14	北京市通州区	莫斯科市东北区	俄罗斯	2017 年 9 月 18 日
15	北京市西城区	东京都中野区	日本	1986 年 9 月 5 日
16	北京市西城区	帕萨迪那市	美国	1999 年 10 月 15 日
17	北京市西城区	丽浪多市	美国	2008 年 3 月 21 日
18	北京市延庆区	罗德里格斯市	阿根廷	2014 年 9 月 20 日

三　凸显中国特色，融聚天下智慧

北京，经过40年改革开放的快速发展，已经向世人呈现了一个现代化的身影，正在成为既拥有最古老的长城，又随处可见现代化摩天大楼的全方位、多层次、立体化发展的国际大都市。因此，为有效打造21世纪东方智慧中心，建议创建“国际智库园”和“国际人才谷”，使“东方智慧”真正在21世纪北京国际交往中心建设中打上深深的烙印，同时为世界，为子孙后代留下一笔丰厚的人类智慧遗产。

建设国际交往中心是北京在21世纪迈向世界城市战略目标的关键所在，是中国向世界展示东方智慧的重要窗口，也是世界政治、经济、文化、科技重心转移的战略需要。因此，国际交往中心定位至关重要，必须凸显北京特色，突出中国魅力！

北京市中医药国际交流中心建设的战略思考

欧　亚*

摘　要： 根植于中华民族的悠久文明，中医药作为中华传统文化所特有的以理论、信仰和经验为基础的知识、技能和实践的总和，不但数千年来保障了中华民族的繁衍生息，也积极促进了世界医学的进步。北京作为中国首都，是中国中医药科研生产和开展中医药出口、服务贸易、文化交流的重镇。在北京国际交往中心建设的背景下，北京应进一步发掘自身的区位优势和资源优势，以建设中医药国际交流中心为己任，推动中医药国际化，带动北京中医药产业升级、提升国际竞争力的同时，也为提升中国中医药的国际话语权，为中华民族的文化复兴及国家软实力建设做出积极贡献。

关键词： 北京　国际交往中心建设　中医药　中医药国际化

习近平主席在出席国内外以中医药为主题的重要活动时多次指出，中医药学是中国古代科学的瑰宝，也是打开中华文明宝库的钥匙。中医药作为我国独特的卫生资源、潜力巨大的经济资源、具有原创优势的科技资源、优秀

* 欧亚，外交学院外交学系副教授，北京对外交流与外事管理研究基地执行主任、研究员。

的文化资源和重要的生态资源，在经济社会发展中发挥着重要作用；[①] 北京是中国中医药科研生产和开展中医药出口、服务贸易、文化交流的重镇。凭借首都的区位优势、资源优势和产业优势，北京建设中医药国际交流中心可成为建设国际交往中心的重要内容和主要支点。

一 北京建设中医药国际交流中心的背景与内涵

改革开放以来，国际社会对中医药的认知度和认可度逐渐提升，中医药在世界范围内的传播与应用日益深入。1996 年，科技部颁发《全国科技发展“九五”计划和到 2010 年长期规划纲要》，将“中药标准化研究”列入社会发展科技工作的主要任务之一；2001 年中国正式加入 WTO，全面参与全球化进程，中药产业国际化问题日益受到关注；2003 年底，国务院发展研究中心、国家中医药管理局和科技部从战略高度分析了中国中药产业国际化状况，提出了中药产业国际化的国家战略；中药产业国际化逐渐进入业内企业家和学者们关注的视野。

2006 年，顺应中医药国内外发展的新形势，根据《国家中长期科学和技术发展规划纲要（2006－2020 年）》，科技部、卫生部、国家中医药管理局共同制定了《中医药国际科技合作规划纲要（2006－2020 年）》，明确使用了“中医药国际化”这一概念，提出“充分利用全球科技资源，解决中医药现代化中的关键科技问题，推进中医药现代化和国际化进程，促进以中医药为代表的世界传统医药进入国际医药保健主流市场，更好地服务于人类健康，推进中医药现代化和国际化进程”。

经过十余年的发展，推动中医药国际化已经成为我国中医药行业发展的基本共识，“中医药国际化”这一名词也频繁出现在国家以及地方中医药管理局的政策性文件及规划纲领、中医药企业的发展目标、愿景以及学者的阶段性成果中。中医药行业是一个庞大的组织体系，涉及科研、教育、文化等

① 《中医药发展战略规划纲要（2016－2030 年）》。

产业，其本身具有较长的由农业、工业、商业构成的产业链，中药产品众多包括中药材、饮片、配方颗粒、中成药、健康产品等。① 中医药国际化同中医药行业组织体系的各个环节都产生联系，内涵丰富，并同中医药的现代化、标准化、全球化等概念有所关联，这令政府、学界和业界往往针对不同层次的问题，在丰富而多样的意涵上使用“中医药国际化”一词。

以学者的研究为例，有的研究基本上将“中医药国际化是中医药发展的必然趋势和重要思路”作为逻辑起点，研究主要包括中医药国际化存在的问题、发展前景和战略规划、中医药企业的国际化、中医药的标准化、中医药国际人才培养以及中医药文化国际传播推广等问题。

例如，涂瑶生认为，中医药国际化是指传统中医药学在国际社会被完整准确地接受，并在法律保护下规范地应用，具体包括三个方面的内容：一是中医药学被国际社会整体接受；二是获得所在国家的法律保证并进入主流医疗体系；三是中医药学的理论体系和诊疗体系能被现代科学的技术指标和术语所表述，同时被国际社会理解与接受。② 李幼平等认为，中医药国际化主要是指中医药被国际接受，对人类健康事业发挥重要作用，提出中医药现代化的定义可简述为：中医药现代化 = 标准化 + 科学化 + 国际化。③ 其他研究者还提出，“中医药国际化是指中药能够在世界各国（特别是发达国家）得到政府和民众的广泛认同和普遍接受，在地位和受重视程度上不亚于西药”，④“中医药国际化主要是指中医药被国际接受，对人类的健康事业发挥重要作用”⑤。

吴莞生进一步提出，中药国际化主要包括两个方面的含义：一是指扩大中药的进出口量，推动中药国际贸易的发展，其中很重要的是，推动中药

① 参见中国中药协会秘书长王桂华《中药行业发展报告》。

② 涂瑶生：《中药配方颗粒关键技术与中医药国际化思考》，广州中医药大学博士学位论文，2006。

③ 李幼平等：《中国循证医学中心促进中医药现代化的策略》，《中国循证医学杂志》2007 年第 3 期。

④ 崔钧：《从天士力集团看中药产业的国际营销》，昆明理工大学硕士学位论文，2006。

⑤ 郑国庆、王艳、胡永美、胡臻文：《中医药文化国际传播的特征》，《中华中医药学刊》2011 年第 7 期。

"走出国门"，面向国际市场，逐渐被国际市场所接受和认可；二是指进一步建立中药在国际市场中的合法地位，使它在其他国家的发展也受到当地法律法规的保护，从而以合法的身份进入当地的医药市场。①

张超中在《中医药的自主转型与知识创新》一文中，转引了《中医药国际化战略研究》报告中对中医药国际化较为全面的界定，中医药国际化是指"中医的诊疗思想、方法及科学性得到国际科学界广泛认同；中医、针灸和中药全面融入世界各国主流社会，并被广泛地应用到各国的医疗保健实践中；中医药的诊疗服务合法化，并被纳入各国的医疗健康保险体系；中医药诊疗活动所使用的专属物品在世界各国经正式注册成为药品和医疗器械；具有现代人文思想和中国传统文化内涵的医疗康复保健理念在国际社会得到广泛传播和普遍接受"。②

鄢良则认为，中医药国际化是一种目标，也是一种过程，还是一种行动。中医药国际化作为一种目标是指在中国本土形成和发展起来的传统医药体系在世界范围内被广泛接受和应用；中医药国际化作为一种过程是指中医药在世界范围内逐步被接受和应用的过程；作为一种行动的中医药国际化是指相关领域的人们为实现中医药在世界各国被广泛接受和应用的目标而采取的各种行动，是一项巨大而复杂的系统工程。他还反对从"中医药的科学内涵得到国际社会的广泛认同""中医药文化在国际社会得到广泛传播"等角度来界定中医药国际化，因为"科学内涵"的概念模糊，而"中医药文化"所指过于宽泛，应该从医学的最本质特征来定义中医药国际化。医药的根本目的在于防治疾病、增进健康，医药学本质上是关于人类疾病防治的知识和技艺体系。因此，鄢良认为，"中医药国际化"主要从中医药作为一种防止疾病、增进健康的知识与技艺体系被广泛接受和应用的角度来加以界定。

鄢良的定义较为全面和科学，但是将"中医药的科学内涵得到国际社

① 吴莞生：《中药国际化机遇与挑战》，《合作经济与科技》2015 年第 6 期，第 83 ~ 84 页。

② 张超中：《中医药的自主转型与知识创新》，转引自尚勇、李大宁《中医药国际化战略研究》，2006，第 86 ~ 87 页。

会的广泛认同”“中医药文化在国际社会得到广泛传播”排除在中医药国际化之外的提法有失偏颇。因为中医药产业同其他第一、第二产业国际化的不同表现在中医药体系是以中华传统文化所持有的理论、信仰和经验为基础的，具有价值和思想的高附加值。中医药对世界的贡献不仅是技术性的，也是思想性的，如果将中医药国际化仅视为科学与技术层面的认可，其实是低估了中医药的作用，没有真正认识中医药的“科学内涵”；同时，我们已经进入媒介化的信息社会，从某种程度上说，未经大众媒体报道的事物等同于不曾存在和发生，不借助国际传播媒体，尤其是新媒体的影响力，中医药是不可能真正被国际社会普遍认可和接受的。

还有研究者集中于对中医药产业国际化的研究。如王广平认为，所谓中药产业国际化（Internationalization of Traditional Chinese Medicine Industry），是指利用全球科技和医药学资源，推进中药产业知识化、信息化和全球化，实现世界范围的资源配置，并进入国际医药保健主流市场；从狭义角度来看，中药产业国际化就是中成药以药品身份进入欧美发达国家医药主流市场，实现中药产业的持续增长。中药产业国际化进程包括产品出口和提供服务、向世界范围内投资设厂和配置资源、中药产品进入国际医药主流市场并占有相当的份额。[①]

随着中国国力的上升，从提升国家软实力的角度，中医药国际化被赋予了更多的外交战略意涵。2015 年 11 月，由中国民族医药学会国际交流与合作分会主办的首届中医药国际化论坛，对有关专家撰写的《新形势下发展中医药国际化的战略规划与行动纲要建议》进行了讨论。建议提出，中医药国际化不能简单地定义为在海外某国家或区域零散地、局部地、随机地开展若干特定的中医药产品贸易、健康服务等交流与合作。中医药国际化应在国家及行业主管部门的指导下，系统、全面、综合、可持续地在海外推进中医药领域医疗、保健、教育、科研、文化、产业的发展，使国际社会能够认识、谈论、应用中医药并允许中医药存在，由此推进与对象国间的政治、经

① 王广平：《中药产业国际化进程中的影响因素分析与发展研究》，暨南大学博士学位论文，2009。

济、文化、外交等方面的合作。①

结合中医药行业特点及中医药学的本质，综合以上的研究观点，我们认为，中医药国际化是指中国本土传统医药体系在世界范围内被广泛接受和应用，包含“了解—认可—采用”三个不同层次又互有联系的目标。

第一，国际社会充分、全面、客观地了解中医药作为一种防治疾病、增进健康的知识与科学体系，以及中医药所蕴含的中国传统文化思想精华和哲学理念，中医药在国际社会中有较高的存在感。

第二，国际社会认可中医药的安全性、有效性和品质可控，主要体现为中医药学的研究形成了国际学术共同体，中医的诊疗思想、方法及科学性得到国际科学界广泛认同，同时相关的科学知识能够通过公共传播有效转化为国际公众的常识，以及通过舆论与政策之间的某种互动机制成为各国政府部门进行决策的思想依据。

第三，世界各国采用中医药治病救人，包括在医疗保健实践中采用中医药诊疗方法及手段，中医药的诊疗服务合法化；中医、针灸和中药全面进入世界各国主流社会，并被广泛地应用到各国的医疗保健实践中，被纳入各国的医疗健康保险体系；中医药诊疗活动所使用的专属物品在世界各国经正式注册成为药品和医疗器械等。

北京作为中国首都及中国中医药产业的重镇，有必要以建设中医药国际交流中心为契机，推动中医药国际化，带动北京乃至全国中医药产业规模化、集约化、专业化发展，弘扬中医药文化，促进人类健康事业。

总体来看，北京建设中医药国际交流中心应包括以下内容：传播中医药信息及文化，消除误解，加强国际社会对中医药的认知和了解；推进中医药学术交流，提高国内外从业者的研究水平和医疗服务水准，增进国际社会对中医药科学性的认可；提升北京中医药产业的科技创新能力，提高北京中医药产业的国际竞争力，推动北京中医药服务贸易的发展；在带动北京中医药

① 《“中医外交”成中医药国际化重要推手》，新华网，http：//m. news. cn/html/63/201791. html，2016 年 7 月 21 日。

产业升级、提升国际竞争力的同时，也为提升中国中医药的国际话语权，为中华民族的文化复兴、中国的软实力建设做出积极贡献。

二　北京建设中医药国际交流中心的 SWOT 分析

本部分采用 SWOT 方法分析北京建设中医药国际交流中心的优势（Strength）、劣势（Weakness）、机会（Opportunity）与威胁（Threat），再利用矩阵排列进行综合分析。

（一）优势

作为中国的首都，北京是中医药人才和资源的汇聚地、中医药研究的重镇和中医药文化传播的中心，具有建设中医药国际交流中心的先天优势。

1. 北京作为中国首都和中国国际交往中心的区位优势

北京是全国政治、文化和信息中心，是中央媒体、智库、企业、高校聚集之地，集中了中国一流的传播资源和科技研发资源，国际交往资源丰富，国际交往能力强，具备一定的国际影响力。

在传播资源方面，新华社、《人民日报》、中央电视台、中国国际广播电台四大中央级媒体的国际传播部门以及《中国日报》、《环球时报》英文版等最重要的外宣媒体都在北京，北京市外宣部门也办有 This is Beijing，Beijing Review 等地方外宣媒体，《中国中医药报》《中国中药杂志》等中医药行业最重要的期刊也在北京。这些主流媒体形成了全方位、立体化的全媒体对外传播体系。北京可以充分借助这些专业性传播机构的传播能力，将北京建设为专业、可信的中医药信息权威来源以及中医药信息的交换和共享中心。

在科技研发方面，北京是知识经济密集的科技创新区。北京有清华大学、北京大学、北京中医药大学等 91 所知名高校，有中国科学院、中国中医科学院等科学研究机构和被称为“中国硅谷”的北京中关村科技园区，各类研究开发机构超过 2000 个，有 8 个国家中医药管理局中医药重点学科、5 个重点研究室、10 个中医药科研三级实验室等科研平台。北京每年研发投入超过

1286亿元，R&D科研经费支出全国排名第二，仅次于江苏省，经费投入强度全国排名第一，每年获国家奖励的成果占全国的1/3。在中医药研发领域，北京地区目前有50个国家级和市级中医药重点实验室，已经基本形成了科研院所、企业和高校并立的中医药研发体系。同时，北京也是跨国制药公司在中国和全球重要的研发基地，以中关村为核心的北京区域内集中了我国近1/3的生物医药委托研发（CRO）资源。北京具备中医药科技创新的巨大潜力。

在国际交往能力方面，北京是中国与世界交流的中心，与国外保持着密切的联系。据统计，北京市与72个国家的124个首都和大城市有友好往来关系，其中已与37个国家的41个城市建立了友好关系。北京现有外国驻华大使馆137个，国际组织和地区代表机构17个，外国新闻机构190个。世界中医药联合会和世界针灸学会联合会这两个国际性的中医药非政府组织总部都落户北京。

目前，在北京设立的国外驻京代表机构已超过7000家，全球最大的500家跨国公司已有185家来京投资。北京每年外国人常住人口超过20万，外国留学生17000多人。在2014年接待国际会议数量的全球城市排名中，北京以104场接待量位列第14，占全国的1/3，居中国首位、亚洲第二。2014年北京共接待旅游总人数2.61亿人次，其中，接待入境旅游者427.5万人次。虽然相比其他世界城市如纽约、伦敦、巴黎和东京，北京在很多方面还有一定的差距，但是国际交往能力在中国城市中是首屈一指的。

2. 北京中医药资源丰富

截至“十二五”末，北京市共有中医类机构1004个，比“十一五”增加282个，中医实有床位19810张，全市中医类别医师近2.2万人，2015年中医门/急诊服务总量为5247.5万人次。建立45个全国名老中医药专家传承工作室，社区中医药服务覆盖率达到100%，在常见病、多发病、慢性病、疑难病、治未病等方面的作用进一步彰显，得到社会的广泛认可。连续四年成功举办京交会中医药板块，共接待国外来宾约10.5万人次，签订合作协议29项，签约额6.6亿元。①

① 《北京中医药事业发展“十三五”规划》，http://www.beijing.gov.cn/zfxxgk/110077/zhgl42/2017-05/25/content_815071.shtml。

北京拥有丰富的中医药文化、旅游资源。在文化资源方面，北京拥有“同仁堂”“鹤年堂”等中医药老字号，同仁堂等著名国药文化和中医药制作工艺如安宫牛黄丸炮制工艺被列入国家级非物质文化遗产。北京举办中医药世界优秀传统文化遗产日活动，形成了地坛中医药文化节品牌。“国家中医药发展综合改革试验区”落户东城区，北京还开通了中医药数字博物馆，并建立首家“中医药传统文化青少年教育基地”。北京成立了中医药国际论坛组织委员会，举办了以“开放的北京，发展的中医”为主题的首届北京中医药国际论坛。2014 年，北京市中医管理局与北京市旅游委联合旅行社推出了 7 条中医养生文化旅游路线，出版并发行了《北京市中医药文化旅游精品路线》中英文双语手册，并依托博物馆、中医药堂、医院、植物园等设立了中医药文化旅游示范基地 21 家，示范基地建设单位 8 家，形成了成熟的中医药文化体验式推广模式。

3. 北京中医药服务贸易已具备一定规模，发展势头良好

在中医药服务贸易方面，北京在全国城市中起步较早，中医药服务贸易的境外消费、商业存在、跨境交付、自然人流动四种基本模式保持了快速发展的良好势头。

北京中医药服务贸易的境外消费主要体现为国际医疗服务和海外中医药教育服务。北京市现有全国首批中医药服务贸易先行先试骨干企业（机构）3 家，北京市辖区内的综合医院中医科、三级中医院及部分二级中医院，均向外籍人士提供国际医疗服务项目，中国人民解放军总医院等部队医院和回民医院、藏医院等民族医院每年也会接待国外就诊患者。北京的民营医疗机构也在逐步开展涉外中医服务项目。

提供国际中医医疗服务的代表性医院如表 1 所示。

表 1　提供国际中医医疗服务的代表性医院

机构名称	成立时间
东直门医院国际医疗部	2013 年
广安门医院国际医疗部	2009 年
协和医院国际医疗部	1951 年

续表

机构名称	成立时间
中日友好医院国际医疗部	1997 年
友谊医院国际医疗部	2007 年
北京大学肿瘤医院和睦家国际医疗部	2014 年
北京和睦家医院	1997 年
北京明德医院	2012 年
北京通州国际医疗中心	2013 年
北京德倍施诊所	2007 年
维士达诊所	2000 年

仅广安门医院、东直门医院的国际医疗部近三年就接待外籍患者万余人次，并为上百位国外政要进行了中医诊疗。

除了国际医疗服务，中医药海外教育服务也是境外消费的重要组成部分。北京中医药大学、首都医科大学中医药学院、广安门医院等提供了中医药海外培训教育，通过直接招生、合作办学等形式，为 89 个国家和地区培养了 14000 余名中医药专门人才。中国中医科学院西苑医院、广安门医院、北京市中医院等通过举办“发展中国家中医药技术官员研修班”“发展中国家中医药技术培训班”及其他形式的中医药短期培训，实现中医药知识传播普及的国际化。各机构先后为上百个国家和地区培训了 30000 余名中医药专门人才。

中医药服务贸易的第二种模式：商业存在充分发展，国际化程度较高，业已形成北京中医药老字号的品牌效应。以北京同仁堂为例，同仁堂从 1993 年在香港开设境外第一家零售药店，到现在已在境外形成现代制药、零售商业和医疗服务三大核心业务。截至 2016 年 6 月末，集团已在全球 70 多个国家和地区注册了商标，共有 115 家海外零售终端和 66 家服务终端，遍布境外 25 个国家和地区，出口的中药品种规格达 680 种。据不完全统计，同仁堂在海外累计诊疗的患者超过 3000 万人次。同仁堂的生产线通过了中国香港、日本、澳大利亚的 GMP 认证，以及穆斯林哈拉认证和犹太洁食认证等。香港生产研发基地除获得香港卫生署每两年一次的 GMP 认证以外，还通过了国际最高标准的ISO22000认证以及危害分析重要管制点（HACCP）认证，这也是目前在香港取得该项认证的唯一一家中药企业。

北京中医药服务贸易的跨境交付和自然人流动也初具规模。在跨境交付方面，北京中医药大学等高校提供远程教育服务；北京慈方医药科技有限公司，在为海外中医机构提供中医实时诊疗方面，研制了中医药辅助诊疗数据库软件，增强了境外中医诊疗的一致性、及时性和询证性。在自然人流动方面，中国中医科学院、北京中医药大学及各医疗机构等通过与境外机构合作，开展中医药医疗服务、科研技术指导、讲学、交换学者、护理等服务活动，平均年出境人数2600余人。①

最后，非常重要的是：已经举办四届的京交会中医药板块是北京宣传、推动中医药服务贸易的重要窗口。到2016年，四届京交会共接待来宾27.7万人次，签订中医药服务贸易协议35项，协议金额达8.7亿元（见表2）。北京也借力京交会，开展“中医药服务主题日”、中医药海外论坛等形式多样的活动，展示中医药研究成果、传播中医药文化。

表2　京交会中医药板块的相关情况

机构名称	2012年第一届	2013年第二届	2014年第三届	2016年第四届
来宾人数(万人次)	2.7	3.5	4.5	17
签订协议(项)	5	6	18	6
协议金额(亿元)	1.7	2.1	2.8	2.1

（二）劣势

在看到优势的同时，也要清楚地认识到北京市在中医药国际交流方面的劣势。

1. 北京中药出口企业规模较小，竞争力相对较弱

我国中医药产业相对分散，产业链衔接不紧，衔接效率低，专业化协作

① 此处缺少北京市每年派出中医临床医师赴境外执业的人数，这是中医药服务贸易自然人流动模式的核心。

体系不健全，造成中间商过度操纵市场，加大流通环节的成本。各企业独自发展，没有形成产业集群，对关联产业和其他产业带动性不强。这导致企业生产成本高，规模效益差。中药出口经营的企业数量相对较多，但规模普遍较小。数据显示，2009 年，我国中药类产品出口企业总计 2766 家，其中，出口中药材及饮片的企业有 1000 家，出口额超过 100 万美元的企业仅有 7 家（《中国中医药年鉴·行政篇》，2010 年），大部分企业的规模偏小，出口额相对偏低。大部分企业创新能力弱，产品科技含量较低。国际上一般认为，研发经费占销售额 1% 以下的企业难以生存，占 2% 可以维持，占 5% 以上才能在市场上有竞争力，发达国家医药企业的研发资金一般在 8% ~ 10% 。而我国中医药企业中只有个别企业研发经费占销售额的 5% 以上，大部分企业的研发经费一般不足销售收入的 3% 。除了几个重点企业建有研发机构外，多数中小企业没有专门的研发机构。研发经费投入不足导致产业创新能力弱，许多企业极少拥有自主知识产权，处于低水平重复生产，产品同质化现象严重，缺乏高端产品，造成我国中医药产品在全球产业体系中处于低端领域，我国中医药的传统优势正在丧失。

2. 中医药人才匮乏

近年来，随着中医药在国内外的兴起，人才不足的弊端凸显。从人才总量上看，中医药产业人才总量严重不足，不能满足产业发展对人才的需求。在现有的人才队伍中，还存在人才结构不合理的问题：初级人才多，高级人才少，缺乏创新型人才，同时还缺乏中药研发人才、中药生产与管理人才及中药外贸和营销人才，更缺乏既有深厚的中医药专业知识，又具有一定的外语水平和国际化视野的复合型人才。这些人才的短缺导致我国中医药科研水平不高，重大创新成果少，对外交流效果不佳。

在中医药服务贸易方面，人才短缺且缺乏通过国际认证的高水平医疗机构。北京市缺少涉外中医服务人力资源。北京市仅有北京中医药大学培养专门的中医涉外人才，缺少临床经验丰富且具备一定外语水平的复合型中医药人才；北京提供国际医疗服务的医院中只有北京和睦家医院、北京燕化医院和北京建宫医院通过了 JCI（Joint Commission International）标准体系认证，广安门医院通过英国“保柏认证”（Bupa），其他医院都没有获得国际认证，这在一定程度上制约了北京吸引境外人员来京就医、疗养，也阻碍了北京医疗机构和国际保险公司开展合作。

3. 中医药信息和文化传播仍具有较大的提升空间

传统上，北京的外宣体系在灵活性、针对性和有效性方面仍有较大的发展空间。北京外宣部门的工作人员在接受访谈时表示，目前北京外宣工作更多的是配合中央政府的政治方针路线和外交整体战略，是中央政府的公共外交及外宣工作微缩到北京一级的翻版，外宣活动更多考虑的是政治效应，缺乏整体、科学的规划。① 这种劣势也体现在中医药文化传播方面，对北京市外宣部门来说，可能会较少关注传播效果及评估，传播不是以受众为中心，而是以自我需要为中心，忽视对目标受众的分析，缺少针对性；此外，缺少中医药行业信息和认知，也可能会影响传播效果。这需要北京市中医药管理局予以协调和指导。

就大众传播渠道而言，北京本地的外宣渠道是不能有效抵达目标受众的，存在渠道失灵的问题。国外受众将其所在国的主流媒体和国际知名媒体作为获取有关北京信息的主要媒体渠道，中国传统外宣媒体的作用较为边缘化。即使来北京后，国际主流媒体仍然是其选择的主要媒体渠道（见图1、图2）。②

① 根据笔者2016年对北京外宣部门工作人员的访谈。应访谈对象要求，匿名使用访谈内容。

② 该调查结果来自笔者联合环球舆情调查中心于2013年进行的“在京外籍人士对‘北京精神’的认知度和认可度调查”。由于无法获得在京外籍人士完整的抽样框，调查根据北京市公安局出入境管理处的在京外籍人士职业类别统计资料，以及中国人民大学等研究机构相关研究的样本选择情况，对被访者的职业做出了相应的配额限制，在北京不同国籍、不同职业外籍人士聚集地区以街头拦访形式完成485个样本的调查，其中留学生136人，驻华使馆人员35人，外籍教师/科技专家/外国记者共67人，外国企业代表机构人员/合资企业外籍人员共230人，其他职业人员17人；针对驻华使馆人员，还通过电子邮件邀约访问以及网络论坛调查访问的方式，追加了15个样本，共计500个样本的调查。其他相关研究也同我们的调查结果一致，参见赵永华、李璐《北京城市形象国际传播中受众的媒体选择与使用行为研究——基于英语受众的调查分析》，《对外传播》2015年第1期，第49～52页；杨凯《城市形象对外传播的新思路——基于外国人对广州城市印象及媒介使用习惯调查》，《南京社会科学》2010年第7期，第117～122页。

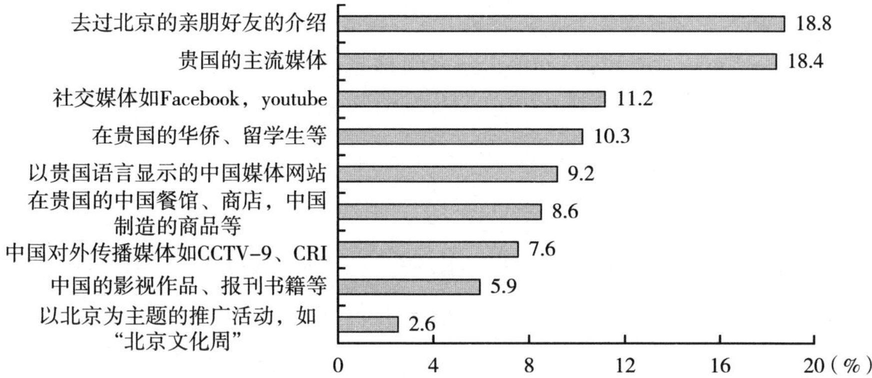

图 1　在京外籍人士没有来北京之前了解北京的信息渠道

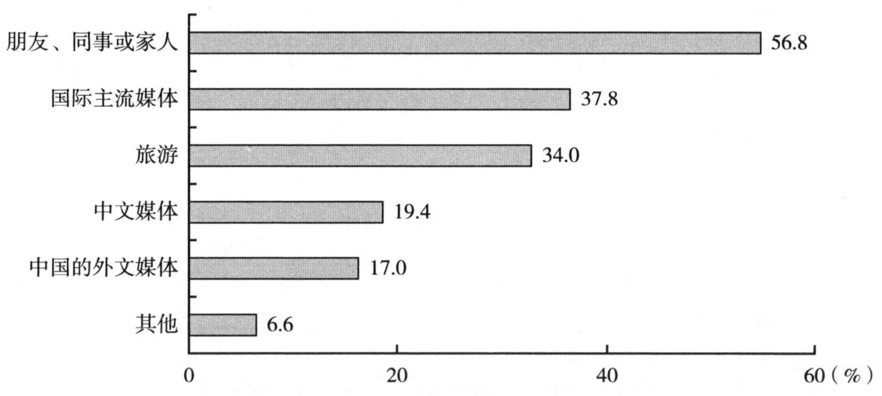

图 2　在京外籍人士来北京之后了解北京的信息渠道

这意味着，在国际传播中非常重要的大众媒体渠道上，绝大多数没有来过北京的国际公众将国际媒体作为他们了解和评价有关北京信息的重要渠道和参考依据。我们缺少有效的大众传播渠道去传递信息，应更多地借助新媒体平台，增强中医药文化传播的效果。但目前北京市利用新媒体进行中医药信息传播的情况不尽如人意。

目前，北京中医药对外交流与技术合作中心建有北京中医药信息网英文页面，还建立了北京中医药数字博物馆网站。这两个网站应该成为储备中医药行业相关信息的一个基本仓库，是进行信息传播的基本和权威途径之一，尤其数字博物馆有关中医药历史文化的信息非常丰富，图文并茂。

但是，建设网站本身不等于就能取得预期的传播效果。一个网站的影响力越大，传播效果才能越好。可以通过网站排名、访问量、网站单用户日均页面浏览量、停留时间等指标来评价网站对用户的吸引力。

利用 alexa. com 提供的全球网站排名信息分析发现，北京中医药数字博物馆英文页面的全球浏览量非常低。

该网站英文版全球排名在 2500 万名之后，浏览量过低，导致 alexa. com 无法进行访问量统计。这个排名也意味着用户搜索 Chinese Medicine 这类关键词时，是不可能在 google 搜索结果的前十页看到这个网站的，也就是说，对中医药文化感兴趣的用户找到这个网站并不容易。

而全球范围内，网民是通过搜索什么关键词链接到这个网站的，从图 3 可以看出，基本上是因为搜索“北京故宫”，合理的推测是故宫全称是故宫博物院，跟该网站中文版有重名，所以搜索引擎列出了该网站搜索结果。

Top Keywords from Search Engines
Which search keywords send traffic to this site?

Keyword	Percent of Search Traffic
1.北京故宫	84.27%
2.earliest infectious diseases	8.01%
3.international conference traditio···	1.39%
4.international conference traditio···	1.39%
5.sangju ganmao keli	1.37%

图 3　“北京故宫”相关搜索情况

也就是说，该网站在网络环境下并没有和“中医药”（Chinese medicine）之类的关键词链接在一起，阻碍了传播效果。网站的链接数量也非常低，只有北京市中医药信息网跟该网站进行了链接（见图 4）。

北京中医药信息网的情况要好一些，但也存在类似的问题，通过关键词搜索链接到中医药信息网的情况，如图 5 所示。

What sites link to tcm–china.org?

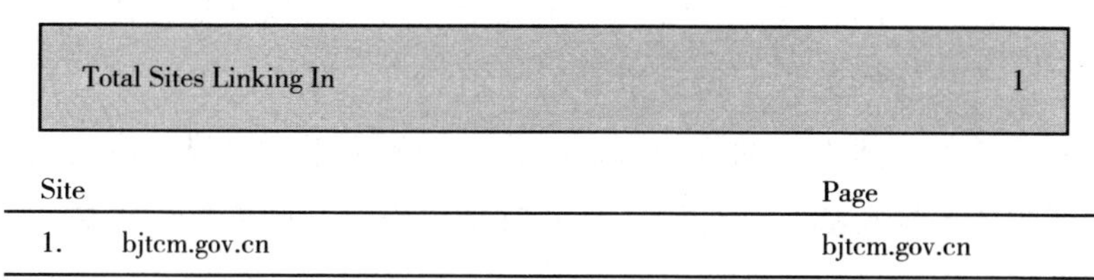

Total Sites Linking In	1

Site	Page
1. bjtcm.gov.cn	bjtcm.gov.cn

图 4 “中医药”相关搜索情况

Top Keywords from Search Engines
Which search keywords send traffic to this site?

Keyword	Percent of Search Traffic
1.中医药管理局	53.29%
2.北京市延庆 基本药物制度实施效果	8.11%
3.中日医药信息网	7.69%
4.北京 中医	5.53%
5.tcm settlement system	4.69%

图 5 中医药信息网相关搜索情况

除了网站，在最流行的社交媒体 facebook 和 twitter 上尚没有来自北京的、权威的中医药信息。北京中医药大学设有一个 facebook 官方账号，但已久未登录。需要整合、利用新媒体的渠道资源，才能针对国际公众进行有效传播。

（三）机会

医药业是按国际标准划分的 15 类国际化产业之一，是世界贸易增长最快的“永不衰落的朝阳产业”之一。在未来 10 年内，中药的开发利用将在全球兴起，中医药产业必将进入快速发展的黄金时期。北京建设中医药国际交流中心处于非常难得的机遇期。

1. 中医药需求增长，受到各国政府和国际组织关注

随着健康观念的转变，传统医药国际市场需求快速增长，传统医药日益受到世界各国政府的关注，得到世界卫生组织等国际组织的倡导并推动其进一步发展。随着生活方式的改变和老龄化社会的到来，世界疾病谱发生了改变，慢性非传染性疾病，比如缺血性心脏病、中风、肿瘤等的患病率显著上升。这些疾病难以治愈，需要长期服药、终生治疗，让国家、社会和个人都面临了沉重的医疗负担。1996 年，世界卫生组织的专题调查指出，21 世纪的医学不应以疾病为主要的研究领域，而应当将人类的健康作为医学的主要研究方向，而传统医学突出地表现为应对不断增加的慢性非传染性疾病的一种方法。随着社会老龄化程度的不断提高，以及人们保健意识的增强，全球医药市场尤其是中医药市场持续快速扩大。据统计，国际植物药市场份额已达 400 多亿美元，并且以每年 10% ~20% 的速度递增；全球对天然营养药品的需求也正以每年 70% 的增长率递增。据世界卫生组织统计，目前，全世界有 40 亿人使用植物药治病，占世界人口的 80% 。

2010 年，世界卫生组织首次将以中医药为代表的传统医学纳入世界卫生组织“国际疾病分类”（ICD –11），意味着以中医药为代表的传统医学在融入国际医疗卫生体系方面实现了突破性进展。在 2013 年 2 月举行的东南亚国家传统医学国际会议上，世界卫生组织总干事陈冯富珍博士指出，“质量、安全性和疗效有保证的传统药物有助于实现确保人人获得卫生保健的目标”，在世界各国卫生保健费用急剧增加和几乎普遍出现财政紧缩的情况下，传统医学因其低成本、易得性和可负担性而更具吸引力。在这种形势下，2014 年第 67 届世界卫生大会通过了《传统医学决议》，敦促成员根据本国的实际情况，调整、采纳和实施《世卫组织 2014 –2023 年传统医学战略》。

中医药在世界各国的接受度也逐步提高，外国政府开始重视传统医药，加强对传统医药的管理，加大了研发投入。在世界范围内，约有 10 万家中医药诊所、约 30 万名中医药技术服务提供者以及不少于 1000 家的中医药教育机构。仅世界卫生组织西太区 37 个成员中就有 14 个设立了政府的传统医

学支持机构。据不完全统计，已有 60 多个国家设立了 2000 多个植物药研究机构，尤以美国、日本、法国、韩国、英国等国家研究人员最多，同时，有 170 多家大型国际制药公司也积极从事包括中药在内的传统药物的开发研究，研究工作获得了大量的资金支持。在各种中医药疗法中，世界范围内使用最多的是针刺疗法。在联合国的 192 个成员中，178 个（93%）具有针刺疗法实践，59 个有针刺疗法组织。针灸疗法在许多国家获得合法性，被纳入本国医疗保险范畴，日本、韩国、新加坡、美国、加拿大、古巴、德国、法国、意大利、澳大利亚、新西兰等 23 个国家和地区均将针灸纳入合法管理范围。这为中医药事业的海外交流与传播营造了良好的国际环境。

2. 中央和北京地方政府重视与支持中医药“走出去”

为动员全球科技资源加快推进中医药现代化进程，2006 年 7 月 7 日，科技部会同卫生部、国家中医药管理局发布了《中医药国际科技合作规划纲要》，并正式启动根据该纲要制定的“中医药国际科技合作计划”。科技部计划投入 1 亿元，与国外联合启动首批 50 个治疗肿瘤、艾滋病、疟疾等重大疾病药品开发的项目。

北京市高度重视中医药对于促进经济社会发展、改善民生、弘扬中华文化的重要作用，出台了加强中医药事业发展的决定或意见，制定并实施了扶持政策。作为北京中医药事业的直接领导单位，北京市中医管理局联合北京市旅游局、北京市侨办、北京市知识产权局等政府机构，统合相关资源，力图将中医药资源流动机制打通，将创新、创业、创意机制打通，将健康服务业的全业态、健康服务的全周期、健康服务的全要素的“三全”机制打通，建设北京中医药科技研发中心；实施人才培养平台、资源整合平台、产事业结合平台三大平台战略，建设北京中医药国际交往中心。

（四）威胁

中医药在全球范围快速发展的同时，面临着一些问题，成为中医药国际化的约束和障碍。

1. 外籍人士，尤其是欧美国家对中医药的认识和接受程度仍然较低

中医药具有悠久的历史和坚实的理论基础，其整体、辩证的原则形成了中医药独特的科学理论体系。但这套理论体系及其治疗方法具有传统的中国特色，由于各国文化背景差异较大，外籍消费者对中医药的认识和接受程度较低。有调查显示，欧美人对中医的主要印象是“中医能治疗一些西医治不了的疾病”，韩国人对中医的主要印象是“中医能治疗各种疑难杂症”，而中医在普通治疗领域并不是国外患者的首选。对 204 名在京外籍消费者的一项调查发现，听说过中医的外籍消费者不足一半，听说过并亲身体验过中医治疗的消费者比例更低，占 35.29%。调查显示，47.92% 的外籍消费者在生病时会首选西医治疗，仅有 12.50% 的外籍消费者会考虑选择中医治疗。据调查，外籍消费者不愿意接受刮痧、汤药、拔罐服务，外籍消费者认为服务见效慢、标准化程度低、诊断技术落后是中医的主要劣势。由此看来，外籍消费者对中医的认识和接受程度普遍较低。

2. 中药的标准体系建设相对滞后，出口贸易壁垒增加

现阶段，我国在中药生产加工等方面的标准体系建设相对滞后，很多方面还处于空白，虽然近年来出台了一系列相关标准，但是存在标准偏低、范围有限等问题，还没有形成国际认可的中药管理标准体系，中药的标准化和规范化程度偏低，质量标准难以得到国际社会的认可，国内标准还难以发展成为国际标准。例如，历史上曾出现过小柴胡汤事件、麻黄事件、马兜铃酸事件、御芝堂减肥药事件等不良反应和中药副作用事件，被国际媒体大肆炒作，对我国中药出口产生了较大的负面影响。现阶段，我国中药依然存在农药残留和重金属超标的问题，这些问题直接影响我国的中药出口。

在我国中药标准体系建设滞后的情况下，发达国家利用自身在技术方面的优势，不断提高对中药安全卫生、技术含量、疗效、环保等方面的标准和要求，限制我国中药的出口。加之近年来贸易保护主义的抬头，使得中药出口的贸易壁垒有所增加，进一步影响了中药的出口。例如，2004 年 3 月 31 日，欧洲议会和理事会颁布《欧盟传统植物药（草药）注册程序指令》

(200424EC 指令)，其中规定中药出口企业必须提供“待批药品或同类相关药品在申请日之前已有至少 30 年的药用历史，包括在共同体内至少 15 年的使用历史的文献或专家证据”。该指令首次承认了中药的“药品”地位，针对于目前已经在欧盟市场上以“膳食补充剂”等身份销售的草药产品，允许再销售 7 年，并在此期间允许采用传统草药简化申请的途径来获取“药品”的合法地位。但是我国的中药产品由于各方面的原因基本上难以达到上述要求，其中比较突出的问题是国内企业基本无法出具产品在欧盟安全使用 15 年的相关证明材料，导致我国中药出口依然受到很大限制。截至目前，在欧盟植物药注册中，我国仅有个别产品完成了简化注册，而大多数产品只能继续以“膳食补充剂”或“食品”等形式出口。近年来，日韩也在不断提高中药进口质量标准，对我国中药出口形成了较大的影响。

世界上承认中医合法地位的国家和地区很少，只有亚洲的韩国、日本、新加坡、越南、泰国，以及澳大利亚承认中医在其本土的合法地位，在美洲、欧洲等地区均作为补充替代疗法。

3. 中国周边国家主要城市日益强烈的竞争

目前，世界上许多国家，尤其是印度、泰国、韩国等国家借助资源、技术、服务等优势，开展了针对国外消费者的医疗服务，形成较成熟的发展模式，在国际上具有较高知名度和影响力。如印度以一流的医疗水平和较低的服务价格以及全面的英语服务流程，成为亚洲最大的医疗旅游目的国；泰国多层次、多元化的治疗和保健服务吸引了越来越多的国外消费者前往体验；新加坡已把高端医疗和医疗旅游作为本国的支柱产业；韩国、匈牙利等国家也纷纷推出具有本国特色和优势的服务吸引国外消费者前往体验。一些传统医疗服务，如印度医学、瑜伽服务，泰国的食疗、浴蒸等保健项目，都与中医在治疗、保健等服务领域形成竞争。

韩国、日本等国家在传统医药方面发展较快，这些国家生产的中药在药品质量和包装设计等方面都存在明显的优势，加之资金雄厚、技术先进，注重企业规模的扩大和品牌的建立，对我国的中医药产业形成了较大的竞争压力。据统计，在国际中草药市场上，日本占据了 80% 的份额，韩国占据了

10%，而我国仅占5%。而日本、韩国所用的中药材，80%都是从中国进口的，我国有渐渐沦为“原料药基地”之虞。国内市场也不容乐观，由于我国农业的分散性、落后的管理方式和农民自身素质问题，在中药材种植过程中部分农民使用违禁农药，加之国家尚未制定完善的中药材质量标准，中药材农药残留、重金属超标事件频发。而国外借助质量优势开始大举进军国内中药材市场，目前洋中药在国内的市场份额已达到1/3，直接威胁我国中药产业的健康发展。

三　北京建设中医药国际交流中心的战略目标选择与组织机制

随着中国的进一步改革开放及“一带一路”建设的开展，中医药产业发展机遇与挑战并存。作为首都，北京市应站在全局的高度，在找准自身特色和优势的基础上，充分利用自己的区位和资源优势，采取有力的措施推进中医药产业的创新，从而为中医药国际化奠定坚实的技术基础并开拓发展空间。通过以上分析，综合考虑北京建设中医药国际交流中心的内外部环境、资源和优势，我们可以做出相应的战略选择。

通过SWOT分析和战略选择，我们进一步确立北京建设中医药国际交流中心的目标与定位，并将战略目标分解为可实现和可操作的具体目标与任务。

将北京建设为中医药国际交流中心，需要以推动中医药进入世界各国医疗体系为目标，以多平台协同创新为主体，以中医药“生产研发－教学科研－人才培养－服务贸易－文化传播”为路径，围绕中医药产业创新发展机制、中医药行业组织协调机制和中医药文化传播推广机制，建设以生产研发创新为基础、组织协调创新为纽带、文化传播推广为助力的中医药国际交流中心，使中国的中医药在世界中医药领域具有核心影响力，为中医药国际化奠定良好的基础，如图6所示。

北京市中医药管理局负有统筹协调本市中医药资源配置，拟订中医药发

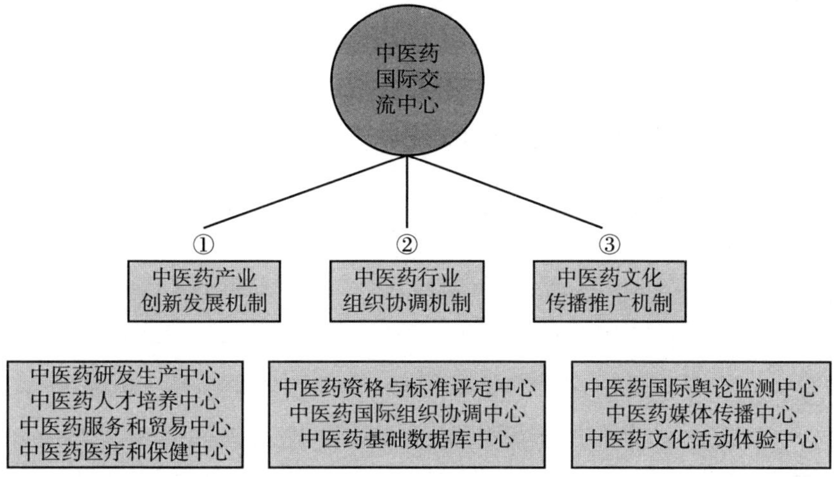

图6　中医药国际交流中心的组成

展总体规划和目标，参与拟订中药产业促进政策及开展本市中医药国际交流与合作，组织开展中医药国际推广、应用和传播工作等职能，可以具体负责统筹协调、组织实施北京市建设中医药国际交流中心的任务。其下设的中医药对外交流与技术合作中心（BTCMIECC）负责北京市中医药国际交流与合作，组织开展中医药国际推广、应用和传播工作。因此，北京中医药文化国际传播中心的实体机构可以下放到 BTCMIECC，领导开展相关工作。

总之，北京可充分发挥自身优势，通过中医药国际交往中心建设，推动北京中医药产业健康、可持续发展，为北京国际交往中心建设提供持久的发展动力。

北京国际交往中心建设面临的挑战和建议

刘 波　张世贵*

摘　要： 首都的规划建设要始终围绕“四个中心”城市战略定位来开展。当前，北京国际交往中心建设在内涵界定、要素组成、空间布局等方面需要加强研究。推动北京国际交往中心功能建设，一方面需要加强硬件基础设施建设；另一方面需要加强城市国际形象等软实力建设。

关键词： 国际交往中心　功能建设　软实力

推动北京国际交往中心功能建设是深入落实新版城市总体规划、实现首都城市战略定位的迫切需要。习近平总书记在3次视察北京的重要讲话中，多次强调做好北京国际交往中心建设，就是要用好“一带一路”国际合作高峰论坛服务保障成果，加强国际交往重要设施和能力建设。从挑战角度来看，北京国际交往中心的职能规划，就是要回答新时代下，“建设一个什么样的首都、怎样建设首都”这个首都职责使命的“元问题”。综观纽约、伦敦和巴黎等国际交往中心节点城市，之所以能够成为“国际交往枢纽”，皆与本国在世界大格局中的地位变迁密切相关。当前，北京既承担着中国特色

---

* 刘波，北京市社会科学院外国问题研究所所长、研究员、博士，研究方向为国际关系与国际大城市比较；张世贵，中共中央党校（国家行政学院）报刊社编辑，法学博士，研究方向为马克思主义理论与思想政治教育。

大国外交舞台场所“供应地”的角色，又要参与同东京、新加坡等亚洲区域性城市国际交往资源的竞争，还要参与同纽约、伦敦、巴黎等全球城市国际交往资源的竞争，因此，当前北京国际交往中心建设更为迫切。

一　北京国际交往中心建设面临的挑战

当前，在“四个中心”城市战略新定位的指导背景下，北京国际交往中心建设从硬件和软件多个方面加快推进。不过，尽管北京在 2018 年 GaWC 世界城市排名位居前十行列，但是在参与全球治理、城市精细化建设等方面，北京与纽约、伦敦等世界城市仍有差距。

1. 政府顶层设计还需进一步加强

一个城市国际交往系统的高效运转需要优化区域功能布局，《北京城市总体规划（2016 年 – 2035 年）》有关九大类国际交往功能区的划分、布局，比如国际体育文化交流区、国际旅游区、国际组织集聚区等的设计研究还不够深入。北京有 16 个区，除中心城区国际交往功能外，通州、怀柔、丰台、大兴以及顺义的国际交往功能如何布局，需要科学的顶层设计。此外，与文化中心、科创中心等其他城市功能定位相比，北京国际交往中心建设目前还没有形成清晰的空间布局和元素组合。

2. 配合中国特色大国外交的战略需求不够充分，城市的硬环境和软环境有待提升

中国特色大国外交核心承载地需要一个精致的环境和舞台。北京城市基础设施偏粗放式建设，与品质化、人性化、重细节的要求还有距离；市民外语水平、公共文明素养需提升。此外，北京还面临国内城市的竞争压力，广州、成都相继出台“国际交往中心‘三年行动’计划”，提出要打造区域性国际交往中心，一些高端国际资源面临被分散稀释的可能。而上海、深圳虽未明确提出“国际交往中心建设”的城市目标，但是“首位城市”“卓越城市”等定位也必然要求加强城市的国际交往功能建设，导致国内一线城市在国际交往的资源方面竞争更趋激烈。

3. 国际组织、跨国公司落户数量少，国际影响不够突出

参与全球气候环境、城市人文发展等领域的治理，是国际大都市近年来提升国际话语权的重要表征。城市的国际影响力和国际知名度在很大程度上取决于自身参与全球治理的程度和深度。与纽约等世界城市相比，北京在国际事务、国际交流中活跃度不够，缺少具有全球性影响的国际组织入驻；与上海、广州等国内城市相比，在参与 UCLG 等国际城市与地方政府的制度规则方面，灵活性欠缺。

4. 城市人文魅力没有得到充分释放，城市文化的国际辐射效应不够强

北京是一个具有古老文化历史底蕴的城市，3000 多年的建城史，使得北京拥有深厚的文化底蕴。传统文化底蕴在国际交往中心建设的新时代下，需要结合全球文化发展趋向，融入国际文化元素，构建具有包容性的多元文化内涵，引领全球创意文化，发展文化消费经济。尽管北京总体文化资源丰富，但北京带有“国际范儿”的文化交往、文化消费和文化体验还远远不够。

5. 如何发挥北京科技创新的优势，实现“弯道超车”，相关研究不够细致

实施创新驱动发展战略是一项系统工程，涉及方方面面的工作，需要做的事情非常多。在北京国际交往中心建设背景下，北京科创优势需要起到引领作用，加快科技体制改革步伐，破除一切制约创新驱动发展的观念和体制机制障碍，实现科创国际化合作。当前，美国等西方国家在与我国科技合作方面防范抵触心理普遍存在，如何更好地实现国际科技合作，是未来发展面临的一项现实挑战。在疏解非首都功能过程中，如何利用北京的科技创新优势，推动国际交往的智能化、科技化，形成“弯道超车”，需要深入探讨。

6. 涉外管理服务与外事保障机制还须完善

一个国际化大都市不仅需要国际会议场所、国际会展中心等硬件基础设施建设，而且更需要在城市软实力服务方面发力建设。在国际交往中心人才队伍建设、用好用活人才、灵活的国际化人才管理机制等方面还存在进一步提升的空间。目前，北京在涉外信息平台、国际化社区建设、国际法律咨询等方面需要提高专业化水平。

二　推动北京国际交往中心建设的应对举措

习近平总书记在视察北京时，提出国际交往中心建设，要用好“一带一路”国际合作高峰论坛服务保障成果，加强国际交往重要设施和能力建设。[①] 北京国际交往中心建设要从软、硬件两个层面加快推进，实现城市建设与城市管理的双重国际化延展。

1. 加强顶层设计，科学评估与挖掘国际交往承载力，合理布局各辖区国际交往功能

建设和管理好首都，是国家治理体系和治理现代化的一项重要内容。城市规划在城市发展中起着重要引领作用，当前，北京国际交往中心建设重点需要立足优势、深化改革、勇于拓展，围绕京津冀协同发展、冬奥会等中心任务，优化 9 类国际交往功能的空间布局，建设以北京为核心的世界级城市群。针对北京市 16 个辖区的特色和资源潜力，进行科学评估，明确各辖区国际交往功能定位。打造国际交往核心区，实现地理集中、资源集聚，形成辐射效应。在朝阳、顺义设立外国人出入境服务大厅基础上，增加大兴等新试点区。

2. 完善全市外事工作领导机制，成立国际交往中心建设协调办公室，设立国际交往发展基金

加强北京市涉外部门机制改革，提升涉外宣传、外事接待等服务能力。根据新一轮北京市机构改革精神，对相关职能部门进行整合，形成国际交往中心“大部制”，着力构建推动国际交往中心建设的强大机制力量。积极搭建立体化国际交往平台，既有官方的国际交往，也要提升非官方国际交流的层次，针对“中日小大使”等传统优秀强项，挖掘其传统内涵，结合国际交往中心建设，打造创新方式。国际交往中心建设，需要巨大的财力支撑，

---

① 《市委常委会召开扩大会议　传达学习贯彻习近平总书记对北京城市总体规划重要讲话精神》，《北京日报》2017 年 7 月 3 日，第 1 版。

建议学习日本东京和新加坡，设立国际交往发展引导基金，推动国际交往深入发展。

3. 加大与天津、河北两地外事合作力度，优化城市环境品质和基础设施

京津冀城市群是我国三大城市群之一。城市群是京津冀实现区域合作、优势互补、互联互通、协同发展的重要载体。北京市作为京津冀核心城市，要加强与津冀两地在党宾国宾接待、侨务、友城建设等方面的合作，实现三地外事资源优势互补。积极推进北京国际交往中心的功能建设，在推进雁栖湖国际会都、冬奥会场馆等重大设施建设的同时，研究其后续的国际交往增生功能。优化城市环境，结合“疏解整治促提升”行动，重点研究国际交往建设空间布局需要，加强与相关部门的沟通联系，调整腾退用地，为国际交往储备空间用地需求。

4. 创新地方服务国家总体外交模式，建立北京国际交往中心建设与“一带一路”倡议协同发展机制

“一带一路”倡议既是我国对外开放的新思考，也是各省份对外拓展发展空间的新机遇。自“一带一路”倡议实施以来，北京市立足国家赋予的首都城市战略新定位，积极参与融入“一带一路”建设，高效完成“一带一路”国际合作高峰论坛服务保障工作，城市形象和国际知名度获得提升。“一带一路”倡议与北京国际交往中心建设协同发展对北京借力“一带一路”倡议建设具有全球影响力的大国首都以及“一带一路”倡议借力北京国际交往中心建设增强辐射带动效应具有重要作用。重点从举办国际会议、吸聚国际组织入驻、促进沿线友好城市交流、加强教育文化合作、加强城市精细化管理等方面推进战略协同。在“16+1”合作机制基础上，举办“一带一路”沿线国家首都市长论坛；吸引“一带一路”沿线国际性金融机构入驻，打造国际金融治理中心；建设“一带一路”商事纠纷解决中心，丰富国际交往中心建设的文化法律内涵。

5. 出台有效措施吸引国际组织、跨国公司总部、国际会议等国际高端要素集聚

国际组织等国际高端元素是一个城市国际化的重要标志。上海、广州、

成都等一些国内城市积极推进相关措施，吸引领事馆、国际组织分部等在本地集聚。为此，北京市也应加强相关政策研究，出台鼓励性优惠政策。次优选择的是，作为首都型城市，应积极参与城地组织、城市气候联盟、世界旅游城市联合会等各项活动，提升在城市发展等议题领域的话语权，搭上国际组织发展的“便车”。有针对性地改善国际组织在京运作环境的适应性问题，吸引国际组织总部落户。积极吸收京交会、科博会、文博会等国际活动经验，根据北京“四个中心”的城市战略新定位，提供优惠措施，吸引国际高端会议在京举办。

6. 利用服务业扩大开放综合试点城市的机遇，加强国际技术转移枢纽建设，以科技产业竞争的国际化带动国际交往的世界化

科技创新是重塑城市经济地位和竞争格局的关键，也是打造国际交往枢纽的助力器。要积极融入全球创新网络，搭建国际科技合作基地平台，实现创新资源共享。提升国际化研发、国际化科研服务功能，吸引跨国企业研发机构入驻，打造国际智库创客集聚地。把北京科技优势与“一带一路”沿线国家需求相结合，巩固提升高科技产业和现代服务业，创造互利共赢的产业合作格局。依托中关村国家自主创新示范区及其海外产业园，开展科技合作，鼓励企业“走出去”开展科技孵化、技术并购、参股等业务。围绕重大国际科技合作项目，实现与“一带一路”沿线国家的联合攻关和科研设施共享。优化国际营商环境，挖掘 APEC 商务旅行卡的应用范围和领域，简化外国人来华邀请办理手续。

7. 加大力度建设城市软环境，增强城市国际人文魅力

综观国际大都市，城市软实力是一个城市国际化水平的标尺。与国际交往中心密切相关的旅游业是当前城市软实力建设的一个重点领域。进一步发挥旅游行业协会的桥梁和纽带作用，深化文化体制机制改革。打造北京国际体验之都、文化创意之都，支持国际文化创意产业园区建设。发展国际高端文化旅游服务业，吸引国际一流文化产业项目。利用传统节日举办集文化性、体验性、娱乐性于一体的国际节庆活动。城市街道等语言标识是推动北京国际化建设的一项重要内容。提升外语标识规范化程度和外语服务能力，

依托“北京市民讲外语”等精神文明建设，增强城市的多元化和包容性等人文品质。

8. 完善国际人员的社会保障机制，提高涉外管理服务水平

完善国际社区物业管理服务机制，在朝阳麦子店国际化社区多年实践经验的基础上，对望京、中关村、科学城、首钢等国际化社区进行规范性建设，出台相关统一标准。重点解决好外籍人士、海归人才和国际交流人员的就业、就医、就学等现实问题。要积极完善涉外管理负面清单，提高涉外中介组织的国际化服务能力。要积极吸引海外优秀人才，制订更加积极的国际人才引进计划，吸引更多海外创新人才到北京工作。

专栏二 国际组织篇

国际组织与北京全球治理角色初探*

任远喆**

摘　要： 全球治理体系正处在重要的转型期和变革期，中国已经成为全球治理变革进程中不可或缺的参与者、推动者、引领者。未来北京需要继往开来，配合国家总体外交，充分发挥首都优势，积极开展主场外交，利用国际会议、国际组织等渠道和对话机制，参与全球性议题的议程设置、国际规则的制定；利用城市的独特优势，在全球治理和国家治理的连接中扮演桥梁作用。未来北京还需要进一步吸引国际组织落户，在城市与国际组织互动中体现全球治理的中国理念，为全球治理体系改革和中国进一步发挥引领作用贡献力量。

关键词： 国际组织　全球治理　北京

---

* 本文是北京对外交流与外事管理基地项目“国际组织与北京的全球治理角色研究”的阶段性成果。

** 任远喆，外交学院外交学与外事管理系副教授，北京对外交流与外事管理基地研究员。

全球治理是“冷战”后正式被提出来的概念。虽然国际关系领域的治理实践一直都存在，但“冷战”前多被称为国际管理或国际治理。全球治理的系统阐述是伴随全球性问题越来越突出和世界相互依存越来越深化而产生的。“冷战”结束之后，随着全球化的不断深入发展，全球治理的模式也发生着巨大的变化。其中，非国家行为体在全球治理中的作用明显加强。“多层次治理”“非公共权威治理”等理念要求我们更多地关注全球治理的多元主体，例如众多超国家行为体和次国家行为体的作用。① 伴随着一系列不同机制、不同规则、不同形式的治理主体的出现，全球治理的“碎片化”不可避免。尽管仍存争议，但可以看到全球治理的“碎片化”也许正是世界多极化的征兆，意味着更加多元化以及美国与西方主导的世界秩序的削弱。②

在当前全球治理遭遇主体困境时期，承载全球价值的全球城市成为提供全球公共物品的重要行为体。③ 从历史上看，城市一直是人类文明发展的中心。近年来城市在全球治理中的作用日益凸显，有学者甚至断言当前“城市在塑造全球倡议中的影响力正处于文艺复兴时期意大利城邦国家发挥主导作用之后的最高峰”。④ 现实需要我们进一步明确城市的全球治理角色。研

① 詹姆斯·罗西瑙：《面向本体论的全球治理》，俞可平主编《全球化：全球治理》，社会科学文献出版社，2003，第56页。“非公共权威治理”主要是指不同于以主权国家为基础的传统国际治理模式，其治理的合法性基础并不是基于主权平等的传统国际关系模式，而主要源于解决问题的有效性。参见 Rodney Bruce Hall and Thomas J. Biersteker eds, *The Emergence of Private Authority in Global Governance*, Cambridge University Press, 2002; Tim Büthe, “Governance through Private Authority? Non-state Actors in World Politics”, *Journal of International Affairs*, vol. 58, no. 1, Fall 2004, pp. 281 – 290; Walter Mattli and Tim Büthe, “Global Private Governance: Lessens from a National Model of Setting Standards in Accounting”, *Law and Contemporary Problems*, vol 68, Summer and Autumn, 2005, pp. 225 – 262。全球治理主体的变化方面最新成果可参见 Amitav Acharya eds, *Why Govern? Rethinking Demand and Progress in Global Governance*, Cambridge University Press, September 2016。

② Amitav Acharya, “The Future of Global Governance: Fragmentation Maybe Inevitable and Creative”, *Global Governance*, Vol. 22, 2016, pp. 453 – 454.

③ 汪炜：《世界政治视野下的全球城市与全球治理——兼谈中国的全球城市》，《国际政治研究》2018年第1期，第95页。

④ Chrystie Flournoy Swiney and Shela Foster, “Cities are Rising in Influence and Power on the Global Stage ”, *Citylab*, https://www.citylab.com/perspective/2019/04/city-leadership-international-policy-mayors-u20-uclg-c40/587089/? utm_ source = twb, April 15, 2019.

究城市全球治理角色的路径很多，城市与国际组织的互动就是重要的切入点之一。一方面，城市作为国际组织所在地，依托国际组织力量的壮大，可以承担起一定的多边外交角色，参与到处理全球问题的进程中来；另一方面，国际组织针对地方政府和城市政府的政策导向越来越多，国际组织使命的地方化也在一定程度上赋予以城市为代表的次国家行为体更多的国际使命和治理需求。鉴于此，“开展地方政府和城市政府与国际组织互动关系的研究，不仅是学术界理解世界治理政治的需要，也是国家行为体和非国家行为体发展良性关系的需要。”①

北京作为中国的首都，随着改革开放进程的逐步推进，已经成为世界政治舞台上不可忽视的全球城市，吸引着越来越多的国际组织落户。党的十八大以来，习近平总书记对北京的 3 次重要讲话，深刻阐述了“建设一个什么样的首都，怎样建设首都”这一重大课题，为我们做好首都建设工作指明了方向。“四个中心”建设的战略功能定位更为北京发展世界城市、提升国际角色和参与全球治理提供了历史性机遇。毋庸置疑，构建与国际组织的良性互动模式已经成为北京国际交往中心建设、发挥自身在全球治理中独特作用的必由之路。

一　国际组织与城市的国际化发展

近现代以来，随着国家交往和联系的增多、国家间相互依赖程度的增强，国际组织应运而生。自 1648 年现代国际体系确立后，国际组织就呈现不断增长的态势。到了 20 世纪，特别是其下半叶国际组织发展更加迅速。据国际协会联盟（Union of International Associations，UIA）统计，20 世纪初，世界有 200 余个国际组织，到 50 年代发展到 1000 余个，70 年代末增至 8200 余个，1990 年约为 2.7 万个，1998 年为 4.8 万余个，21 世纪初超过

① 陈志敏：《全球多层次治理中地方政府与国际组织的相互关系研究》，《国际观察》2008 年第 6 期，第 6 ~ 15 页。

5.8万个。现在，世界上有6.2万余个国际组织，包括有主权国家参加的政府间国际组织、民间团体成立的非政府国际组织，它们既有全球性的，也有地区性、国家集团性的。① 一直以来，国际组织在全球政治中扮演着不可或缺的角色。正如之前美国负责国际组织事务的助理国务卿埃丝特·布里默博士（Dr. Esther Brimmer）所说，"国际组织和国际组织工作已经成为当代外交不可或缺的根本，各国可以在国际组织中找到解决复杂问题的方案。"②

国际组织的发展极大地带动了其所在城市的发展，也赋予了这些城市更多的国际化色彩和跨国交往职能。城市不仅成为世界体系多层面、多渠道相互依赖的重要环节，也日益成为国际交往的重要载体和跨国活动的实际参与者。当前对于城市的全球定位和国际角色的描述多种多样，例如"全球城市""世界城市""全球政治城市"等，③ 无论哪一种描述和界定，城市与国际组织的关系如何都是其重要的评判标准之一。对"全球政治城市"来说，"其管理和协调角色主要依靠超国家的政治实体和政府间机构来实现。"④ 一个城市拥有国际政府组织机构、国际民间组织机构的数量及其发挥的作用是判断其是不是"世界级城市"的重要标准。⑤ 2008年，芝加哥全球事务委员会与全球管理咨询公司A.T科尔尼及《外交政策》（*Foreign Policy*）杂志合作，对全球40个国家的60个城市如何在全球范围内推动整合、互动及其影响力进行综合排名，开始发布"全球城市指数"报告。迄今为止，该报告已经发布了八版。其中，国际组织的数量一直是城市政治参

---

① UIA eds, *Yearbook of International Organizations*, 2017－2018, Vol. 1, p. 3.

② Esther Brimmer, "The U. S. Role in Our Changing World: Navigating the Globe's Transnational Challenges", Speech at World Affairs Council/University of Washington School of Law Seattle, Washington, March 30, 2011.

③ 全球政治城市（Global Political Cities）有多种定义，比较有代表性的是"全球政治流通的微观主体，在这些城市中需要施行多重管辖的政策"。参见 Kent E. Calder and Mariko de Freytas, "Global Political Cities as Actors in Twenty-first Century International Affairs", *SAIS Reviews*, 29 (1), pp. 80－81.

④ Camilla Elmhorn, Brussels, "A Reflexive World City", *Stockholm: Almqvist & Wiksell International*, 2001, p. 51.

⑤ 辛向阳：《历史上的世界城市与当代的世界城市》，《城市管理前沿》2010年第3期，第29页。

与的重要衡量维度。[①]

无论选择的评估城市数量有多少，八个版本的“全球城市指数”排行榜中前25个城市都基本未变，纽约、伦敦、东京、巴黎和香港稳居前五。国际组织是它们能够稳居前列的关键助力。以纽约为例，“二战”结束之后，随着联合国总部的设立，纽约逐渐成为国际政治的中心城市和国际会议的重要场合，每年举办数百场国际会议。“正是因为联合国总部的存在，纽约才当之无愧地被誉为‘世界之都’”。[②] 国际组织极大地推动了纽约经济发展，增加了就业机会，提升了城市形象，更重要的是赋予它更大的国际角色。目前纽约的国际影响力处于世界绝对领先地位，各国的外交家和政治家们在纽约联合国总部完成了几乎囊括世界经济、政治、文化和安全等方面的种种决议和方略。

日本的首都东京作为亚洲最具代表性的世界都市之一，以其与西方城市并驾齐驱的综合实力和独具特色的东方魅力，也备受国际组织青睐。落户东京的国际组织（地区部）按照内容主要可划分为经济生产领域、劳动与移民（难民）领域、农业以及儿童领域等。根据日本外务省2019年最新的相关统计数据，落户日本的政府间国际组织有41个，而选址于东京都的就将近30个。[③] 再以亚洲的曼谷为例，根据泰国外交部的资料，落户曼谷的主要国际组织现有33个，包括了联合国系列的国际组织19个。其中，联合国亚太经济社会组织（Economic and Social Commission for Asia and the Pacific，ESCAP）的总部设在曼谷；涉及金融、贸易等经济领域的政府间国际组织3个；其他政府间国际组织和国际非政府组织12个（主要是有关东亚以及东南亚地区事务的组织，例如，东南亚教育部长组织——Southeast Asian Ministers of Education Secretariat）。而落户曼谷的各种非政府组织和慈善团体目前超过5000个。这些国际组织帮助曼谷成为亚洲地区的国际会议中心，确立了其在国际交往中的优势地位，同时自然而然地赋予其全球治理的职能。

---

① AT Kearney, *2018 Global Cities Report*, https://www.atkearney.com/2018-global-cities-report.

② Clyde Haberman, “Act Globally, Get Stuck Locally,” *New York Times*, February 25, 2005.

③ 参见日本外务省网站，https://www.mofa.go.jp/about/emb_cons/protocol/organization.html。

总之，全球化的发展和全球治理模式的转变，已经使国际组织和城市之间形成了一种新的互动模式。世界上各主要国际性大城市借此不断扩展自身的国际交往，塑造自身国际身份，日益成为全球治理的重要行为体，形成了全球治理的城市平台。当前，全球治理的特征之一就是治理结构的相互重叠，不同治理平台之间的互相影响，这就更需要我们通过国际组织与城市之间的互动关系来认识和发掘城市的全球治理角色。

二　国际组织与城市参与全球治理的主要路径

城市参与全球治理的路径多种多样，可以依靠其国际交往单独参与，也可以依靠城市联盟、城市集团或城市网络共同参与，同时更加重要的是通过城市或城市网络同国际组织的互动构建城市的全球治理平台。城市与全球治理已经成为国际关系研究的“新领域”。① 具体来看，城市通过国际组织参与全球治理的传统路径主要有以下三种。

1. 城市的规范治理路径

规范是全球治理的关键要素。与国际规则的不同，国际规范包含重要的社会道德价值内容，告诉国家应该做什么，不应该做什么。任何社会都需要有自己的规范体系，例如礼、义、廉、耻、信是传统中国社会的规范体系，自由、平等、博爱是现代西方社会的规范体系。规范体系不仅可以约束行为，而且可以塑造思想和建构认同，可以从根本上保证社会治理的成效和社会秩序的稳定发展。安德鲁·科特尔（Andrew Cortell）和詹姆斯·戴维斯（James W. Davis）从国际制度对国内制度的影响角度进行了论述，他们认为国际规范可以塑造国家观念，并归纳出具体的途径和方法。② 在他们之

① *Cities and Global Governance*：*New Sites for International Relations*，Edited by Mark Amen，Noah J. Toly，Patricia Mccarney，Klaus Segbers，Routledge，2016.

② Andrew Cortell，James W. Davis，“How Do International Institutions Matter：The Domestic Impact of International Rules and Norms”，*International Studies Quarterly*（1996），Vol. 40，pp. 455 –458.

后，美国学者玛莎·费丽莫（Martha Finnemore）开创性地以实证研究的方法探讨了国际规范对国家观念的影响。她通过对联合国教科文组织、国际红十字会、世界银行的研究得出结论，国际组织可以对国家进行“国际社会化”。[①] 在当前的国际社会中，各种各样的国际规范、制度、法律和组织都以前所未有的速度和广度增加，恰似一张遍及全球各个角落的“大网”，约束着各国和各种非国家行为体的行为，引导世界各个区域迈向共同的发展方向，增强多边主义的吸引力和有效性，并在此基础上孕育全球性伦理和价值，促进以国家间关系为主体的传统国际政治朝着更有包容性的全球政治方向转变。[②] 国际规范的传播同国际组织密不可分。国际组织通过各种规范框定了主权国家和非国家行为体的活动，同时国际组织有时也是国际规范的消费者，有些规范就是由非国家行为体如跨国倡议网络或个人通过直接或间接的社会化过程传播至其内部的。[③]

与国际规范的“内化”和本土化相反，城市参与全球治理推动了国内规范“外溢”到国际社会，进而成为国际通行的规则与价值经验。作为国际舞台重要的非国家行为体，全球城市“具有极大的规范性力量”。[④] 全球城市上可向国家表达治理建议，下可吸取非政府组织及跨国公司等的治理经验，向外可直接参与全球治理，向内可把认同的治理主张直接转化成地方政策和实践。[⑤] 例如很多城市包容、共享等精神内核与全球治理所需要的公共精神培育和共同体意识建构一脉相承。在当前国际规范面临重构的过程中，城市映射出的社会规范和良治具有重要的意义。“城市正在

---

① Martha Finnemore, *National Interests in International Society*, New York: Cornell University Press, 1996.

② 王逸舟：《当代国际关系进步的五个方面》，《国际经济评论》2007 年第 9 期，第 7 页。

③ Park Susan, “Norm Diffusion within International Organization: A Case of the World Bank”, *Journal of International Relations and Development*, Vol. 8, No. 2, 2005, pp. 111 – 143.

④ 〔意〕米凯利·阿库托：《全球城市：我们还能视而不见吗?》，陈丁力译，《城市观察》2011 年第 3 期，第 46 页。

⑤ 汤伟：《超越国家？——城市和国际体系转型的逻辑关系》，《社会科学》2011 年第 8 期，第23 页。

带来新的全球秩序。”①

2. 城市的发展治理路径

国内外关于城市发展的研究已有很多成果。② 城市发展到一定程度而出现的大型乃至超大型城市已经成为国家治理的枢纽。国际组织是城市治理的重要载体，帮助城市更好地处理内部治理事务，并推动城市融入地区甚至全球治理进程。

城市是全球生产力、创新和经济发展的引擎。全球 GDP 的 80% 左右来自城市。伦敦、东京、纽约等全球城市的经济总量甚至超过了一些 G20 国家。它们本身所拥有的财政、组织和法律资源，以及资源整合能力非一般的次国家行为体所能比拟。③ 这使得它们可以通过经济手段实现全球治理的目的，并旗帜鲜明地反对贸易保护主义。

城市在发展问题上与国际组织的互动非常密切。从 20 世纪 90 年代开始，国际组织设立了一系列有关城市的项目，例如联合国人居中心（UN－HABITAT）、城市可持续发展项目（Sustainable Cities Programme）等。这些项目还同其他一些主要的全球项目和网络展开了合作关系，比较有代表性的有地方政府环境行动理事会（International Council for Local Environmental Initiatives）和世界卫生组织健康城市项目（WHO Healthy Cities Programme），还有联合国教科文组织的“人类和生物界项目”（UNESCO’s Man and

① Ivo Daalder，“A New Global Order of Cities”，*Financial Times*，May 26，2015.

② 如 Herman L. Boschken，“Global Cities，Systemic Power，and Upper-Middle-Class Influence”，*Urban Affairs Review*. Thousand Oaks：Jul 2003. Vol. 38，Iss. 6，p. 808；Michael Timberlake，“World Cities Beyond the West：Globalization，Development and Inequality”，*Canadian Journal of Political Science*，Toronto：Dec 2006. Vol. 39，Iss. 4，p. 954；Peter J. Taylor，Rolee Aranya，“A Global ‘Urban Roller Coaster’? Connectivity Changes in the World City Network，2000－2004”，*Regional Studies*；Cambridge：Feb 2008. Vol. 42，Iss. 1，p. 1；Herman L. Boschken，“A Multiple-perspectives Construct of the American Global City”，*Urban Studies*. Edinburgh：Jan 2008. Vol. 45，No. 1，p. 3.

③ Richard Glorida，“The Economic Power of Cities Compared to Nations”，Citylab，https://www.citylab.com/life/2017/03/the-economic-power-of-global-cities-compared-to-nations/519294/，March 16，2017.

Biosphere Programme)。[①] 特别是世界银行不断增加对于城市环境问题的投入，设立了多个项目，通过联合国机构、双边发展机构、OECD 成员国政府、地方政府、私人公司和公民社会等渠道对城市给予帮助。[②] 国际组织力图以此来增强城市应对全球挑战的能力，同时国际组织也在不断更新其城市战略，尽量避免过多考虑城市化带来的负面效应，而是强调城市正在通过一种积极的、可持续的方式推动世界的发展。

一些世界城市也进一步依托国际组织的力量，积极进行城市治理。以纽约为例，政府与非政府组织共建城市治理模式是纽约世界城市建设的制度保证。在 2011 年财政预算中，纽约市政府投资 544 亿美元致力于城市建设，其中环境保护、教育以及城市服务等很多方面都与国际组织密切相关。可见，国际组织通过多种方式已经与城市之间构建了牢固的纽带，在推动城市可持续发展的同时，建立起全球治理的城市平台。

3. 城市的网络治理路径

在城市国际角色的演变进程中，城市间国际组织的出现和发展具有里程碑的意义。城市作为一种没有边界的主体，成为网络中的关键节点，并在网络化的互动中实现自己的价值。当前在国际舞台上出现了全球性和区域性的城市网络，这为城市参与国际交往、开展城市外交提供了渠道和平台。

各种国际组织和国际机制也开始重视这种网络化的城市联盟，并与其建立了多层次的联系，开展了十分频繁的互动。例如在全球环境治理中，城市网络同国际组织的互动就非常频繁。联合国环境计划（UNEP)、联合国教科文组织（UNESCO)、联合国人居中心（UN－HABITAT)、联合国粮农组织（FAO）以及世界银行同城市联盟之间建立起长期的联系，特别是与“大都市联盟”（The Metropolis Association）和“C40 城市集团”的互动更加

① Axumite Gebre-Egziabher, “Sustainable Cities Programme: A Joint UN－HABITATE－UNEP Facility on the Urban Environment with Participation of the Dutch Government”, *Annals of the New York Academy of Sciences*, 1023, 2004, p. 71; Christine Alfsen-Norodom, “Urban Biosphere and Society: Partnership of Cities”, *Annals of the New York Academy of Sciences*, 1023, 2004, pp. 1－9.

② Anthony G. Bigio and Dahiya Bharat, *Urban Environment and Infrastructure: Toward Livable Cities*, Wangshington DC. World Bank, 2004.

密切。国际组织还给予城市网络很大的援助优惠。例如对世界银行来说，“城市联盟”（Cities Alliance）以及“世界城市和地方政府联合组织”（United Cities and Local Governments，UCLG）等城市网络具有“优先投资权”。[①] 例如建立于1913年的“世界城市和地方政府联合组织”目前在联合国地方当局咨询委员会（UNACLA）拥有20个席位，通过这些渠道城市直接介入了联合国政策的制定进程之中，从而参与设定和推行全球议程。

跨国城市网络治理的发展同全球治理权威下移有关。20世纪90年代初以来，世界各地开始涌现出各种以特定治理议题为导向的跨国城市网络。跨国城市网络为全球治理提供了一种自下而上的治理模式，在环境治理领域发挥着独特的作用。[②] 通过城市之间网络化的联盟，它们可以互相交换信息，提供最好的实践经验，共同应对气候变化、移民等全球性问题。2017年，超过150个城市的领导者聚集在比利时梅赫伦（Mechelen），承诺遵守《巴黎协定》，并签署《梅赫伦宣言》，在移民问题上协调立场。与此同时，城市网络可以在国际舞台上提出城市的主要关切，并在会上讨论城市之间合作的模式，进一步推动同国际组织之间的合作。[③] 当前各种国际组织主动积极参加城市网络组织的各种活动，这既是对城市国际角色的认可，加强了同城市之间的联系，也帮助并影响着城市国际活动的议程设置。可以说，跨国城市网络既是城市之间的协调机制，也是城市对外扩展国际角色的桥梁，国际组织也利用跨国城市网络充分发挥城市的全球治理作用。与此同时，城市网络也为国际组织提供了城市层面的全球倡议。双方之间的互动是一种双赢的结果，有助于形成一种全球性的知识网络。这为未来的全球治理提供了新的思路和主张。

---

① The World Bank, *Systems of Cities, Harnessing Urbanization for Growth and Poverty Alleviation. The World Bank Urban and Local Government Strategy*. Washington D. C., 2009.

② 薛晓芃：《网络、城市与东亚区域环境治理：以北九州清洁环境倡议为例》，《现代国际关系》2017年第6期，第58页。

③ Philipp Pattberg, “Private Governance and the South: Lessons from Global Forest Politics”, *Third World Quarterly*, Vol. 27, No. 4, 2006, p. 589.

三　国际组织与城市全球治理角色的局限

全球治理一直是在主权国家体系基础上来应对和解决跨国性挑战的重要方式，在当前的全球治理结构中，尽管民族国家体系逐渐式微，但在未来较长的一段时间内，传统的主权国家治理范式仍将占主导地位，以城市为代表的非国家行为体在一些领域可以进一步参与全球治理，并扮演举足轻重的角色，但总体来看仍将长期处于全球治理的边缘地位。在这样的大背景下，国际组织为城市带来的治理职能也相对有限。与此同时，国际组织给所在城市带来的负面影响也从一定程度上制约着城市全球治理角色的发展。

第一，国际组织在带来发展红利的同时，也给城市造成了沉重的负担。为吸引国际组织落户，各大城市制定了相应的法律法规，并有配套的优惠政策和补偿措施加以扶持，这从一定程度上加重了当地政府的财政负担。与此同时，国际组织也加剧了一些大城市的“城市病”。国际组织过多会加快城市的生活节奏，提升城市核心区的人口密度，抬高城市消费水平。此外，国际组织还可能增加落地城市的财政赤字，推高当地物价、房价。同时，作为国际组织总部或者分支机构的所在地，各种各样的示威游行经常发生，容易造成城市交通的瘫痪，给政府及市民带来不便。在参与全球治理之前，城市首先要关注的是国家治理状况，国际组织成为城市治理必须考虑的因素之一。

第二，国际组织与利益集团相互借重，影响政府的治理效能。城市与国际组织互动是一个牵涉到多种行为体的多元政治进程，各层次、各领域不同的国际政治行为体都进入全球治理进程之中，并带入它们各自的权力和利益。在国内政治和国际政治相互交织的多元和多层政治环境中，国内多元主义的政治进程将推演到国际层面，形成利益交织、层次交叠更加复杂的政治系统。这种复杂、多层面、多元的政治进程迫使各个行为体开展各种政治结盟的博弈，当城市行为体与其商机行为体互动受阻的时候，可以通过诉诸总部设在本市的国际组织对其上级行为体施加影响，从而达到城市目标的互动进程。[①] 这种互动模式对城市的行为能力和行为空间都产生了重要影响。例如纽约的国际组织和非政府组织与形形色色的利益集团有着错综复杂的关系，相互倚重，影响纽约政府的公共决策。美国现行的政府体制为这种国际组织和非政府组织与利益集团合作提供了许多渠道，两者的结合使利益集团能广泛地卷入政府工作。

第三，国际组织与其代表的国际规则可能会制约城市甚至是国家政策的灵活性。为了维持对国际组织的吸引力，良好的国家形象和城市形象必不可少，这就大大提高了城市和国家的违约成本。以泰国为例，曼谷作为有诸多国际组织落户的国际城市，固然享有了较高的国际声望，而为了维持这种声望，曼谷政府和泰国政府有时必须向国际组织妥协。过去几年泰国政局动荡，经常出现大规模的游行示威集会，这些反政府人士往往利用国际组织与政府博弈，向政府施压。这种国际组织形成的舆论氛围往往使政府在决策时左右为难。而在与柬埔寨的领土争端问题上，为了继续推行“亚洲的日内瓦”政策，泰国政府必须在各个方面遵守国际条约和国际组织的规定，这大大限制了泰国政府的政策灵活性，也留下了许多隐患。

四　对北京参与全球治理的启示

对于力图扩大国际交往、参与全球治理的城市来说，国际组织是一把双刃剑，它们既可以让城市成为国际规范生成和传播的主体，推动城市参与全球治理，也会给城市的发展、地方和国家利益的维护制造障碍。如何趋利避害成为城市未来与国际组织互动参与全球治理时必须认真考虑的问题。

作为中国的首都，改革开放开始了北京“走向世界、融入世界、影响世界”的征程。[②] 党的十八大以来，北京逐步明确了建设“国际交往中心”

① 玛格丽特·凯克、凯瑟琳·辛金克：《超越国界的活动家：国际政治中的倡议网络》，韩召颖、孙英丽译，北京大学出版社，2005，第 14 页。

② 熊九玲：《勇立改革潮头　擘画开放蓝图——改革开放 40 年与国际交往中心建设》，《前线》2018 年第 8 期，第 32 页。

的战略定位，正在进一步释放国际交往的活力，加快聚集国际高端要素，提升国际交往的软硬件水平。根据全球化与世界级城市研究小组与网络（Globalization and World Cities Study Group and Network，GaWC）的排名，按照国际声誉、国际事务参与度及影响力、人口、吸引投资、文化机构及活动、交通系统等13个主要参考标准，北京排在纽约、伦敦、巴黎、新加坡等之后，但一直在国际一线城市中名列前茅。[①] 已有的发展成就为北京进一步吸引国际组织落户、参与全球治理、展现大国首都风貌奠定了基础。在与国际组织的互动方面，自1997年国际竹藤组织第一个将其总部落户北京开始，经过20多年的发展，截至2018年底，北京已经有包括上海合作组织、亚洲基础设施投资银行在内的七个国际组织总部，使北京在吸引国际组织落户方面走在了国内前列，为今后通过国际组织参与全球治理迈出了重要一步。除此之外，还有众多国际组织在北京设立了代表机构，它们同样对北京的“国际交往中心”建设意义深远。具体来看，国际组织在京设立的代表机构有24个，其中联合国的21个机构在京共设立了14个代表机构，部分派生机构由联合国开发计划署等综合性机构一并代表。目前联合国有资金、有能力在外设立分支机构的组织基本上都在北京市设立了代表处或类似机构。当然，与纽约、伦敦、巴黎等世界知名的国际化大都市相比，北京在国际组织外交、国际化人才建设方面还存在明显不足，这与中国未来在全球治理中的引领者角色并不相称。

未来，北京借助国际组织进一步参与全球治理还面临着国际、国内激烈的竞争。一方面，国外很多城市利用各种手段吸引国际组织落户，通过主场外交提高国际影响力，发展地区经济；另一方面，国内城市间的竞争形势也相当激烈。上海、重庆、深圳都计划通过引进国际组织来吸引更多、更为重要的大型国际会议和展览，获得更大的国际影响和经济效益。同时，北京针对相关工作的制度设计还有待完善。吸引国际组织落户工作具有特殊性、复杂性和敏感性，必须有专门机构、专业部门进行规划并推动实施。吸引国际

---

① 参见该机构网站，https：//www. lboro. ac. uk/gawc/。

组织落户需要为其提供办公用地、办公设施、人力资源等方面的保障，许多城市在吸引国际组织落户时都开出了非常丰厚的条件。涉外服务体系仍需努力改善。涉外信息渠道需要进一步扩展，涉外医疗等条件要进一步改善，涉外人力资源方面需要进一步加强。因此，北京在“四个中心”建设中有必要建立专门机构和专项资金，对开展国际组织外交相关工作进行统筹考量。

当今世界正面临百年未有之大变局，和平与发展仍然是时代主题，同时不稳定性、不确定性更加突出，人类面临许多共同挑战。全球治理体系正处在重要的转型期和变革期，中国已经成为全球治理变革进程中不可或缺的参与者、推动者、引领者。未来北京需要继往开来，配合国家总体外交，充分发挥首都优势，积极开展主场外交，利用国际会议、国际组织等渠道和对话机制，参与全球性议题的议程设置、国际规则的制定；利用城市的独特优势，在全球治理和国家治理的连接中发挥桥梁作用。未来北京还需要进一步吸引国际组织落户，在城市与国际组织互动中体现全球治理的中国理念，为全球治理体系改革和中国进一步发挥引领作用贡献力量。

中非友好城市建设与中国对非援助的效用提升

王宏禹　徐文雯*

摘　要： 随着中国对非援助的规模逐年增加，中国政府开始关注对非援助的实际效用，并不断完善援助机制，以增强受援国的自主发展能力为基本导向。但是在援助项目的推进过程中出现了因缺乏沟通理解而导致的基础设施建设项目协同性不足、“人力资源”援助针对性不强等现象。基于中国对外友好城市建设的成功经验，可以进一步推进中非友好城市建设，有效弥补中非援助过程中双边沟通缺乏和“精准援助”不足的缺陷。北京作为中国首都且国际化程度不断提高，应抓住“一带一路”倡议的有利机遇，加强与非洲国家的友好城市建设，推动“一带一路”倡议在非洲的延伸拓展。

关键词： 对非援助效果　中非友好城市　北京国际化建设

2015 年习近平主席提出向非洲国家提供 600 亿美元的援助，致力于实施“中非十大合作计划”，帮助非洲国家解决基础设施建设落后、人才供给不足、资金短缺三大发展瓶颈。2018 年北京峰会期间，中国提出再向非洲提供 600 亿美元的援助，重点是推动中非“八大行动”，加强双边政治互

* 王宏禹，对外经济贸易大学国际关系学院副教授，武汉大学经济外交研究中心研究员；徐文雯，对外经济贸易大学国际关系学院研究生。

信、人员往来以及多领域务实合作，支持非洲国家在减贫、卫生等领域的基础设施建设以及产能领域的项目合作。[①] 由此可见，目前中国对非援助，是在“合作共赢”理念的指导下，以项目合作的形式开展基础设施建设与产能合作。但在实际项目的推进过程中，由于文化、价值观念以及管理方式的差异，中非基础设施建设项目推进遭遇重重阻碍。在中非论坛开始时，中国就启动了各种形式的人才发展计划，以帮助非洲国家开发人力资源，但是一直以来缺乏针对性的“国别援助计划”导致人力资源的援助效率偏低。十八大以来，中国在对外援助方面提出了“双注重”的理念，强调在实施对外援助的过程中既要注重基础设施建设，又要注重与当地民众开展民心相通工程。在此背景下，除了宏观层次的发展战略互通，还可以开展与地方政府的友好城市建设，以地方间小范围的交流合作，推进地方政府发展战略对接。同时，在现行的国家结构下，地方政府的友好往来还能对整体的外交战略布局起到配合、补充和支持的作用，发挥“公共外交”的功能。加强城市间人员往来与文化交流，增进彼此的了解与信任，有助于提升中国对非援助项目的实施效果与效率。

一　友好城市建设与服务国家对外战略

（一）友好城市建设服务国家总体外交战略

“友好城市”的概念发源于“一战”后西欧国家间的“姐妹城市运动”，但中国的国际友好城市建设在改革开放以后才逐渐兴起，发展至今在促进宏观的整体外交以及地方政府间外交往来方面都发挥了重要的作用。目前，中国已有31个省份的482个城市与世界上136个国家的526个省州以及1630个城市建立了2532对友好城市关系，包括亚洲35个国家的819对、

① 《习近平在2018年中非合作论坛北京峰会开幕式上的主旨讲话－中非关系　中非合作论坛　对非投资　本币结算　合作共赢》，中国新闻－东方网，http://news.eastday.com/c/20180903/u1a14207393.html。

欧洲41个国家的918对、美洲19个国家的500对、大洋洲8个国家的160对，以及非洲33个国家的135对友好城市。[①] 友好城市建设是我国对外开放的重要平台，是国家总体外交的重要补充。通过地方政府间的交往，拓展合作的渠道与领域，发挥彼此的资源优势与产业优势，实现优势互补，推动双边城市经济发展。

回望北京与非洲的“缘分”，其可以追溯至1990年10月北京与埃及的友好城市建设，但是从地区分布来看，中国与非洲国家的友好城市建设进程缓慢，与近年来非洲在我国外交战略布局中逐渐上升的地位形成鲜明对比。因此，应该顺应中非合作愈加密切的趋势，逐步拓展中非之间友好城市的规模，加强旅游、文化、企业等多个领域的沟通与合作，通过友好城市间的沟通交流来建立民心相通的纽带，从而推动多领域的务实合作。针对上文提到的援助困境，积极开展中非友好城市建设，增进项目各个阶段的沟通，加强人员往来与经验学习，尤其是涉及协调合作的方案，友好城市间的合作可以提供一种参与性的活动框架，这种框架要比在总体外交战略下所提供的解决方案更加开放、更加灵活。

（二）友好城市网络与拓展“一带一路”合作伙伴

友好城市自身“契合性”的原则，强调建立友好城市的双方要有较高的契合度与相似性，与近年来中非之间强调发展战略全面对接的观点恰好吻合。中国政府一贯主张将中国的“一带一路”倡议与非洲国家的具体发展战略进行对接。除了宏观的整体发展战略的对接，国别或者城市之间发展战略的对接能够提升战略对接效率，战略的实施也更容易操作。近年来，很多中国学者提出“一带一路”倡议应制订国别合作方案，根据不同国家的发展阶段与发展战略，进行个性化的战略对接。友好城市建设，是在具有针对性的实地调研的基础上，充分了解对方城市的基本情况、支柱产业以及发展

① 《中国国际友好城市联合会第四届全国理事会工作报告》，中国人民对外友好协会网站，http：//www. cpaffc. org. cn/content/details25 －22780. html。

特色，然后建立互帮互助机制，实现合作共赢的战略目标，对国家整体战略布局进行补充。

进一步构建友好城市网络有利于拓展全球联系，使国家在全球化时代的舞台上获取更大的施展空间。国外学者提出了“城市网络”（City Networks）的概念，并探讨了城市外交在制度化城市网络中的机遇和挑战。英国学者米歇尔·阿库托（Michele Acuto）和米卡·莫莉塞特（Mika Morissette）通过量化分析探究城市主体如何在地方层面、国际层面更有策略地应对城市外交的网络化图景。[①] 随着全球化的深入，城市成为跨国公司、非政府组织、网络信息的中心，成为这些经济和文化要素扩散、聚合、联结的节点。[②] 构建友好城市网络，有利于拓展互利合作的范围，实现要素的高效流通，对接双边发展战略，也为下一阶段“一带一路”建设在该国的推广延伸奠定基础。

二　中国对非援助的效用问题

根据非盟发布的《2063 年议程》，非洲各国在 21 世纪的核心发展任务是推动各国实现工业化。近年来，非洲国家纷纷致力于发展本国经济和推动工业化进程，但发展的最主要瓶颈就是基础设施建设与人力资源。非盟也制定了“推动非洲工业可持续发展”的战略目标，集中力量为非洲下一阶段经济发展和工业化提供必需的基础设施和人力资源。由于基础设施的不完善以及各方面人才的短缺，非洲国家在发展经济、推进工业化过程中屡受挫败。[③] 作为新兴援助国，中国积极分享自身工业化的发展经验，帮助非洲国家推进基础设施建设，制订人才培养计划。同时，把握“一带一路”倡议

① Michele Acuto & Mika Morissette, “City Diplomacy: Towards More Strategic Networking? Learning with WHO Healthy Cities”, *Global Policy*, Vol. 8, 2016, pp. 3 – 4.

② 龚铁鹰：《国际关系视野中的城市——地位、功能及政治走向》，《世界经济与政治》2004 年第 8 期，第 1 页。

③ 《中国投资助推非洲工业化进程》，http: //www. npopss-cn. gov. cn/GB/219567/219570/15322915. html。

的推广契机，对接“非洲基础设施发展计划”和“总统优先基础设施倡议”，帮助非洲国家完善铁路、公路、区域航空、港口、电力、供水和信息通信等领域的基础设施项目建设。

基础设施项目协同性不足，导致项目的规划阶段、实施阶段以及交接阶段都相应地出现各种各样的问题。为加强中非双边发展战略的全面对接，2018年中非合作论坛北京峰会期间，中国提出与非盟共同制定《中非基础设施合作规划》，协商确定中非在下一阶段的合作领域与援助方式。由此可见，中非双边已经在顶层设计部分做到了双向沟通、战略对接与互相配合，之所以还会出现上述问题，主要是项目具体实施各阶段出现的协同性不足导致的。首先，在项目规划阶段，虽然政府已经在前期牵线搭桥并规定了基本的规划原则，但是企业在具体操作过程中并没有将具体项目规划与我国对非投资的总体战略、当地资源以及受援国需求进行结合。其次，在项目实施阶段，部分基础设施项目为赶工期使得员工劳动时间过长，企业社会责任履行情况欠佳，并且由于当地工人与企业管理者之间文化与价值观念的差异，彼此信任感较低、合作陷入困境。最后，在项目交接阶段，如何正确引导当地民众改变观念、增强自身发展动力，使其在项目交接后仍然有能力继续推进基础设施项目后续发展是改善对非援助效用的又一大困境。①

人力资源开发计划庞大且冗杂，缺乏“精准援助”的安排，是导致援助效率低下、效果不明显的另一个重要原因。2000 年中非论坛设立之初，中方就建立了“非洲人力资源开发基金”，邀请非洲国家相关部门负责人参加中方举办的“研修班”活动，为非洲国家培训经济管理、农业、教育、医疗卫生、科技、国防、文化、外交等各个领域的专业人才 6000 多人次。2018 年中非论坛北京峰会期间，中方再次宣布实施“头雁计划”，为非洲各国培训 1000 多名精英人才，同时提供 5 万个中国政府奖学金名额和 5 万个研修培训名额，以各种形式为非洲培养各个领域的专业人才。② 通过以上数

① 刘青海：《中国援非现状、挑战及效率提升》，《中国社会科学报》2019 年第 2 期，第 2 页。

② 《中非合作论坛—北京行动计划（2019～2021 年）》，https：//focacsummit. mfa. gov. cn/chn/hyqk/t1592247. htm。

据可以看出，中非人才交流计划形式多样、数量庞大，但是具体分析会发现：中国对非人力资源援助计划是针对非洲整体展开的，目前并没有相应的具体的国别援助计划或精准援助方案，实际上很多人才援助项目的效果并不明显。

三　友好城市建设突破对非援助瓶颈

友好城市建设是自下而上地开展针对地方政府官员、普通民众的友好交流工作，与上文提到的顶层宏观战略有所不同，友好城市建设着力于发挥当地民众的影响力，通过民间与地方政府的友好往来和沟通推动该国政界的对华友好。友好城市建设坚持以经济合作为导向，促进地方政府的务实合作，发挥地方政府在双边企业合作过程中的协调作用，为有合作需求与合作意愿的企业牵线搭桥，通过友好城市建设建立长效沟通机制，促进务实合作。

（一）加强基础设施项目建设的有效对接

首先，友好城市建设能够为地方政府间的密切合作搭建平台与机制，从而弥补宏观战略安排中出现的项目沟通性不强、对接细节不足等缺陷。近年来，广州、奥克兰和洛杉矶就凭借友好城市机制下的“三城经济联盟”来进行动漫合作项目的有效对接。广州与洛杉矶和奥克兰分别于 1981 年和 1989 年建立友好城市关系，2014 年三市市长在友好城市的基础上，达成建立“三城经济联盟”的共识，三城经济联盟也成为广州与世界城市深度互动的成功范例，创造了友好城市间合作的新模式。2016 年广东省动漫民营企业世纪华文动漫公司与奥克兰市紫水鸟影视公司（Pukeko Pictures）携手，联合制作拍摄动画片《太空学院》，广州塔、陈家祠等广州元素也被创造性地融入影片当中，最终影片在全球 60 多个国家发行。在“三城经济联盟”背景下推出的“动漫合作项目”中，奥克兰市紫水鸟影视公司公司曾 5 次获得奥斯卡奖项，为广州市学习奥克兰市的动漫发展经验提供了渠道。另外，影片中融入的广州塔、陈家祠等很多中国元素，更是发挥了公共外交的功能，在潜移默化中增强了中国的软实力。①

因此，中非关系的发展可以借鉴以上城际经济联盟的成功经验，通过中非城市间的互动与交流，以地方政府间的洽谈协商，推动实现基础设施项目建设的有效对接，不仅能够为双边地方政府提供项目对接的平台，还能够加强彼此的合作意愿。比如，组织非洲驻华使节赴中国各省份进行巡回演讲，加深地方民众、企业家对非洲国家的认识与了解，增强彼此的合作意愿。②在 2018 年中非论坛北京峰会期间，中国人民对外友好协会就曾举办第三届中非地方政府合作论坛，24 个非洲国家主管地方事务的政府部长和省市长、国际组织代表、非洲国家驻华使节以及教育、经贸、公益慈善、媒体等领域代表共计约 400 人出席，在会议上非洲赞比亚中央省库什镇镇长伊万斯·博瓦亚（Evans Bwalya）就表示，“当前中国许多企业在非洲从事建筑业、农业、矿业等众多产业的投资合作，但是中非不能仅有顶层交流，我们一线的人员也必须进行沟通，才能知道彼此切实需要的是什么。”③ 可见，除了宏观层面的战略对接，地方政府间的沟通交流对于项目的推进实施也同样具有重大的意义。会后，中国人民对外友好协会还组织参会人员前往河北、江西等地实地考察当地基础设施项目建设。可见，友好城市间的交往为中非两地的一线基层政府搭建了交流的平台，增进双方的了解。不同于之前中国单方面输出自身的发展理念与模式，地方政府间的沟通往来能够促进双向沟通，更加精准地确定彼此的优势产业与发展需求，增强彼此的合作意愿，挖掘潜在的合作机遇。

其次，友好城市还有利于实现优势互补，增强援助项目的互补性与协同性。友好城市建设是在多次实地调研基础上开展的，因此对双边城市的优势

① 《广州 - 奥克兰 - 洛杉矶三城经济联盟 2017 广州年会举行》，广州市人民政府门户网站，http：//www. gz. gov. cn/gzgov/s2342/201711/ff1bd9aa56c3459f91ff456153832b4a. shtml。

② 《中非地方政府合作论坛　搭建务实交流平台》，《重庆与世界》2016 年第 11 期，第 2 页。

③ 《中非媒体热烈报道第三届中非地方政府合作论坛》，中国人民对外友好协会网站，http：//www. cpaffc. org. cn/content/details21 - 76260. html。

产业非常了解，也有利于实现优势互补。舞鹤市自 1982 年 5 月与大连缔结友好城市以来，两地政府积极分享在港口建设、物流运输等方面的经验，推动了两地在多领域的实质性合作。一方面，辽宁省具备政策扶持的优势，当前辽宁省作为国家重要的工业与产业基地，在中央政策的支持下，迎来了前所未有的发展机遇。另一方面，舞鹤市具备城市管理、经济商贸等领域的发展优势。通过友好城市往来，促进辽宁省代表团赴舞鹤市进行调研考察，推动舞鹤市相关企业加大对辽投资力度，从而实现双边城市的优势互补、共同发展。由此可见，友好城市建设在舞鹤市与辽宁省的深入交流和合作，从而实现互利共赢的过程中发挥重要作用。①

最后，友好城市建设还能为加强双边政府在项目实施监管过程中的及时有效沟通提供平台，有利于规范企业在项目实施过程中的不当行为。乌干达当地政府网站就曾报道“中国国企在乌干达的基础设施援助项目中利用不透明的方式秘密发生技术甚至是人力资源的明显转移”，国企的这种做法不仅伤害了双边人民的感情、损害了援助国人民对中国的信任，更是损害了中国的国际形象和国家利益。不论是国企还是民营企业在实施对非投资或承接对非援助项目的过程中都不能将“盈利”作为自身发展的最高原则，应该让企业利益服从于国家利益，将具体的项目实施方案与国家总体外交战略布局紧密联系。正如援外司副司长俞子荣解释说，援外项目要做到当地实施、当地运营、当地受益。② 中国企业在与非洲国家当地政府对接基础设施项目方案、实施基础设施项目的过程中，应时刻牢记自身的外交使命感与社会责任感。通过友好城市建设，加强双边政府的政策对接与协调机制的建立，对项目实施过程中出现的问题进行及时的反馈协调。

① 《驻大阪总领事李天然陪同辽宁省委书记陈求发访问日本关西》，中华人民共和国外交部网站，https：//www. fmprc. gov. cn/web/gjhdq_ 676201/gj_ 676203/yz_ 676205/1206_ 676836/1206x2_ 676856/t1656517. shtml。

② 《我国 60 多年来对外援助近 4000 亿元》，《企业研究》2015 年第 1 期，第 9 页。

（二）"精准援助"提高人才援助效用

友好城市建设能够为地方政府的信息沟通与战略对接提供机制化平台，有利于根据彼此发展特点来制订"精准援助"方案，增强援助的针对性与实效性。浙江省与德国石荷州多年以来就凭借友城平台为双边政府的援助或合作方案提供有效信息。自1986年4月建立友好省州关系以来，双方在友好城市框架下的交流互动促进了两城在经贸、旅游、人力资源培训等各个领域的合作发展，并经过多年互动形成了稳定的合作机制。比如在人力资源培训方面，浙江省从石荷州引进了风力发电机，但是缺乏人才，因此通过友好城市交流机制希望石荷州提供技术人员的支持，石荷州积极回应浙江省的需求，专门为浙江省开办风力培训班，并邀请学员赴德考察。在旅游产业的合作方面，为提高彼此的游客数量，浙江省和德国石荷州在友好城市框架下开展常态化的信息沟通交流与战略对接，双方就当地核心的旅游资源进行信息互换，为对方旅游团设计产品和确定路线提供便利，从而促进互为旅游目的地和客源市场。①

根据世界经济论坛发布的《全球人力资源报告2017》数据，相对于非洲主要经济体，部分中小经济体国家的人力资源表现更佳，所以在对非洲进行人力资源援助时，应当加大对主要经济体的倾斜力度。比如尼日利亚虽然经济体量较大，但是其人力资源发展较为滞后。② 所以，这种情况下可以推进尼日利亚与中国友好城市建设，交流人力资源培养经验，在对尼日利亚当地人力资源现状进行调研的基础上，增加相应的援助投入，从而为尼日利亚的人力资源发展提供"精准援助"，既有利于解决中国企业在非投资面临的风险与困境，也能够为当地社会发展做出积极贡献。因此，人力资源的援助应根据受援方的具体需求，定点输送专业技术人才前往非洲，增强非洲国家"造血"能力，提高对非援助的实际效用。

---

① 《浙江与德国石荷州签订旅游合作备忘录》，杭州网－杭州新闻中心，http://hznews.hangzhou.com.cn/jingji/content/2018－09/20/content_7071265.htm。

② 智宇琛：《非洲人力资源现状及发展》，《中国投资》2017年第20期，第2页。

友好城市框架下的人才培养计划还能够发挥城市外交的公共外交功能。通过举办非洲国家调研考察班活动，大力做好友好城市各阶层工作，向研修班成员介绍中国的发展模式、发展理念以及对非政策等，从而获得了解、理解与支持。相较于整体外交战略布局下的人才交流计划，其更加具有针对性和互补性，城市之间的交往是对整体外交战略布局的有效补充。另外，在“讲友谊、讲互利、讲实效”原则的指导下，友好城市间可以开展多领域的人才交流对接项目，针对对口城市的某种稀缺人力资源进行“精准援助”，切实提高非洲国家“造血”能力。城市间的友好交流合作相比于国家间的宏观战略，更容易操作，战略的制定、实施与监督在各个阶段都更容易展开与调整，从而增进双方友好感情，正确引导双边民众客观看待对方，为两个城市之间进一步改善关系以及合作项目的进一步推进营造适宜的社会环境。

四 提升对非援助有效性及北京国际交往中心建设

北京作为首都，是中国对外交流的核心承载地和联通世界的重要窗口。北京的国际化基本上是随着国家参与国际化进程的走向而发展的，同时北京在自身的对外交往过程中，也在不断进行身份的调整与转变。因为它不仅仅代表着中国参与国际化进程的方向，更体现出北京作为一个独立的城市行为体其自身参与国际化进程的特点。在当前“一带一路”倡议的背景下，北京的国际化进程一方面要在国家整体布局下展开，另一方面更要发挥自身作为首都的独特优势。[①] 在国际体系的宏观层面，非洲是下一阶段国际竞争的主要区域，如果能够进一步推进北京与非洲国家间的友好城市建设，不仅对推动自身国际化具有重要意义，更是对推动中国整体参与国际化进程和全球治理以及构建人类命运共同体等都具有重要意义。从城市自身的微观层面来看，将北京国际化发展战略与“一带一路”倡议进行对接，有利于北京整

① 高尚涛等：《国际关系中的城市行为体》，世界书城出版社，2010，第157页。

合自身资源，充分发挥自身优势。[①] 目前，在同中国签订“一带一路”合作文件的非洲国家中，只有埃及首都开罗和埃塞俄比亚首都亚的斯亚贝巴与北京建立了友好城市关系，可见未来北京开展与非洲各国首都的友好城市建设潜力巨大，可以发挥的空间也很大。下一阶段北京国际化都市的建设，更应该开拓思路、创新体制机制，将丰富的资源与发展潜力转化成友好城市建设的内生动力。

（一）提高品牌意识

北京应该充分利用中非论坛的机制平台，提高品牌知名度，打造北京特色品牌，在友城公众心中塑造独特的城市形象。首先，可以充分利用“国家年”等品牌化的国际活动挖掘国家总体外交层面的资源。比如，在中非论坛期间，积极开展一系列北京的经济、文化、环境展览会，最大限度地利用中非论坛期间的国家外交资源。其次，建立城市间的年度、月度交流机制，通过定期的交流活动建立机制化的交流平台，将北京的最新发展成果与发展理念输送给友城民众。最后，北京作为一个有着悠久历史和深厚文化传统的城市，应充分整合自身的文化资源和其他方面的品牌资源，充分利用推介会、品牌展、国际博览会、奥运会等大型国际活动平台，向国际民众进行统一呈现。通过北京外事办公室调研、筛选和培育“精品”单位，组织友城代表集中参观，从而将一个开放的北京立体地展示给友城人民。[②]

（二）遵循机制性规律

北京的国际化建设既要发挥自身独特的区位优势、打造城市品牌，也要遵循友好城市发展的机制性规律，加强国家和城市两个层面间的资源协调以及跨部门合作，促进城市的国际化战略和国家整体外交战略的一体化。首先

① 《韩方明：北京在“一带一路”建设中发挥示范效应》，中国一带一路网，https://www.yidaiyilu.gov.cn/xwzx/dfdt/9158.htm。

② 汪锴、赵鸿燕：《城市公共外交的功能性路径分析：北京案例》，《区域与全球发展》2018年第4期，第17页。

是国家层面，要将北京的国际化都市建设纳入国家整体的对外战略框架中，建立国家总体外交与城市之间外交往来的协调机制。[①] 其次是城市层面，作为中国国际化程度最高的城市，北京与世界的交往是全方位和立体化的，所以往往涉及多个归口管理部门，因此要避免“碎片化”管理的现象。通过加强友好城市协会与各个部门间的统筹协调，在发挥友好协会引导性作用的同时，充分发挥企业、智库、媒体等非政府组织机构的对外交往能力，协调各方资源使其更加有效地为友好城市建设战略目标服务。正如外交学院外交系副主任熊炜所说：“在中国参与全球治理的过程中，城市是有效对接的平台，通过城市外交和国际友好城市网络参与全球治理也成为城市外交的应有之义。”发展中非友好城市是新形势下北京建设国际交往中心的必然趋势，推进北京与非洲国家的友好城市交往，是北京作为独立城市行为体将自身的国际化进程与国家整体外交战略布局配合起来的重要表现。

五　结语

2014 年 5 月，习近平主席在中国人民对外友好协会成立 60 周年的纪念活动中，首次提出了“城市外交”的概念。习近平指出“要大力推进城市外交，建立国际友好城市，促进中外城市交流，实现地方政府的资源共享、优势互补、合作共赢”。[②] 目前，友好城市建设已成为中国同有关国家间双边关系发展的重要组成部分，应全面发挥城市外交在国家总体外交战略布局中的基础性作用。截至 2017 年 5 月 18 日，我国与全球各国间缔结的友好城市共计 2451 个，其中与“一带一路”沿线 53 个国家城市缔结的友好城市高达 707 个，平均每个省份缔结 23 个友好城市。[③] 友好城市建设从最初的

---

① 陈楠：《全球化时代的城市外交：动力机制与路径选择》，《国际观察》2017 年第 5 期，第 12 页。

② 《习近平：在中国国际友好大会暨中国人民对外友好协会成立 60 周年纪念活动上的讲话》，《人民日报》2014 年 5 月 16 日，第 2 版。

③ 《“一带一路”数据观丨中国与“一带一路”沿线已结成 700 余对友好城市　友好交流再深化》，中国一带一路网，https：//www. yidaiyilu. gov. cn/xwzx/gnxw/31722. htm。

双边合作逐渐发展到多边合作，合作内容也从政治、经贸等高级议题逐渐拓展到文化、人才、教育、环境保护、城市建设等诸多低级政治议题，推动了城市间多领域的实质性合作，也增进了地方民众之间的了解与信任。[①] 北京作为中国的首都，要根据自身特色与优势，突出城市特点、建立城市品牌，遵循城市外交发展的机制性规律，发挥自身在国家对外交往过程中的最大化作用。通过北京与非洲各城市间多领域的交流合作，增强双边人民的了解与互信，能够为中国企业在非投资提供良好的社会环境和较为便利的沟通渠道，也有助于提升中国对非援助的实际效用。

① 赵启正：《公共外交与跨文化交流》，中国人民大学出版社，2011，第64页。

跨国公司与城市国际交往功能提升

张 丽*

摘 要： 跨国公司作为非国家行为体在国际关系中具有重要地位，跨国公司数量与规模是评价国际交往中心城市的重要指标。吸引跨国公司投资入驻、引导跨国公司行为规范，从而使之成为促进东道国社会发展的力量，在很大程度上取决于容纳跨国公司的城市对外交往功能的发挥。提升国际交往功能需要把握的内容包括：进一步加强城市间合作交流，精细化建设城市国际化社区，推进新型城镇化拓展城市国际交往空间，塑造城市人文氛围，积极培育本地跨国公司。

关键词： 国际关系 国际交往 跨国公司 城市功能

从国际关系角度来看，国际交往的行为体包括国家行为体和非国家行为体，跨国公司属于非国家行为体，对国家政治、经济和文化发展具有重要的影响。同时，跨国公司数量与规模是评价国际交往中心城市的重要指标。吸引跨国公司投资入驻、引导跨国公司行为规范，从而使之成为促进东道国社会发展的力量，在很大程度上取决于容纳跨国公司的城市对外交往功能的发挥。本文从城市国际交往视角阐述跨国公司行为及其对城市国际交往的影响，探寻提升城市国际交往功能的路径与对策。

* 张丽，经济学博士，政治学博士后，北京市社会科学院外国问题研究所副研究员，主要从事世界经济与国际关系研究。

一　跨国公司在国际交往中的角色

《世界投资报告》（2005 年）这样定义跨国公司的范畴：凡是有跨国经营性质的公司都可以归结到跨国公司中来。依此看来，跨国公司既包括大众普遍印象中的包括世界 500 强在内的大企业集团，也包括从事国际经营活动的众多中小型公司。随着世界各国开放经济的发展，众多跨国公司成为国家间经济交往的载体，对国际关系的发展起着重要作用。作为跨国公司落户的城市，其国际交往功能与跨国公司行为关系密切。

1. 作为非国家行为体的跨国公司

跨国公司（Transnational Corporation）以本国为基地，通过对外直接投资，在世界各地设立分支机构或子公司，从事国际化生产和经营活动。在多年的发展过程中，跨国公司子公司也像外国企业一样参加当地的再生产过程，遵守当地的法律，成为东道国经济发展的重要组成部分。但是，跨国公司依托雄厚的实力，在世界范围内的各个领域，全面进行资本、商品、人才、技术、管理和信息等交易活动，并且形成公司总体战略目标，对其分支机构实行高度集中的统一管理战略，在总部的策略安排下，子公司实施本地化的经营管理。罗伯特·基欧汉（Robert O. Keohane）与约瑟夫·奈（Joseph Nye）在著作《权力与相互依赖》中提出的主张认为，国际层次里存在许多行为者，它们超越国界，相互联系、相互依存，影响着国家内部政治与对外政策。罗伯特·吉尔平（Robert Gilpin）在其著作《美国霸权与跨国公司：对外直接投资的政治经济学》和《国际关系政治经济学》中，表达了他的观点，国际关系的动力是经济与政治互动，经济与政治互动关系主要表现为财富与权力的关系。跨国公司反映出美国的经济扩张主义，美国外交政策为美国跨国公司的海外扩张打开方便之门。正因为如此，各国政府非常重视跨国公司的地位，通过立法对以跨国公司为主体的投资行为进行规范，严格限制外资企业在某些领域的投资。

2. 作为全球化载体的跨国公司

跨国公司拥有一个完整的决策体系和最高的决策中心，在许多国家所建立的子公司或分公司也有自己的决策机构，可以根据经营的领域进行决策活动，但是总体上符合总公司的全球经营战略。正是凭借从全球战略出发安排经营活动的优势，跨国公司在世界市场的生产、销售、研发等环节均具有较强的竞争力。跨国公司在全球范围内进行直接投资，大多形成全球性分工体系，具有获取更多利润的全球产业链，在全球范围内配置资源。世界经济是一个相互依存的整体，跨国公司在全球化时代的国家发展战略中起重要作用。“公司内部贸易占世界贸易的将近 1/3。跨国公司在技术开发及其国际扩散中起着重要作用，它们占有世界技术贸易的大约 80%，并支持着大多数的私人企业的研究和开发。巨额的资本需求和周期性的大量现金盈余使跨国公司成为国际金融市场的主角。它们在贸易、金融、技术和文化全球化，以及军事技术的扩散中发挥着重要的作用，但公司的主要活动领域是生产和服务的国际化。”① 可见，跨国公司行为是世界经济运行的核心，跨国公司是经济全球化的重要载体。

3. 作为国际交往传播者的跨国公司

跨国公司在对外直接投资过程中，通过产品与服务的跨境提供，以及跨国人员之间在生产、销售等环节的合作，使投资国与东道国之间的文化得以碰撞、交流。在西方发达国家跨国公司迅速发展的时期，跨国公司成为西方文化传播的主要载体之一，把西方文化传播到世界各个角落，渗透到广大的发展中国家。作为全球经营的企业，跨国公司在长期发展过程中不仅具有超强的资金、技术等硬实力，而且在世界品牌占有率方面，以压倒性的优势带动消费文化的变化，许多发展中国家因此而产生了消费文化的重大转变。为了在市场中扩大消费人群，并发展成特定的消费群体，跨国公司宣扬并树立一种鼓励消费的价值理念，通过新鲜的独特的广告创意吸引一批消费群体。

---

① 〔英〕戴维·赫尔德：《全球大变革：全球化时代的政治、经济和文化》，杨雪冬等译，社会科学文献出版社，2001，第 326 页。

在西方跨国公司的经营中，一方面，西方文化理念逐渐地渗入广大的发展中国家，跨国公司成为强大的文化传播者；另一方面，跨国公司注重对东道国本土化的研究，将当地文化理念、价值带入产品与服务中，从而促进投资国对东道国文化的了解与吸纳，并通过营销理念、生产观念等使东道国文化传统逐渐地传播到西方国家。

二 跨国公司对城市国际交往的影响

跨国公司在国际关系中的地位与作用决定了它在城市国际交往中的作用，其既能促进城市对外交往，也依赖于城市国际化程度与国际交往功能的不断提升。我们必须辩证地分析跨国公司对城市国际交往功能的影响。

1. 跨国公司与城市国际化

跨国公司以直接投资的方式，在世界各国各个城市设立分支机构，在相关行业领域构筑起全球性的生产体系，各个分支机构的全球影响力不断上升，也成为东道国市场的经济实体，经济上强行地超越国家的界限，影响着政府的政策行为。

中国在改革开放进程中吸引了大量跨国公司，曾经以“世界工厂”而存在，在劳动密集型产业领域成为跨国公司全球生产链条中的重要一环。跨国公司基本不以直接干预的形式涉入东道国主权领域，但是在长期经营过程中，普遍存在着涉足东道国主权范围的事项，其全球发展战略常常不可避免地和东道国经济发展战略产生矛盾，往往在资金、技术等国际合作中，为了实现其持续的盈利目标，凭借其优势要挟东道国政府为其提供便利的政策与条件，政府的经济决策权和决策过程受到了跨国公司的干扰。在一定意义上，跨国公司的经济行为转化为一种政治行为，在国际经济合作与国际政治文化交流领域起着重要作用，成为当地经济社会发展的重要内容，对于加快城市的国际化进程起到了强大的推动作用。

2. 跨国公司与城市对外经济合作

美国哈佛大学教授米歇尔·波特认为，“市场之争实际上不是发生在国与国之间，而是在公司与公司之间进行。迄今为止，我不曾看到哪个国家没有强大的公司就能在全球经济中站立的，没有强大的公司也就没有经济的持续发展。”① 跨国公司的存在是一个国家维护经济安全的保障，而发展中国家培育壮大本国的跨国公司也是一个迫在眉睫的战略任务。在竞争的世界市场中，西方跨国公司在生产实力、技术实力、销售渠道、人力资源等方面建立起世界范围的庞大网络，在世界市场进行专业布局，实施战略对策，游刃有余地利用和配置市场资源。相对于投资国来讲，东道国的经济结构、产业结构受到的影响更大。城市产业结构、就业结构等在波动调整中，拓展了城市对外经济发展渠道，促进了城市对外经济合作不断深入发展。

3. 跨国公司与城市对外文化交流

跨国公司在文化传播的过程中反映出母国的文化传统，西方发达国家通过跨国公司的大规模经营影响东道国风俗习惯和社会文化。在经营过程中给东道国带去先进管理经验的同时，在本土文化、人文理念、企业文化领域也产生了隐性的、潜移默化的影响。年轻人更容易受跨国公司带来的思维方式的影响，并通过一些消费行为在社会上广泛传播。

近年来，在跨国公司文化传播过程中，跨国公司的做法发生了一些改变。“过去跨国公司以母国文化为中心，‘我族中心’整合加入公司其他国家雇员的文化。现在发现行不通，现在通过当地化吸纳多元文化。与此同时承担全球责任，全球责任包括企业股东责任、社会责任、环境责任三大责任。”② 跨国公司通过企业的战略变化，逐渐适应扩大的市场，以及大规模的消费者队伍。不过，跨国公司的品牌战略仍然把跨国公司母国的文化带入东道国，形成特定的消费群体，在增加跨国公司收入的过程中，改变着受众群体的消费方式与消费文化理念。通过消费方式而进行的国际文化交流逐渐增多，在某种程度上，这对东道国的城市消费文化产生了导向作用。

① 陈良友：《对西方跨国公司全球扩张的几点思考》，《世界经济与政治》2001 年第 5 期，第 17 页。

② 王志乐：《被动防御还是主动整合——从利用外资角度看对外开放战略的选择》，《中国经济时报》2007 年 6 月 18 日，第 5 版。

三 跨国公司运营影响下城市国际交往功能的提升

理解跨国公司在国际交往中的角色地位及其对城市开放发展存在的影响之后，我们需要从跨国公司运营的角度出发，加快完善城市功能建设，逐步提升城市国际交往功能，从而促进跨国公司在国家与城市发展中起到积极的作用。

随着中国城市化进程的加快，城市发展规模逐渐扩大，城市的国际化程度不断加深，跨国公司在中国的发展方向也在发生改变。跨国公司更多地投向高技术产业和现代服务业，跨国公司逐渐把地区总部、研发中心等设立在中国的大城市。以城市为落脚点，或者以一个城市为中心形成地区网络，或者把不同的子公司分别落脚于几个城市。这种情况大大地便利了地方政府与跨国公司战略决策部门的沟通、交流与合作。当前，提升城市国际交往功能需要考虑以下几个层面的内容。

1. 进一步加强城市间合作交流

城市国际化程度越高，城市间合作范围越广，就越有利于城市发挥合作功能，有利于开展城市公共外交活动。在公共外交进程中，城市逐渐积累起强大的经济实力，在世界经济、国际贸易和国际金融中产生重要影响，在与其他国家城市比较中突出竞争优势，吸引跨国公司直接投资或地区总部进入。衡量城市国际化程度的指标包括遵循国际法和国际惯例、配备良好的基础设施、拥有较为发达的服务业、突出的区位优势和资源优势、拥有一定的人口规模和城市体量、拥有独特的城市风貌和人文景观等。

中国的对外开放已进入新的阶段，跨国公司是顺应国际化趋势、发展战略变化较快的跨国性质的企业集团，它的母公司和子公司遍及世界各地，从管理模式上看，一种是以母国为中心辐射若干国家子公司，是中心辐射式的管理模式；另一种是多中心多节点的网络管理模式。第一种管理模式下，跨国公司总部拥有绝对的决策控制权，不同地区和国家的业务分部在采购供应、制造组装、研发设计以及营销服务等方面要按照总部的要求来完成。第二种管理模式下，在全球市场的某个重点地区或国家设立地区总部，负责当地的经营活动。目前跨国公司发展的一个新趋势就是“从中心辐射向多中心网络管理结构转型”①。基于此，一些大城市成为跨国公司的地区总部所在地，在协调跨国公司各子公司关系中起着重要的作用。多中心的网络管理需要城市发挥公共外交功能，需要城市在政治、经济、文化、社会活动方面发挥作用，成为跨国公司战略实施的依托。

2. 精细化建设城市国际化社区

受时代变迁多种因素的影响，城市形态经历了一个演化的过程。从经济层面来看，利用外资与国内城市基础设施建设具有互动性，在吸引对外直接投资逐渐增多的过程中，城市内部的消费需求、居住需求、就业需求等发生着变化，城市功能相应出现调整。比如，城市商务区经历了从商业街区、购物中心到中央商务区的转变。如果说 30 年前跨国公司选择东道国是看重其市场、劳动力资源，那么，目前的跨国公司对城市的要求在提高，看重的是城市功能。比如，大量跨国公司看好中国的北京与上海，把这两个国际化的大都市选择为地区总部所在地。因此，城市功能的定位，对于跨国公司行为的影响逐渐增加。

城市功能具有层次性，在城市发展的不同阶段，某个城市在政治、经济、文化、社会等各个方面功能发挥的重点有所不同。不同层次的城市功能相互联系、相互作用、相互依存，相对于吸引跨国公司子公司的城市来说，根据城市发展的内部需求与整体战略规划的要求，可以规划专门区域对跨国公司子公司进行管理，形成城市治理特色。比如，各大城市中央商务区的建设，在中央商务区集中了城市的各种经济、科技和文化资源，而在不断发展的过程中城市的核心功能得以确立，汇聚跨国公司地区总部的功能增强，同时也加强了地方政府与跨国公司的合作与协调。

3. 推进新型城镇化拓展城市国际交往空间

新型城镇化发展是城市功能作用的新表现，就是城市功能定位以核心功

---

① 王志乐：《跨国公司发展新趋势及其带来的挑战与机遇》，《光明日报》2007 年 8 月 28 日，第 10 版。

能为主，疏解一些非核心功能到周边城镇，这有利于形成以核心城市为中心、以周边城镇为副中心的区域协同发展局面。新型城镇化发展能够促进跨国公司发挥积极作用。我们要充分研究新型城镇化发展为跨国公司在中国发展带来的新空间，引导跨国公司分公司进入，整合当地资源要素，带动经济发展。

在新型城镇化和城乡一体化发展过程中，要吸引跨国公司进入产业结构调整的目标中，提供市场、劳动力的同时，突出技术与资金的合作，在服务业、新型农业等领域发挥跨国公司的优势，与当地的企业合作，形成区域经济新布局，把城市中心、周边城镇、新农村区域联结成辐射区域，既符合跨国公司地区总部、分工厂等组织格局，也促进城市建设和区域经济发展。

新型城镇化发展过程中，注重城乡一体化的发展，即从以前的重城市化向重城乡一体化发展转型，鼓励城市为农村发展提供支持，积极促进城乡统筹发展。这就是要通过新农村建设，改善农村居民的生活方式、居住环境。这为促进跨国公司投资提供了巨大的空间和新的商机。跨国公司把子公司更多地设置在农村、乡镇，发挥产业和资本优势，能够支持和促进新型城镇化的发展。跨国公司在中国的投资将是长期的，我们要具有国际视野和全球战略思维，把中国城乡一体化发展的整体布局与跨国公司的需求结合起来，在全球产业链的完善中实现互利共赢。

4. 塑造城市人文氛围

城市精神能够引导跨国公司融入当地文化氛围，对当地社会稳定发展起到积极作用。当地的人文环境、价值观念等是跨国公司进入之前要衡量的要素，开放、包容、现代化的城市氛围能够吸引跨国公司地区总部进入。跨国公司在遵守当地法律的同时，也逐渐融入当地的文化氛围、风俗习惯之中，不仅促进了中外合作，而且能够使跨国公司的价值理念得到改变，促进消费者文化交流。

培养一种包含历史文化、市民价值取向的城市精神是重要的。城市精神往往通过全市人民的精神状态展现城市形象，是吸引跨国公司投资的一个衡量标准，也是城市与跨国公司合作的精神支柱和文化力量。优秀的历史传统、文化基础、市民素质等，都是当地居民与跨国公司合作的资源。城市精神的本质是人的精神，通过活生生的人的精神和气质表现出来，又融入城市，表现为城市居民的行为准则和生活方式等。这些行为和方式能够自觉地抵御跨国公司消费文化的冲击，增强消费者偏好选择时的判断能力。同时，也有利于在学习与借鉴跨国公司品牌经验的基础上，充分利用城市精神树立本土公司的品牌。

5. 支持本土的跨国公司发展壮大

许多城市为吸引外资出台相应的软件或硬件措施，为国外跨国公司提供良好的投资环境，拉动了当地经济的发展，促进对外经济合作不断展开。这在一定程度上也激励了国内企业的发展壮大。具有学习能力的国内企业在与跨国公司的接触、合作和交流中，逐渐培养了自己的人才，形成本土企业的经营资源。因此，城市功能的发挥要特别关注这个群体。地方政府需要加快培育本土跨国公司，使其成为世界市场竞争中有实力的主体。

本土跨国公司的发展壮大需要一个过程，其往往把总部设在国际化程度较高的大城市。一些具有一定规模实力的本土企业，往往需要经过政府的重点扶持，经过一定时期的资源整合，在品牌、资本、市场、人才、技术等方面逐渐实施国际化战略，确立跨国经营发展的战略规划。而在这个过程中，本土企业与外国跨国公司的合作与交流是非常必要的。国际交往程度高的城市能够提供这样的条件与平台，支持并帮助中国的跨国公司尽快与国际接轨，本土企业总部与国外跨国公司的地区总部之间建立起接洽、对话与交流学习的渠道，在经常性的学习与竞争过程中不断发展壮大，积累跨国经营知识与经验，进而扩大中国跨国公司在世界市场的份额与占有率，在全球范围内整合资源，完善内外联动、互利共赢、安全高效的开放经济，这是城市功能的重要方面。

四　结论

跨国公司是城市国际交往的重要主体之一，也是判断城市国际交往程度的重要指标之一。在开放经济条件下，随着城市国际化程度的加深，以及城市国际交往的频繁发展，跨国公司的规模逐渐扩大、数量逐渐增加、涵盖的行业逐渐多样化，是带动城市国际交往的主要动力，促进投资国与东道国的城市交流和合作，增加了城市对外交往的广度与深度。因此，城市必须有效地发挥功能，既促进以跨国公司为载体的国际直接投资，也应该防范风险。

1. 重视发挥跨国公司在城市国际交往中的作用

中国城市的国际化发展迅速，但是存在着地域上的差异。一线城市，如北京、上海、广州等，地域优势明显，集聚全国各种资源，国际化程度较高，具有较大的承载能力，能够汇聚国际机构和组织以及跨国公司地区总部。二线城市，如重庆、天津、成都、南京等，国际化程度不断加深，但是城市的影响力主要是区域性的。三线城市，如各省的省会城市和中等城市，受地域区位条件的限制，影响力有限，但是开放程度也在不断扩大。这些城市在国家整体外交中起着越来越重要的作用，使公共外交的影响范围扩大。通过城市建设表现出来的居民生活方式、政策优惠措施等信息，可借助当地的外国机构、跨国公司分部向外传递。

城市公共外交是城市宣传自身特征、经济水平、文化传统，塑造城市形象的方式，通过跨国公司开展对外交往是城市经济外交的表现，可配合国家的总体外交，促进地方经济与社会发展，带动城市文化“走出去”。跨国公司已成为城市外交的渠道、纽带和桥梁。跨国公司的发展可以促进国际经济交往与合作，有利于营造和平的国际环境。跨国公司在投资国通过国内政治过程影响政府决策，对于投资国与东道国关系的发展起着协调作用，是国家经济外交的联系纽带，有利于拉近母国与东道国之间的距离。因此，要利用好国际国内两个市场、两种资源，扩大和深化同各方的利益汇合点，发挥跨国公司在中国和平发展中的积极作用，以开放促改革、促发展、促创新。

对于城市而言，城市公共外交的主体是地方政府，政府机构及其职能部门视当地跨国公司为市场主体，遵循市场经济规律进行宏观调控，要充分调动跨国公司的积极性，使其遵守市场规则，维护市场竞争秩序。为此，在城市国际交往中心建设过程中要重视政府与跨国公司高层的对话，加强沟通，增强互信，实现共赢。地方政府与跨国公司地区分公司要及时沟通，加强地方治理，优化投资环境，提高利用外资的质量，不断拓展新的开放领域和空间。通过良好的政策环境支持，发挥外商直接投资在地方经济发展中的作用，与跨国公司实现互利共赢。

2. 通过跨国公司促进城市国际交往功能提升

在城市国际交往过程中要重视跨国公司文化传播的作用。跨国公司的基本特征是把经营渠道扩散到全球各个分支机构所在的区域范围，通过母国战略决策的实施，在各个渠道形成相互交织的网络。

首先，跨国公司品牌战略的制定环节。一个城市、一个国家往往因为一个商品或一个品牌而享誉全球。在信息化加速发展的时代，新媒介与传统大众媒体融合，信息传递速度异常之快，传播范围异常之广，而跨国公司的产品与服务正是信息传递的一个载体。城市生活理念、文化传统等都可以被赋予在产品与服务的广告上，传播到全球各地。

其次，跨国公司研发部门获取市场信息的环节。许多跨国公司非常重视本土化战略，重视当地的社会影响，要寻找机会把中国日新月异的生活和人们的追求、梦想等信息通过跨国公司的创意表现出来。

最后，跨国公司相关人员的合作交流环节。跨国公司地区总部的相关管理人员在中外往来过程中，无意或有意地向国外介绍、传播中国的传统习俗。在经济生活走向全球化、信息化的发展趋势下，城市集聚的跨国公司机构及流动人员相应增加，通过其经济行为推动了城市快速发展，也潜移默化地促进了中外文化交流。

无论是跨国公司将母国文化渗透到东道国，还是通过东道国本土化策略经营，我们都要抓住机会，加强文化交流与合作，运用跨国公司的文化传播作用加快城市国际交往功能的提升。

3. 提升城市国际交往功能促进跨国公司良好运营

跨国公司是世界市场的实体部门，也是实现全球治理的重要主体，城市则是跨国公司行为的重要依托。在东道国城市里存在的外国跨国公司大多是办事处、代表处和子公司、研发机构，近年，跨国公司把地区总部设在某些特大城市。这些做法促进了城市的国际化发展，提升了城市国际交往的速度与规模。同时，为了在国家战略发展的大视野大背景下发挥城市交往功能，许多城市提出建立国际交往中心这一目标。

国际交往中心是一个大型中转站，一方联系着东道国的国家形象，另一方联系着投资国决策部门的战略观念，东道国要通过这个中转站把国家的悠久历史文化、风土习俗、人文景观、战略规划等代表国家形象的信息传递给投资人，进而引起世界各个城市之间的比较以及各个国家与地区的比较。因此，作为国际交往中心的城市，必须能够较其他城市更能为跨国公司提供全方位的城市服务，在外国人出行、购物、住宿、就医、法律等各方面提供便捷的服务，用多语种提供咨询服务、提供安全防护，消除国家间和城市间的不信任，促进城市间的国际交往。

专栏三 国际会展篇

从首届进博会的成功看中国会展业的发展

陈泽炎*

摘 要： 举办中国国际进口博览会是习近平新时代中国特色社会主义思想的重要实践，是改革开放40年伟大成就的重要组成部分，充分彰显了我国推动构建人类命运共同体的胸怀与担当。进博会的成功举办用行动证明了中国支持贸易自由化、主动向世界开放市场的决心。

关键词： 人类命运共同体 首届进博会 “一带一路”

首届中国国际进口博览会（进博会）于2018年11月5日至10日在国家会展中心（上海）举行。这是中共中央总书记、国家主席习近平亲自谋

* 陈泽炎，中国会展经济研究会学术指导委员会常务副主任。

划、亲自提出、亲自推动的超大型会展项目，是 2018 年中国第四场主场外交会展活动。它取得了巨大成功，产生了深远影响。

商务部部长钟山 2018 年 11 月 15 日在《求是》杂志发表题为《新时代高水平对外开放的里程碑》的署名文章说：举办进博会，是习近平新时代中国特色社会主义思想的重要实践，是改革开放 40 年伟大成就的重要组成部分，充分彰显了我国推动构建人类命运共同体的胸怀与担当。习近平主席主旨演讲广受赞誉、影响深远；首届进博会成果丰硕、惠及各方；举办进博会推动对外开放迈上新台阶、开创新局面。

2018 年 11 月 17 日，习近平主席在亚太经合组织工商领导人峰会上发表主旨演讲时指出：“首届中国国际进口博览会成功举行。中国用行动证明了支持贸易自由化、主动向世界开放市场的决心。而世界各国对这一行动予以了最大的肯定和支持。相信明年，这场博览会将迎来更多宾朋。”

作为这样一个极为重要的展会，在其圆满结束后，我国各界普遍热议它的巨大成就和深远影响，也在探讨它越办越好的方向和路径。本文即从会展业的角度提出一些观点和看法。

一　筹备过程的重要节点

首届进博会筹备过程紧张有序，以下是一些重要的时间节点。

2017 年 5 月 14 日，中国国家主席习近平在“一带一路”国际合作高峰论坛主旨演讲中宣布，中国将从 2018 年起举办中国国际进口博览会。

2017 年 6 月 26 日，习近平总书记主持召开中央全面深化改革领导小组第三十六次会议，审议通过了《中国国际进口博览会总体方案》。

2017 年 10 月 31 日，进博会主要承办单位中国国际进口博览局启动仪式在北京举行。商务部部长钟山出席仪式并讲话。商务部副部长兼进口博览局局长王炳南宣读中国国际进口博览局成立文件。

2017 年 11 月 6 日，《人民日报》刊登商务部部长钟山的署名文章《新时代、新平台、新实践，认真学习党的十九大精神全面把握举办中国国际进口博览会的重大意义》：举办进博会是建设开放型世界经济的重大行动，是推动全球包容互惠发展的公共产品，是构建人类命运共同体的中国方案，是坚持扩大对外开放的政策宣示，是推动供给侧结构性改革的有效措施，是满足人民美好生活需要的主动作为。

2018 年 1 月，为迎接首届进博会，国家会展中心（上海）开始系统全面的改造升级。包括：改建增加国家会议中心（上海），完成国家会展中心（上海）整体立面及室外绿化景观提升工程，建设连接国家会展中心（上海）与虹桥商务区核心区的二层步廊，增加和扩建停车场，完善交通网络，全面提升场馆内外的信息指示系统等。

2018 年 4 月 10 日，习近平主席在博鳌亚洲论坛 2018 年年会开幕式上发表主旨演讲指出：2018 年 11 月我们将在上海举办首届中国国际进口博览会。这不是一般性的会展，而是我们主动开放市场的重大政策宣示和行动。欢迎各国朋友来华参加。

2018 年 7 月 26 日，首届中国国际进口博览会倒计时百天系列活动在国家会展中心（上海）拉开序幕。商务部、国家市场监管总局、海关总署、中国国际进口博览局及中国银行的负责人出席并发布进博会一流服务阶段性成果。

2018 年 7 月 27 日，进博会主题口号、标识和吉祥物正式发布。主题口号是：“新时代，共享未来”（英文表述为 New Era，Shared Future）。进口博览会的标识由中间的地球、外侧的浅蓝色圆环、进口博览会中英文名称和英文缩写（CIIE）等部分组成（见图 1）。进口博览会的吉祥物主体形象为大熊猫“进宝”（见图 2）。

2018 年 11 月 1 日，国家主席习近平应约同美国总统特朗普通电话。特朗普说：我支持美国企业积极参加首届中国国际进口博览会。习近平指出，中国即将举办首届国际进口博览会，这显示了中方增加进口、扩大开放的积极意愿。很高兴众多美国企业踊跃参与。

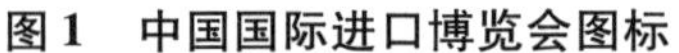
图1　中国国际进口博览会图标

图2　大熊猫“进宝”

二　进博会主要活动安排

首届进博会各种活动主辅搭配、紧凑交织、丰富多彩，其中最主要的活动如下。

2018 年 11 月 4 日晚，国家主席习近平和夫人彭丽媛设宴欢迎出席首届进博会的各国贵宾。习近平发表致辞说，相信在各方大力支持和共同努力下，中国国际进口博览会一定能够成为一场高水平的国际性展会，为深化国际经贸合作、推进共建“一带一路”、促进经济全球化搭建新的平台，为增进各国人民福祉、推动构建人类命运共同体做出积极贡献。

2018 年 11 月 5 日上午，习近平主席出席进博会开幕式并发表主旨演讲。指出：中国国际进口博览会是迄今为止世界上第一个以进口为主题的国家级展会，是国际贸易发展史上一大创举。这体现了中国支持多边贸易体制、推动发展自由贸易的一贯立场，是中国推动建设开放型世界经济、支持经济全球化的实际行动。中国国际进口博览会不是中国的独唱，而是各国的大合唱。

2018 年 11 月 5 日上午，习近平主席在上海会见参加首届进博会的外国企业家代表。习近平说，我们已经并将继续出台一系列开放举措，举办中国国际进口博览会就是其中之一。

2018 年 11 月 5 日中午，习近平同外国领导人到进博会国家贸易投资综合展区巡馆，先后参观了匈牙利、埃及、英国、捷克、肯尼亚、萨尔瓦多、多米尼加、老挝、格鲁吉亚、越南、巴基斯坦、俄罗斯等国展区。

2018 年 11 月 5 日下午，进博会虹桥国际经贸论坛举行。论坛由开幕式、三场平行论坛、虹桥国际财经媒体和智库论坛组成，论坛开幕式也是进博会开幕式。本届论坛的主题为“激发全球贸易新活力，共创开放共赢新格局”；三场平行论坛分别以“贸易与开放”“贸易与创新”“贸易与投资”为议题。

2018 年 11 月 6 日至 10 日，进博会各种活动在现场陆续展开。活动分为六大类：一是餐会酒会活动，包括工商界开幕晚宴、早餐会、午餐会、商业酒会等形式；二是发布互动类活动，包括参展企业新产品新技术新概念发布会、品牌推介会、时装走秀、专业比赛、产品体验等形式；三是论坛活动，包括政策解读、权威发布等形式；四是对接签约活动，包括供需对接会、采购签约等形式；五是国别主题活动，包括国别商品、服务、文化推介等形式；六是线上购物活动，由知名电商等渠道配合开展首届进口博览会同款产品线上同步发售活动，提升场外消费者的参与感和获得感。

2018 年 11 月 6 日下午，中国会展业国际经贸论坛在国家会展中心（上海）4 号馆会议厅召开。此论坛由中国国际进口博览局指导，世界贸易网点联盟（WTPF）、意大利展览及贸易展览协会（IETFA）主办，中国会展杂志社、中国会展业联盟承办。商务部原部长陈德铭和中国贸促会卢鹏启副会长等嘉宾出席论坛并发表讲话。

2018 年 11 月 10 日下午，进博会举行新闻通气会。中国国际进口博览局孙成海副局长发布进博会主要贸易成交数据。

三　进博会的成果和影响

首届进博会取得圆满成功，其成果是多重的和巨大的，其影响是广泛的和深远的。现除了各方面权威人士对进博会成果和影响予以总结分析以外，本文尝试做出以下评述。

在国际政治方面：首届进博会体现出并达到了“这不是一般性的会展，而是我们主动开放市场的重大政策宣示和行动”的要求。它以完美的形式向全世界表达：举办中国国际进口博览会，是中国着眼于推动新一轮高水平对外开放做出的重大决策，是中国主动向世界开放市场的重大举措。

首届进博会共有 172 个国家、地区和国际组织参会，3600 多家企业参展，超过 40 万名境内外采购商到会洽谈采购，彰显了中国推动更高水平开放、推动建设开放型世界经济、推动构建人类命运共同体的信心和决心、责任和担当。

特别是在当今世界正面临百年未有之大变局，单边主义、保护主义愈演愈烈，多边主义和多边贸易体制受到严重冲击的时候，中国以举办进博会的实际行动明确表达出坚持包容普惠、推动共同发展的主张，让各国人民共享经济全球化和世界经济增长的成果。所以，首届进博会的成功一定能使中国在国际政治方面充分“得分”，从而也会在今后国际政治格局中产生足够大的长远影响。

在经贸合作方面：首届进博会交易采购成果非常丰硕。按一年计，累计意向成交为 578.3 亿美元。其中，智能及高端装备展区成交额最高，为 164.6 亿美元；其次是食品及农产品展区，成交 126.8 亿美元；汽车展区成交 119.9 亿美元；医疗器械及医药保健展区成交 57.6 亿美元；消费电子及家电展区成交 43.3 亿美元；服装服饰及日用消费品展区成交 33.7 亿美元；服务贸易展区成交 32.4 亿美元。此外，与“一带一路”沿线国家累计意向成交 47.2 亿美元。这都充分说明，进博会作为中国主动向世界开放市场的重大举措，已经取得了积极和重大的成果。

如果进一步对贸易成交情况进行分析还可以看出，进博会不仅有货物贸易的成果，还有服务贸易的成果；不仅有单方面的进口，还有多种形式的合作；不仅是简单的买卖成交，还有一系列金融支持与配合；不仅是中国与发达国家间的贸易，还有中国与广大发展中国家和经济比较落后国家间的贸易。如此等等都表明，首届进博会所开启的中国进口贸易大潮还将有一个更加看好的贸易与合作前景。

在国内社会方面：习近平主席在开幕式上宣布，中国将增设上海自由贸易试验区新片区，在上海证券交易所设立科创板并试点注册制，支持长江三角洲区域一体化发展并上升为国家战略等重要措施，彰显中国坚定不移推进改革开放的决心。习近平主席还宣布，中国将继续推进共建“一带一路”，深化生态、科技、文化、民生等各领域交流合作。

我们看到首届进博会上万商云集生意火爆，显示出中国不再只是“世界工厂”，而正在变成“世界市场”。进博会所设立的消费电子及家电展区、服装服饰及日用消费品展区，汽车、食品、农产品、医疗器械、医药保健等展区，以及服务贸易类的创意设计、文化教育、旅游服务等展区都与国内消费升级的浪潮及时呼应起来。

此外，根据“6＋365”的模式安排，大批进口消费品还将实现长年展示展销。这对满足人民对日益增长美好生活的需求，及时将出国购买高档消费品的热潮引向在国内购买进口商品，也都非常有利。

进博会对举办地上海市的影响更是深刻的。习主席说：“上海背靠长江水，面向太平洋，长期领中国开放风气之先。我曾经在上海工作过，切身感受到开放之于上海、上海开放之于中国的重要性。开放、创新、包容已成为上海最鲜明的品格。我相信中国国际进口博览会将赋予上海新的亮丽光彩。”所以，我们可以确信，随着进博会逐年在上海举办，上海的发展变化一定会更加惊人和喜人。

在文化自信方面：举办进博会正是中国文化自信的有力体现与充分表达。习主席说：“经历了无数次狂风骤雨，大海依旧在那儿！经历了5000多年的艰难困苦，中国依旧在这儿！面向未来，中国将永远在这儿！”

事实表明，中国之所以能够成为推动开放合作、实现共同发展的积极倡导者和坚定行动者，就是因为中国具有文化自信。首届进博会更是以其强大的自信力向全世界展现，中国主动扩大进口不是权宜之计，而是面向世界、面向未来、促进共同发展的长远考量。因为预计未来15年，中国进口商品和服务将分别超过30万亿美元和10万亿美元。中国将始终是各国拓展商机的活力大市场，始终是全球共同开放的重要推动者。

习近平总书记说，中国“是最有理由自信的”。进博会的成功举办就是在讲好中国故事，展现一个真实、立体、全面的中国，为我们增加了文化自信。而由此带来的影响必将是非常深远的。

在生态文明方面：作为一个展出面积近40万平方米，参观人数近80万人的超大型会展活动，进博会组织方在生态文明方面做出了很多努力，取得了可喜成果，产生了积极影响。

一是在交通人流组织引导方面，通过发展轨道交通，大力减少碳排放。上海市人民政府实施了对进博会的城市保障总体方案和17个专项保障方案，在会展活动的绿色生态建设方面做出了贡献。

二是在场馆和周边绿化方面投入很大力量，实现见缝插绿、留白增绿；确保上海在11月也做到推门见“彩”。

三是对进博会所有展览装饰设计和展示工程作业都提出“绿色”要求；减少一次性木材使用量，扩大铝型材等可重复展具比重。从实际效果看，确实做到既美观又环保，也为今后各种展会树立了好榜样。

四　国家展与企业展概述

进博会设立的国家展全称为国家贸易投资综合展区；面积3万平方米，共有82个国家、3个国际组织设立自己的展台，展示贸易与投资情况，包括货物贸易、服务贸易、产业状况、投资旅游，以及各国特色产品。进博会对国家展的要求是，只展示不成交，同时也不向参展方收取参展费用。

展区内设立的中国馆以“创新、协调、绿色、开放、共享”的新发展理念为主线，展示中国改革开放的巨大成就，以及共建“一带一路”给世界带来的新机遇。展出的主要内容是复兴号高铁列车和C 919国产大飞机等明星产品模型与演示。中国馆还设置了港澳台展区，分别以“香港进”“澳门荟”“台湾亲”为主题。

在其他国别的展出中，印尼、越南、巴基斯坦、南非、埃及、俄罗斯、英国、匈牙利、德国、加拿大、巴西、墨西哥 12 个国家为主宾国。另 69 个国家是：亚洲地区的阿富汗、孟加拉国、柬埔寨、印度、缅甸、尼泊尔、菲律宾、韩国、斯里兰卡、土耳其；西亚非洲地区的埃塞俄比亚、加纳、以色列、肯尼亚、摩洛哥、尼日利亚、沙特阿拉伯、塞内加尔、阿联酋；欧亚地区的白俄罗斯、格鲁吉亚、哈萨克斯坦、乌克兰、乌兹别克斯坦；欧洲地区的阿尔巴尼亚、奥地利、捷克、丹麦、芬兰、法国、希腊、意大利、荷兰、波兰、葡萄牙、塞尔维亚、西班牙、瑞典、瑞士；美大地区的阿根廷、澳大利亚、玻利维亚、加勒比地区国家、智利、哥斯达黎加、古巴、多米尼加、萨尔瓦多、新西兰、太平洋岛国、巴拿马、秘鲁、乌拉圭、委内瑞拉等。

还有 3 个国际组织——国际贸易中心、联合国工业发展组织、世界贸易组织也单独展出。

概括而言，中国以外的 81 个国家展区都做到了各具特色、争奇斗艳、精彩纷呈、美不胜收。3 个国际组织展台则代表了国际社会对中国首届进博会的积极参与和大力支持。

进博会所设立的企业展全称为企业商业展，分为 7 个展区。我们看到，在企业商业展区汇集了来自世界各国最优质的商品：大到重 200 吨的金牛座龙门铣床，小到微型心脏起搏器；很科幻的譬如“会飞的汽车”，很接地气的譬如特色水果、奶酪、火腿、红酒；高技术的有各型机器人，吸引眼球的有高档化妆品；还有直升机、电动车、抗癌药、高档服装、钻石首饰、智能家电……真可谓名牌产品遍布展馆，买家卖家洽谈活跃。

在服务贸易展区，参展商则是按照类别展出自己的业务范围和合作领域，力求通过深入洽谈进入中国市场。参展商有银行、保险公司、旅行社、会展公司、设计创意公司、文化传播公司等多个类别。

按照进博会组织方的规定，企业展区的参展商都要缴纳费用，实行市场化的运营方式。

五　进博会促会展业发展

进博会作为中国主场外交会展活动和国家级重大会展项目，其等级之高、规模之大、影响之远、效果之佳，都是前所未有的。这是我国会展业界的一种荣誉和幸运，也是我国会展业者值得骄傲和自豪的大事。如果从进博会促进我国会展业发展的角度进行观察，似可总结提出以下四个基本观点。

第一，会展活动具有搭建平台的重要功效，承担着重大责任使命。

习近平主席多次指出，在上海举办首届中国国际进口博览会，将为各方进入中国市场搭建新的平台。

实践已经充分表明，“会展”无论以什么形式出现，其本质都是“搭建平台”，其属性都是“平台服务”，并且“服务”也正是中国会展人的初心所在。

所谓“会展平台”，其实就是提供和营造一种场合、一种环境、一种氛围、一种机会，从而使参与者能够通过会展的形式聚集碰面、交流交易。而会展服务则是要保障这一平台的搭建成功和顺畅运行。

搭建进博会这样重要的国家级国际性大平台，必须要有系统策划、方案优化、宣传推广、招展组织、场馆构建、设施配套、重大活动、现场管理、安全保障、应急准备、贸易对接、后续服务等一系列紧密相连的流程环节。进博会的任何细节都不再是小事，组织方承担着不可推卸的重要责任。所以，通过举办进博会必将进一步提升会展业的地位和荣誉，也树立起会展人的使命和担当。

第二，会展业是现代服务业组成部分，要做好供给侧结构性改革。

会展业是现代服务业的重要组成部分。在供给侧结构性改革的过程中，会展业必须通过改革创新进而提供更加高质量的有效供给，满足各方面对会展服务不断增长的需求。

首先要做好生产性服务，也就是服务好企业。譬如，进博会上那些高端装备无疑是面对企业需求的；而那些消费品也需要通过商业企业的渠道来完成从进口到分销的过程，所以也是在为企业服务。

其次要做好生活性服务。由于进博会实现了进口消费品的长年展销，也就实现了对民众生活的直接服务，体现出会展业所具有生活性服务的性质。

最后还要做好为政府服务，也就是为全社会的服务。进博会是国家级的会展项目，体现着国家的意志和政府的要求，是政府出面搭建的会展平台。首届进博会已经为搞好政府会展项目提供了可资借鉴的宝贵经验。

第三，会展业只有通过改革开放，才能从会展大国走向会展强国。

2018 年是中国改革开放 40 周年。中国会展业既是改革开放的受益者，也是改革开放的助推者。中国会展业正是通过改革开放的过程才能够逐步从会展大国的现实迈向会展强国的目标。

首届进博会在中国改革开放 40 周年的时候举办，体现出中国会展业通过改革开放所积累下的成果。作为迄今为止世界上第一个以进口为主题的国家级展会和国际贸易发展史上一大创举，它将是中国会展业值得夸耀的一个“样本”。

同时我们也要看到差距，譬如在进博会服务贸易展区，德国法兰克福展览公司、英国励展集团、中国香港雅式展览公司等展台都显示了它们所具有的作为世界知名会展公司的成熟会展服务能力。而我国的会展公司目前还达不到那样的国际化水平。由此看来，中国从会展大国走向会展强国还将是任重而道远的。

第四，政府会展项目体现了中国特色，但必须不断改革创新发展。

中国能够在最高领导人的指示下，动员全国力量办好首届进博会，充分体现了中国的体制优势和政治特色。但中国政府会展项目还必须不断改革创新。我们注意到中央深改小组对进博会已经提出了“要坚持政府引导、市场运作、企业经营，加强同世界各国和国际组织的合作，调动部门、地方、企业积极性，努力办成国际一流的博览会”的明确要求，这就是进博会的发展方向。

为实现“进博会要逐年办下去，而且越办越好”的目标，使进博会始终成为我国政府会展项目的标杆，我们希望进博会组织方能够尽快形成一整套科学完整、行之有效、持续改善、至臻完美的运行机制和操作流程；形成减少临时性措施，实现标准化管理，开展服务外包和市场化运作，并具有可复制意义的一系列经验，以及在建设强有力、职业化的办展队伍和城市对重大会展活动的管理与服务方面的实践探索成果。这些都是会展业界密切关注和热切企盼的。

六　来自业界的几点建议

我国会展业界在积极学习进博会，努力借鉴进博会的同时，也愿意结合首届进博会的举办提出一些建议。这些建议主要集中在，要充分借助和利用举办首届进博会所形成的大好形势，进一步推进我国会展业改革创新取得新进展，具体可以归纳为以下四点。

一是全面落实《国务院关于进一步促进展览业改革发展的若干意见》（国发〔2015〕15 号）。15 号文件是指导我国展览业发展的重要纲领。它提出要“加快展览业转型升级，更好地服务于国民经济和社会发展全局”等一系列要求和规定。

从进博会“不是一般性的会展”的高度来看，今后国家对会展业的要求必将更高。目前，全国大多数省、自治区、直辖市政府已经制定了落实 15 号文件的意见和办法。商务部也召开过一次促进展览业发展的部际联席会议。此外，商务部还与国家统计局、国家质检局联合发出文件，促进展览统计工作和展览标准工作开展。但是，还有其他若干工作仍需及时提上议事日程并予以大力推进。

二是加快全国会展行业协会的组建工作。此事在 2013 年曾经基本酝酿成熟，但其后停滞下来。这次在首届进博会中国会展业国际经贸论坛上，一些领导和专家再次提出组建全国会展行业协会的意见。如果从今后会展业高质量发展的需求看，从持续办好进博会项目的发展要求看，加快全国行业协会的组建工作都是很有必要的。

三是与全国展览业的发展相比，作为会展业组成部分的会议业，目前似乎更缺乏系统管理与促进措施。而从进博会既有展览又有论坛的实践效果看，展览与会议的融合已是发展趋势。我们注意到，习总书记在一些指示、批示、贺信、讲话中已经多次谈到会议论坛的重要性，值得今后进一步深入学习和贯彻。

四是有效提升我国会展教育水平。从办好进博会和会展业长远发展的目标出发，必须要有大批得力的会展人力资源予以支撑。而目前我国会展教育还存在着“大而不强”“多而不强”的现象。

现在会展教育界有识之士已经提出建议，根据会展人才必须具有复合跨界的特点，希望把会展学科视为一门新兴交叉学科而纳入教育部新学科的范围，并且可以考虑以计划单列的形式开展试点，予以突破。

北京“四个中心”建设背景下发展会展经济的机遇与挑战

施昌奎　王　鹏*

摘　要： 会展业是服务北京“四个中心”建设的重要载体之一，已经成为构建现代市场体系和开放型经济体系的重要平台，具有服务经济、绿色经济、总部经济的产业特点。新时期首都北京的产业与发展定位、广泛的国际影响力、完善的交通食宿等软硬件配套设施和聚集的文化创意与高新技术产业都为北京发展会展经济带来了巨大的优势与机遇。本文认为，北京会展业在发展过程中尽管已经取得了优异成绩，新建场馆持续升温，举办会展总量和规模不断扩大，专业化和国际化水平也在不断提高，但是相比于发达国家，依然存在着许多现实性问题。主要体现在六个方面：会展国际影响力和知名度不足、会展规模与场地等基础设施受限、会展组织管理专业人才相对缺乏、区域会展经济与产业协同发展不足、会展业优势资源未得到充分开发、专业化会展管理体制机制不健全。基于以上现状和存在问题的分析，本文提出了“四个中心”建设背景下北京发展会展经济的思路与对策建议，包括选取重点领域集中力量打造全球知名展会，建立健全权威、专业的会展管理机制，加快京津冀区域会展经济协同发展和培养高素质、专业化、复合型人才等，力争加快会展业的专

* 施昌奎，北京市社会科学院管理研究所所长，研究员，主要研究方向为公共管理、会展经济、慈善事业；王鹏，北京市社会科学院管理研究所博士，主要研究方向为公共管理、电子政务。

业化、高端化发展，对首都城市功能建设发挥支撑和促进作用。

关键词：　会展经济　“四个中心”建设　京津冀一体化

一　北京会展经济发展现状

北京作为首都国际交往中心，是中国经济发展最具活力的城市要地之一。作为我国五大会展经济带①之一，北京逐渐发展成为会展资源最为厚足、会展产业最为优越，发展条件最为理想、发展空间最为广阔的地区。总的来说，北京会展经济发展呈现如下四大特征。

（一）政府重视战略布局，为会展经济发展提供政策支持

会展业是服务北京“四个中心”建设的重要载体之一②，已经成为构建现代市场体系和开放型经济体系的重要平台，具有服务经济、绿色经济、总部经济的产业特点。近年来，随着会展经济对社会和经济发展起到的引领、聚集、辐射作用日益增强，北京市政府高度重视会展经济发展，相继出台多项优化政策，各部门联合发力，为会展业的持续健康发展提供了重要保障。2017 年 3 月 21 日，北京市人民政府办公厅印发了《北京市服务贸易竞争力提升工程实施方案》（京政办发〔2017〕14 号），明确表示要加强服务贸易交流合作平台建设，进一步完善和增强中国（北京）国际服务贸易交易会功能，形成以其为龙头、以各类专业性展会论坛为支撑的服务贸易会展格局。

---

① 中国五大会展经济带包括：以北京为中心的“环渤海会展经济带”，以上海为中心的“长江三角洲——华东会展经济产业带”，以广州、香港为中心的“珠江三角洲——华南会展经济产业带”，以武汉、郑州、成都、昆明等城市为龙头的“中西部会展中心城市”和以大连、哈尔滨等城市为中心的“东北边贸会展经济产业带”。

② 王春才：《北京会展业发展现状、趋势及对策研究》，《生产力研究》2008 年第 11 期，第 85 ~ 86 页。

2017 年 12 月 29 日，北京市商务委、发展改革委、公安局、财政局、规划国土委、旅游委、统计局、知识产权局、贸促会等九部门，联合发布《关于进一步促进展览业创新发展的实施意见》，强调要重点服务国家政务活动和重大国事活动，强化保障能力、服务能力和承载能力建设，推动展览业创新发展、转型升级，促进展览业品牌化、专业化、国际化、信息化发展，推动构建“高精尖”经济结构，更好地服务于北京“四个中心”建设和本市国民经济与社会发展。同时提出到 2020 年，本市举办国际展览数量达到 200 个，打造出 1 ~2 个具有国际竞争力的展览集团，力争引进 3 ~5 个具有全球影响力的品牌展会；到 2035 年，展览设施布局优良，运营服务体系完善，举办国际展览数量达到 250 个，展览业的专业化、国际化、品牌化、信息化和国际影响力、综合竞争力达到世界先进水平的发展目标（见表 1）。

表 1　《北京城市总体规划（2016 年 –2035 年）》提出的会展业发展指标

单位：个

	指标	2015 年	2020 年	2035 年
坚持开放发展，在实现合作共赢方面达到国际一流水平	大型国际会议个数	95	115	125
	国际展览个数	173	200	250

资料来源：《北京城市总体规划（2016 年 –2035 年）》之建设国际一流的和谐宜居之都评价指标体系。

（二）北京地区举办会展总量和规模不断扩大①

2017 年，北京会展业呈现数量稳步提高、规模快速增长的良好态势。据《北京市统计年鉴》发布的数据，2017 年度北京共接待会议 21.5 万个，接待会议人数 1723.8 万人次；共接待展览个数 790 个，接待展览观众人数 1029 万人次，接待展览累计面积 609.5 万平方米；会展总收入达 245.4 亿元。

① 王春才、周彦：《北京构建国际会展中心城市须具备的关键要素》，《城市问题》2014 年第 11 期，第 39 ~43 页。

此外，在中央和北京市政府的大力支持以及展览市场不断发展的双重利好情况下，北京会展业也逐步向规模经济转变，平均规模不断增加。以展览会为例，2017 年，北京市展览会数量、展览会总面积、展览会平均规模三个指标同步上升，展览会的平均面积达 3 万平方米。

（三）新建场馆热潮推动会展市场蓬勃发展，整体租馆率提升

北京会展市场的健康活力运行，带动场馆建设也掀起一波热潮，二者相辅相成，形成良性循环。2017 年北京展览馆的数量与面积均保持增势，会议接待场所个数比 2016 年略有下降但使用面积仍保持增长趋势。据统计，2017 年北京展览馆数量达到 7 个，是除上海市以外拥有展览馆数量第二多的城市，接待场所会议室 4858 个，使用面积达到 72.1 万平方米。同时，2017 年北京的展览馆市场租馆率明显提升。据统计，北京共有 2 个展览馆租馆率提高，占比达到 28.28%；有 2 个展览馆租馆率在 10% 以上。国家会议中心租馆率最高，达到 59.5%，比 2016 年增加 11.44 个百分点①；中国国际会展中心居其次，达到 54.27%。②

如果说场馆建设只反映会展基础设施的建设水平，那么其运营效益尤其是作为专业展览场地举办经贸类展览会的数量与规模（面积）则直接反映出场馆建设对于当地展览经济的促进作用。2017 年北京中国国际展览中心（老馆）共举办了 98 个经贸类展览会，比 2016 年增加 16 个，位居全国第二。国家会议中心（北京）也于 2017 年举办了 79 个经贸类展览会，比 2016 年增加 8 个，位居全国第六，充分体现出北京会展经济的蓬勃发展之势。

（四）会展专业化水平提高，国际竞争意识增强

2017 年，北京市接待国际会议 4000 余个，接待国际会议人数 1723.8 万人次；国际会议收入达 8.5 亿元，比 2016 年上升 14.35%，占总会议收入

① 数据来源：《2017 中国展览经济发展报告》，中国国际贸易促进委员会。

② 数据来源：中展集团中国展览信息数据库，中展集团官网。

的7.2%。2017年举办国际展览130个，国际展览收入达42.7亿元，比2016年略微减少，占总展览收入的34.5%。北京会展业国际意识的增强还表现在国际展览业协会（UFI）认证项目的增多，截至2017年6月，UFI中国内地会员达到了104个，其中北京独占29个，会员数约占全国会员总数的28%，位列全国第一。

此外，近10年来，中国（北京）国际服务贸易交易会、北京国际电影节、北京国际图书节、北京国际设计周等一批国际会展活动已逐步形成品牌，北京市会展业的全球影响力和国际竞争意识正在逐步提升。以国家会议中心为例，从奥运会的国际新闻中心，到APEC峰会主场馆，其以良好的软硬件设施和优质的接待服务标准赢得了业界的一致认可，将继续承担2022年冬奥会相关任务，其场馆预订最远已到2023年，已经成为打造北京国际交往中心的重要承载主体。

二　“四个中心”建设背景下北京发展会展经济的优势与机遇

（一）首都北京的产业与发展定位

《北京城市总体规划（2004年－2020年）》① 提出要把北京建设成为“国家首都、世界城市、文化名城、宜居城市”，首次提出“宜居城市”发展目标，对首都城市的宜居功能提出了更高要求（见图1）。因此，围绕充分履行首都城市功能，北京在实践中不断深化和完善“首都经济”发展思路，现代制造业、总部经济、文化创意产业、生产性服务业等高端、高效、高辐射力产业逐步被纳入“首都经济”发展的产业范畴，促进北京经济向服务化、知识化、总部化、绿色化方向发展。同时《北京城市总体规划（2016年－2035年）》也对北京的产业与发展定位提出了更新更明确的要

① 数据来源：北京市统计局，《北京统计年鉴》，中国统计出版社。

求，要围绕“四个中心”建设和首都城市战略定位，深入推进实施京津冀协同发展战略，重点服务国家政务活动和重大国事活动，强化保障能力、服务能力和承载能力建设，推动展览业创新发展、转型升级，促进展览业品牌化、专业化、国际化、信息化发展，推动构建“高精尖”经济结构，更好地服务于北京“四个中心”建设和本市国民经济与社会发展。新时期首都城市功能定位对会展产业发展有着较大的实际影响，为其持续健康发展提供了优势环境。

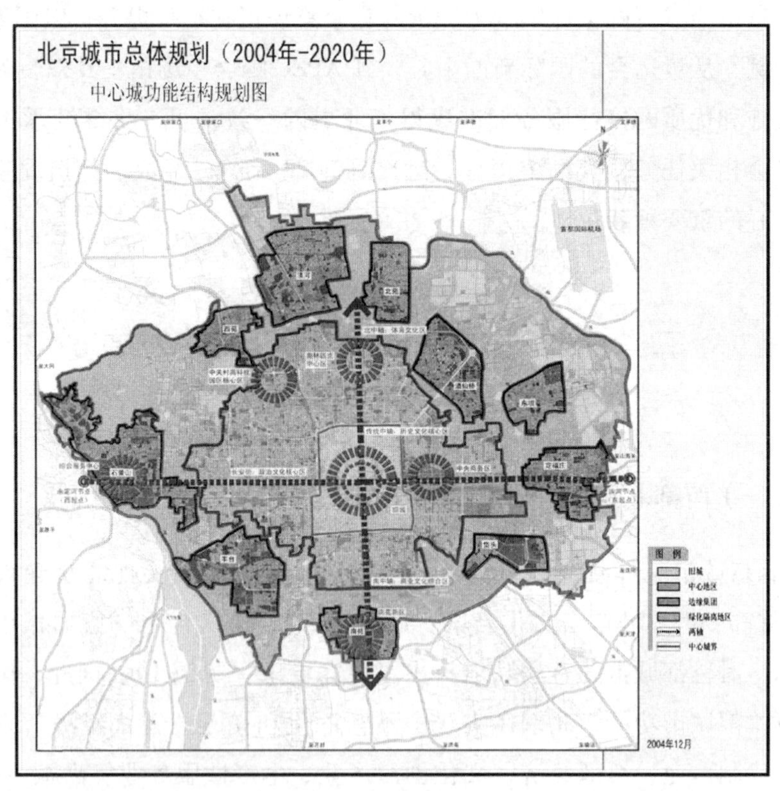

图1　《北京城市总体规划（2004 年 –2020 年）》中心城结构规划

（二）首都北京广泛的国际影响力

作为向全世界展示中国的首要窗口，北京凭借奥运会、APEC 会议、世界种子大会、世界葡萄大会、中国国际网球公开赛、北京国际马拉松赛、北京国际斯诺克赛等大型国际会展赛事活动的举办，国际社会的关注度和美誉度持续提升，已很好地树立起北京国际交往中心的城市形象，带动会展业的国际知名度显著提升。伴随国际交往中心建设的推进和“一带一路”倡议、亚投行、“走出去”等国家战略的实施，我国国力和全球地位将进一步提升，政治、经济、文化交往活动也将更加频繁，具有国际和全球运筹能力的上述高端化主体将进一步集聚，高端化、国际化的会展需求也将更加强劲。

（三）完善的交通、食宿等软硬件配套设施

会展业发展要求具备优越的食宿条件和可进入性。2017 年，北京住宿和餐饮业生产总值达到 413.8 亿元，相比 2016 年增长 3.6%，① 连续三年持续增长。与此同时，北京特殊的政治和文化地位、京津冀协同发展战略显著提升了首都机场的国际竞争力，国际枢纽区位优势显著。自 2006 年以来首都机场旅客吞吐量持续增长，其中，2006～2010 年同比增速保持在两位数，2013 年为增速最低点，2015 年、2016 年增速回暖分别为 4.42%、4.45%，② 2016 年首都机场旅客吞吐量 9385 万人次，比排名第二的上海浦东机场多 42.2%，稳居榜首，2018 年上半年首都机场集团旅客吞吐量首次突破 1 亿人次，达到 1.05 亿人次。与此同时，北京也是全国最重要的陆路交通枢纽。我国即将建成以北京为中心的八小时高速铁路交通网。届时，除乌鲁木齐、拉萨等个别城市外，北京到全国各省会城市的时间都将控制在 8 小时以内。首都的国际门户作用和国内中心地位都将进一步增强，为北京会展业的繁荣发展提供了完善的交通保障。

（四）文化创意与高新技术产业集聚

《北京统计年鉴》数据显示，近年来北京文化、娱乐和科技服务业发展

---

① 数据来源：《北京统计年鉴》，北京统计局官网。

② 数据来源：智研咨询，《2017－2022 年中国国际航线市场专项调研及投资战略研究报告》。

迅速，生产总值和资金投入逐年增加（见图2）。自2006年至2008年北京市政府先后确认了21个市一级文化创意产业集聚区以来，北京众多的文化创意产业聚集区极大地促进了北京市文化创意产业的迅猛发展。文化创意产业集聚区建设是近年来北京市经济建设的一个重要亮点，也是北京市经济发展的重要增长点。作为社会的聚合体，文创产业聚集区不仅仅具有重要的经济功能，同时也具有强大的文化传播影响力，为会展业的发展提供了丰富的文化土壤和资源支持。与此同时，近年来北京高新技术产业同样有着引人瞩目的成果，北京市采取的包括促进官产学研协同创新、推进孵化器建设以及实施“首都248重大创新工程”等在内的一系列措施，有效推进了北京高新技术产业的集聚与发展，对于会展业发展的软硬环境建设都有着重要推动作用。

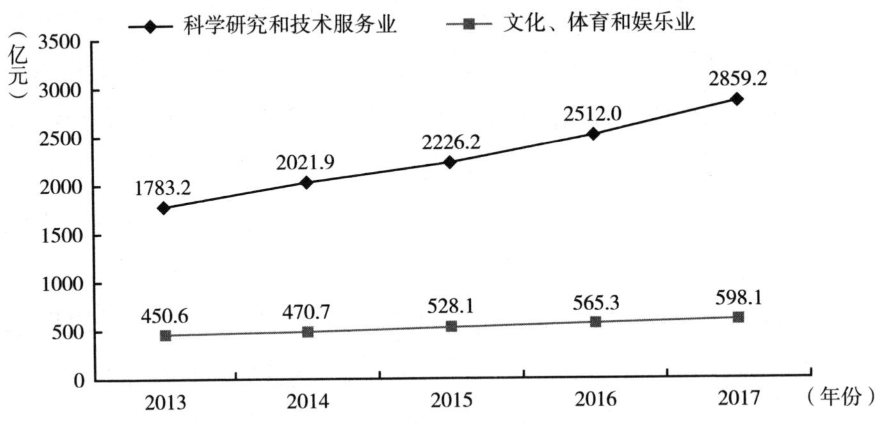

图2　2013～2017年北京科学研究和技术服务业，文化、体育和娱乐业生产总值

三　“四个中心”建设背景下北京发展会展经济的问题与不足

在北京会展经济快速发展的同时，不可忽视的是北京市会展经济发展也面临着新的挑战和机遇，与国内外会展中心城市以及首都发展的新战略要求相比，还存在着一定的差距。未来北京应继续加快会展业的高端化发展，对首都城市功能建设发挥支撑和促进作用。

（一）会展国际影响力和知名度不足①

目前，北京具有国际影响力的品牌会展数量较少，仅有全球唯一的覆盖服务贸易全部领域的综合交易会——中国（北京）国际服务贸易交易会和A级车展之一的北京国际车展两大展会具有较大的国际影响力和知名度，且这两个展会每两年举办一次，辐射范围和时间有限。尽管截至2017年6月北京已有29个展会成为国际展览联盟的会员，但这些展会普遍存在国际化程度不高的问题。相比于纽约、巴黎、伦敦等城市，北京市会展业在覆盖面、层次、规模、影响力等方面还存在较大差距。在行业会展品牌建设上，也很难达到汉诺威工业博览会、巴黎时装周、东京动漫展等全球知名品牌会展的知名度和影响力。②

一般来说，国外参展商和国外观众参与得越多，展会的国际影响力才会越大；国外展商和国外观众参与得越少，展会的信息就很难在国际范围内传播，展会的知名度和国际影响力就越小。按照国际展览联盟（UFI）标准，以“国际”冠名的展会应有不低于20%的国外（境外）参展商和不低于4%的海外观众③，而北京很多“国际”展会根本达不到这一水平。国际化程度较低、国际影响力不高的特点势必会阻碍北京会展业发挥向世界推介北京和宣传北京的作用，是北京会展业发展面对的一个重要挑战。

（二）会展规模与场地等基础设施受限

所谓“工欲善其事，必先利其器”，做大会展业，扩大展区面积不可或缺。根据《2017中国展览经济发展报告》，2017年上海市展览会的平均面

① 刘大成：《德国会展经济发展经验的启示》，《四川日报》2018年10月12日。

② 王春才：《德国会展中心城市的发展路径与策略研究》，《江苏商论》2010年第1期，第56~58页。

③ 邓永成：《试论国际会展中心的形成基础》，《商业时代》2006年第31期，第74~77页。

积为4万平方米，广州市展览会的平均面积为5万平方米，而北京市展览会的平均面积仅为3万平方米，受制于场地和各展馆规模，北京市承办大规模会展的空间十分受限，中小规模会展逐渐成为主流。而从室内可租用总面积看，近两年中国会展场地资源传统上东强西弱的格局随着西部省份展览业的快速发展而日渐均衡，与四川、重庆等中西部省份和城市的快速扩张形成鲜明对照的是，据统计，2017年北京展览馆总体资源仅居全国第十位，与其传统三大展览核心城市的地位形成鲜明对比（见图3）。

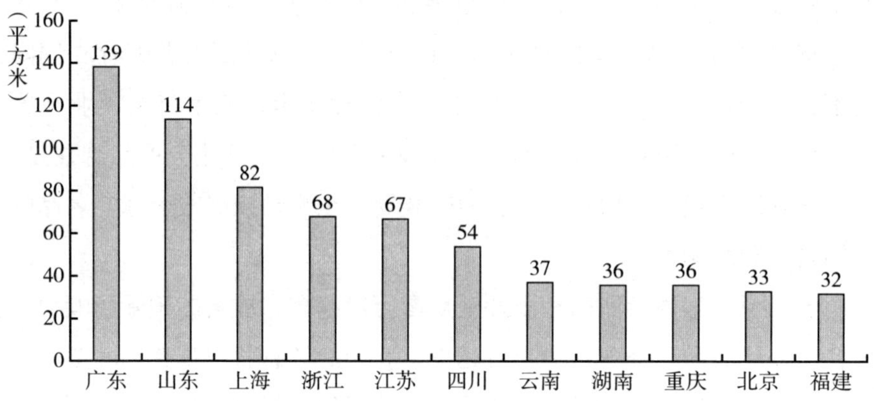

图3　2017年全国各省市展览馆总体资源统计

数据来源：《2017中国展览经济发展报告》。

（三）会展组织管理专业人才相对缺乏①

成功举办一个高质量的展会，专业会展人才是必不可少的。但是目前北京的会展教育尚处于起步摸索阶段，没有完善的会展人才培养体系，教育水平跟不上会展发展的速度。现实中很多协助会展的工作人员并没有受过专业的会展教育培训，而会展组织管理专业的人才则更为缺乏。同时，教学与会展实践脱节。高校与北京会展企业的合作存在断层，而会展业是一个需要人

① 刘雅祺：《基于上海世博会的长三角会展人才一体化分析》，《上海应用技术学院学报》（自然科学版）2009年第1期，第69~72页。

才在不断的实践中积累经验、获得进步的实用行业，缺乏实际操作，就会影响人才的实践经验。所以，教育跟不上市场的发展，终究会影响北京会展业的长远发展。①

（四）区域会展经济与产业协同发展不足

目前，我国会展业以北京、广东和上海三地最为发达。长三角地区形成了以上海为核心的会展经济带②，南京、杭州、宁波、苏州以及义乌等城市在上海会展经济的带动下，逐渐形成了综合经济发展的格局；珠三角地区形成了以广州为核心的以强带弱、以大带小的会展经济运作模式。然而与长三角、珠三角地区的会展经济相比，我国京津冀区域的会展经济和产业协同发展存在着较大差距，北京周边地区的经济发展不能和北京相互呼应、相互支持。如何以发展会展经济为关键点，通过区域产业协同发展，促进北京乃至整个京津冀地区经济的一体化进步是一个重要难题。③

（五）会展业优势资源未得到充分开发

北京会展业目前的发展水平远远没有将自身的优势资源充分发掘，以国际会议发展为例，北京作为全国政治中心、经济金融发展要地，分布了众多的各国驻华使馆和世界 500 强企业，这些资源为北京发展会议业尤其是国际会议业提供了有力支持，但目前北京的会展业资源特别是会议业资源还没有得到充分利用。2017 年北京接待国际会议数量约 4000 个，相比 2016 年的 5000 余个不升反降，显示出北京在吸引国际会议方面并没有充分利用驻华使馆、在京国际组织、跨国公司总部及相关会议组织者等方面的资源潜力。

---

① 张建庆：《高职院校会展专业人才培养的误区与对策》，《教育与职业》2007 年第 12 期，第 109～110 页。

② 张海洲、陆林：《会展业与城市协调发展研究——以京津冀与长三角都市圈为例》，《地域研究与开发》2017 年第 3 期，第 46～54 页。

③ 丁爽：《浅论会展经济与城市发展》，《科技・经济・市场》2009 年第 3 期，第 51～52 页。

（六）专业化会展管理体制机制不健全①

总体来说，北京的会展业虽发展迅速但总体还处于初级阶段，发展历程并不长，各部门对于会展管理体制机制的制定和完善并没有完全跟上会展业发展的速度。举办会展需要经过层层审批，并且由于场地、主题、人才等各方面条件的限制，在举办会展的时候，并不能完全满足行业的实际需求。此外，在政府的意愿下举办会展只是一种带有商业性质的政府活动，实际上并没有遵循经济规律，我国会展业的经济效益一部分归于政府，同时政府也会对会展管理进行一定程度的干预，这对于会展管理体制的完善产生了一定的影响。如果不能尽快健全专业化会展管理机制体制，就无法与当前会展的发展速度相匹配。

四　“四个中心”建设背景下北京发展会展经济的思路与对策建议

（一）选取重点领域，集中力量打造全球知名展会

近年来我国会展业的专业化水平大幅提升，不论是综合性会展还是专业性会展，展览题材、组织运营、观众等方面的专业化程度都在不断提高，行业集中度也在不断增加，会展业向专业化发展是大势所趋。因此，北京会展业市场应更加注重品牌发展、模式创新，不断优化会展业结构，形成以京交会为龙头，以科博会、文博会及各类专业性展会为支撑的服务业领域会展格局。全面提升已形成的行业品牌展会水平，重点支持在京举办的覆盖亚洲乃至全球的专业知名展会。

同时，以引导在国内外有影响力的品牌会展在京举办为基础，集中挖掘

① 张玮、于婕：《会展企业现场管理的改进方法研究：基于 OCE 模式》，《现代营销》2017 年第 6 期，第 71 页。

北京会展传统行业、文化创意、科技等优势资源的潜力，自主创立并培育出一批会展新品牌，走品牌化发展道路，对首都城市功能建设发挥支撑和促进作用。充分发挥北京文化创意产业聚集区的优势，巩固北京国际电影节、北京国际图书节、北京国际设计周等文化类展会已有的影响力和优势资源，依托北京丰富的博物馆、美术馆、图书馆资源，打造向全世界展示北京文化软实力的高品质会展。同时，充分利用中关村科学城、怀柔科学城、未来科学城、创新型产业集群和“中国制造2025”创新引领示范区的科技研究资源，积极创办各类科技“高精尖”产业展会，推动北京科学创新类会展的发展。

此外，要努力抓住举办2022年冬奥会（冬残奥会）、2019年中国北京世界园艺博览会、2020年世界休闲大会等大型国际活动的契机，积极申办国际上有影响力的国际组织年会和会展活动，不断提升北京会展业的品牌形象和国际影响力。

（二）建立健全权威、专业的会展管理机制

为了更好地推进会展管理，北京市需要健全和完善与会展相关的法律、法规、管理机制。政府应积极组织各部门学习以国务院颁布的《关于进一步促进展览业改革发展的若干意见》《服务贸易发展“十三五”规划》等为代表的国家层面指导意见，建立由市商务委牵头，市发展改革委、市教委、市科委、市经济信息化委、市财政局、市文化局、市政府外办、中国贸促会北京分会等部门和单位共同参与的联席会议制度，加快建立权威、专业的会展管理机制，统筹协调，分工协作。

同时，北京市政府应当在法律上对会展予以保障，尽快出台本市展览业管理办法，实施良好的产业政策、财政政策和税收政策等，真正从会场场馆考虑，帮助解决会展管理中遇到的实际问题。会展管理者应当采用先进的会展场馆管理体制，积极学习国外先进的会展管理经验和新兴理论。“管理创新”并不是一个空泛的概念，而是由专业的人才，在专业知识的基础上，找到更适合不同类型、不同环境下的会展管理方法。由此，形成良性、可持续发展的管理方法，更好地提高会展管理质量，促进北京会展行业的发展。

（三）加快京津冀区域会展经济协同发展[①]

2014 年底，京津冀三地贸促会共同签署了《京津冀贸易促进协同发展合作备忘录》，推动三地国际性经贸交流活动和会议展览的协同发展。京津冀协同发展可以促进三地会展业的产业对接和资源整合，有利于缓解北京市会展场馆设施、交通和生态环境及会展成本等因素对会展业发展的制约，促进首都会展业的高端转型升级。2015 年 4 月 30 日，中共中央政治局审议通过《京津冀协同发展规划纲要》，标志着京津冀协同发展上升为国家战略。未来京津冀地区将打造“具有国际竞争力的世界级城市群”，三地功能定位和区域分工将进一步明确，北京非首都核心功能将向外疏解，从而使得北京的可进入性和拓展性进一步增强，有利于北京会展业数量和规模的增长。

加大京津冀地区的资源整合力度是京津冀会展经济协同发展的重要方法和内容。京津冀三地在会展场馆、会展项目品牌、科学技术资源以及优秀的高端专业人才等方面各有优势，所以如何实现对三地资源进行有效整合是京津冀会展经济协同发展的重要发力方向。例如北京地区可以考虑将自己的国际品牌展览适当地部分转移到天津和河北两个地区，从而在减轻自身地区负荷的同时，全面提高天津和河北会展经济的国际化水平。同时，三个地区要不断完善城市基础设施建设，如完善会展场馆附近的餐饮娱乐设施，提高其接待水平和能力等，完善了城市的基础设施，才能够不断提升京津冀地区的会展经济综合发展水平。

（四）培养高素质、专业化、复合型人才[②]

人才在会展中的作用极为重要，高素质的会展人才能够为会展增添更大的活力，使会展更加完善，因此加强培养高素质、专业化、复合型的会展专

---

① 李洋：《京津冀一体化背景下会展经济协同发展研究》，《天津商务职业学院学报》2018 年第 4 期，第 74 ~ 77 页。

② 蒋昕：《基于需求分析的普通高校会展人才培养构想》，《武汉工程大学学报》2010 年第 2 期，第 12 ~ 16 页。

业人才十分重要。北京地区教育资源丰富，高校众多，应该充分利用人才资源，为会展业的发展提供源源不断的人才支持。建议高校在对学生进行会展专业教学时，加强校企深度合作，为学生提供更多实地体验和培养经验的机会，而企业也应当积极配合学校给参加会展学习的人员提供实习、志愿、培训等机会。同时也应当不断优化人才培养方法，在专业设置上更加清晰，突出重点，满足学生的专项学习需求，让学生能够在一个专业的教学环境下深入研究学习，从而根据当前会展行业对会展人才的需求，培养适用性、专业导向的会展人才。①

① 郭昕：《基于需求分析的京津冀地区会展人才培养构想》，《理论观察》2018 年第 1 期，第 88 ~ 90 页。

国际会展活动组合浅析

徐晓文*

摘　要： 在激烈的城市竞争中，为了摆脱自身的问题并向世界展示新面貌与新特点，许多城市采用了城市企业主义作为城市的发展策略。因为举办大型活动（奥运会、世博会等需要动用大量城市资源的活动）是城市企业主义中重要的一环，所以从20世纪80年代开始大型活动的申办成为贯彻城市企业主义的城市的目标。而随着经济的发展，学者们发现大型活动为城市提供的正面影响越来越有限，随之而来的则是更多的负面影响。在这种情况下，学者与城市管理者发现基于城市自身特点与所持有的资源而设计的城市会展活动组合（event portfolio）可以替代大型活动以持续地为城市的发展做出贡献。本文主要对会展组合概念、当前使用的模型以及评估管理方式做简要分析，最后就中国城市发展会展活动组合提出建议。

关键词： 城市　会展活动组合　基础设施

随着城市会展业的不断发展进化，一些城市开始提出“建立不同展会活动之间的关联”和“规划区域全年展会活动主题”的发展方向，比如上海就在《上海市建设国际会展之都专项行动计划（2018－2020年）》中提

* 徐晓文，毕业于英国谢菲尔德哈勒姆大学国际会展与会议管理专业，硕士，现就职于杭州国际博览中心。

出要“培育产业联动品牌项目，推动会商旅文体联动”；广东的业界人士则对会展小镇的发展提出了“要规划、设计好全年、每月的主题活动，要有主打的品牌活动”的要求。Event portfolio，直译为会展活动组合，是非常适合这些发展方向的理论，笔者将对这一概念及相关理论进行整理，希望能为国内城市会展业相关人员提供一些帮助。

一 城市会展业的现状

在全球经济竞争日益激烈的今天，各个城市必须积极制定和实施各种战略以应对一系列挑战，从而确保它们在国内以及国际市场的地位。全球化和本土化之间的冲突正在影响和混淆城市的发展。[①] 一方面，如果城市想要吸引全世界的注意力，以便吸引外国企业和投资，它们必须符合全球化标准；另一方面，在全球经济一体化的趋势下，城市管理者普遍认为，在城市竞争日益激烈的环境中，获得竞争优势的唯一途径是创造具有地方特色的城市，而地方特色是形成城市竞争优势的关键因素。这种困境促使城市不得不采取一系列措施，以便实现全球化和本土化之间的平衡。Richards & Palmer 提到各城市试图从创意城市、跨文化/多元文化城市或创业型城市等不同方面进行重新定位，以便向世界展示其独有的特征并向新的方向发展。[②] 他们采用的方法被称为“城市企业主义”。[③]

城市企业主义开启了城市发展政策创新的新维度。在策略上利用资源，最大限度地发挥城市品牌推广的积极作用。针对城市经济利益的政策措施一直以形象提升和目的地营销为重点。为了实现相应的目标，城市可以使用的策略之一是举办具有国际意义的活动，并引起媒体的高度关注。城市管理者

① Antchak, V. (2016), “Event Portfolio Design: Exploring Strategic Approaches to Major Events in New Zealand”, PhD thesis, Auckland University of Technology, Auckland, 2016.

② Richards, G., & Palmer, R., *Eventful Cities: Cultural Management and Urban Revitalisation.*, Amsterdam, the Netherlands: Butterworth-Heinemann, 2010.

③ OECD, *Competitive Cities: A New Enterpreneurial Paradigm is Spatial Development: Organisation for Economic Cooperation and Development* (*OECD*), 2007.

认为它可以改善城市的形象，提升城市的国际吸引力，此外还可以促进当地旅游业的发展。同时，他们也希望通过举办这类活动促进当地经济的多元化。其中，大型活动最受城市青睐，因为举办大型活动可以解决城市发展的诸多问题。[①] 正在发展、未开发或曾经失败的城市可以通过举办大型活动来推动城市的复兴[②]，然后城市将获得不同类型展会活动的青睐，成为它们的舞台。[③]

将大型展会活动视为提升当地形象和身份的一种手段，越来越多的城市开始创造和举办不同的展会活动以确保并最大限度地发挥积极效果。在许多情况下，当许多当地资源和资本投入会展业设施、展会招标和推广中时，各个城市已经来到“搭好戏台等唱戏”的阶段。在这个时候会产生一个非常消极的现象——“模仿”综合征：为了与其他城市竞争，各城市开始单纯地“复制”、竞标或“借用”已经品牌化的大型展会活动，而不对它们的可行性和长期价值进行了解与分析。研究人员认为，此类剽窃或仅仅借用大型展会活动的品牌将给城市带来巨大的成本负担，它们是否会带来价值也值得怀疑。而易于“复制”的展会活动并不能成为城市的特色，在大量的抄袭发生后，被抄袭者的竞争力也很难继续保持，如果不采取相应措施甚至会丧失原有的竞争力。

北京作为中国首个举办国际特大型活动（2008 年北京奥运会）的城市，从特大型活动中获得了巨大的利益：向全世界展示北京甚至中国的新形象，让世界重新认识了中国和北京；重振城市的基础设施，建设新的城市区域和交通线，建立新的场馆；提高北京居民道德水平。然而，根据奥组委要求，作为主办城市的北京在 2008 年不许举办其他国际性展会和活动。虽然通过北京会展业人士的努力使部分展会在那年得以恢复举办，那一年北京的会展业还是遭受了巨大的损失，外流的诸多行业展

① Foley, M., McGillivray, D., & McPherson, G., *Event Policy: From Theory to Strategy*. New York, NY: Routledge, 2012.

② Smith, A., Events and Sustainable Urban Regeneration. In R. Raj & J. Musgrave (Eds.), *Event Management and Sustainability*. Wallingford, England: CABI, 2012.

③ Richards, G., Developing the Eventful City: Time, Space and Urban Identity, *Planning for Event Cities*, 2015, pp. 37 -46.

会导致会展业的规模开始萎缩。[①]

2008 年北京奥运会和 2010 年上海世博会后，各地政府意识到发展会展业可以促进城市的发展，虽然对于奥运会和世博会这种世界顶级展会活动有心无力，但可以退而求其次。于是，各地政府纷纷宣布将把各自的城市建设成“会展之城”。然而，各地一开始仅仅是单纯地复制北京、上海的知名展会，结果就是像北京文博会这样的展会在全国各地都有。虽然这些复制展会的质量不如北京的文博会高，但在地方政府的保护下，当地的相关从业人员更倾向于参加所在地举办的展会而不是北京的。对于北京来说，北京举行的大部分博览会都是因为政府希望促进国内某一个行业的发展。当北京大型展会的基本目的“发展国家的特定产业”已经实现，再加上当时的北京没有会展业的保护政策，北京的会展业进一步遭受重创。

近年来北京的会展业持续衰落，许多大型展览都转移到有政策支持的城市。过去，北京在会展业的自我定位是“北京搭台，全国唱戏”。科博会、文博会、京交会针对的是全国 30 多个省份的经济发展而不是北京市自身的发展，北京邀请并与各省共享国内外学术和工业资源，其他城市对这些资源的渴望比北京更加紧迫，因此更有动力。在这样的情况下，北京处于“一直被抄袭，逐渐被超越”的状态并延续至今。而全国各地同质化展会也俯拾皆是。

二　“会展活动组合”（event portfolio）概念的产生

当前，城市管理者在制定文化、经济发展战略中针对会展活动的认知和经常会基于以下的假设：①举办展会比较灵活简单；②展会可以帮助城市脱离当前困境；③展会可以为城市提供大的场面；④展会可以在短期内花费较少的钱产生较大的影响。

---

① Zhang Miao, “Research on the Development of Beijing Event Industry after the Olympic Games”, Doctoral dissertation, Capital University of Economics and Business, 2008.

然而，这些假设是不确定的，或者说只在展会处于完美状态下运作才能成立。管理不善、构思拙劣或一味地复制他人的展会将引起反效果。

不同于一味地抄袭借鉴，根据城市自身情况举办的展会活动是在城市已有设施基础上进行的，投入相对少一些。[①] 一个城市定期举办和拥有的活动可以产生长期而广泛的积极成果。虽然近年来对活动的研究日益增多，但是对于不同类型活动的研究仍是分开的，大多数研究仅限于对单个大型活动的研究，而这类研究主要集中在对社会和经济的影响、重大活动的遗产和影响以及带来主办城市的变化上。然而，人们常常忽视的是，由于大型活动一次性的时间特性，其收益的可持续性受到限制，[②] 这意味着大型活动甚至其他一次性活动都不能保证给城市带来积极的长期影响。[③] 国际足联世界杯、奥运会等大型赛事可能会持续数周，但要将赛事的效益维持在比赛事本身更长的时间是不容易的。[④] 因此，学者们把焦点从单一的活动转向多个活动方面，如商业、体育和文化活动，导致新的研究领域的出现，基于这个情况，可以设想将个别设计和组织的活动作为城市新的发展点。[⑤] 实现城市目标的复兴、可持续发展和旅游增长。[⑥] 对城市已有活动的分析可以作为城市长期发展战略的出发点，并将各个活动作为一个组合进行整合。

正如 JAGO 等人所提到的，如果城市想要通过活动来建立和推广自己的品牌，它们需要建立一个会展活动组合，因为单个活动甚至大型活动可能只

---

① Smith, A., *Events and Urban Regeneration: The Strategic Use of Events to Revitalise Cities*, Routledge, London, 2012.

② Ziakas, V., Planning and Leveraging Event Portfolios: Towards a Holistic Theory. *Journal of Hospitality Marketing & Management*, 2014, 23 (3), 327 - 356. doi: 10.1080/19368623.2013.796868.

③ Jago, L., Chalip, L., Brown, G., Mules, T., & Ali, S., Building Events Into Destination Branding: Insights From Experts. *Event Management*, 2003, 8 (1), 3 - 14. doi: 10.3727/152599503108751658.

④ Grix, J., *Leveraging Legacies for Sports Mega-events: Concepts and Cases.* Basingstoke: Palgrave Macmillan, 2014.

⑤ Getz, D., Event Tourism: Concepts, International Case Studies, and Research. Putnam Valley, NY: Cognizant Communication Corporation, 2013.

⑥ Ziakas, V., *Event Portfolio Planning and Management.* London: Routledge, 2014.

会改变城市的基础设施。① 如果没有一个会展活动组合，大型活动的影响对于该城市的品牌来说可能是微不足道的。② 这也就是国际知名会展活动城市都会有城市所属的会展营销组织存在的理由：帮助城市设计一个贴合城市定位和本身实力的会展活动组合并借此在全世界营销该城市，将其推广到世界各地让相关行业知道它。

Getz 建议，发展会展活动组合以优化利用当地资源并维持其积极影响的最佳方式是根据城市的价值和目的考虑它。③ 与单个活动相比，会展活动组合能够产生可持续的影响，同时增加本地活动市场的规模，解决来自不同城市群的问题，吸引不同背景的人们的兴趣。④ 当这些城市全面地考虑这些活动，并实施活动组合策略时，它们就有可能从“活动城市” （city with events）变成“活动的城市”（eventful city）。

毫无疑问，会展活动组合可以用于一些专门的领域。然而，Ziakas 和 Costa 指出，会展活动组合研究应着眼于综合框架，该框架在不同的背景下能够实现城市目标。⑤ 基于此框架的会展活动组合可以建立组合策略，以服务于不同的目标，并在具有整合策略和策略潜力的利益相关者之间实现协同。考虑到会展活动组合具有通过集体策略将活动、利益相关者和资源连接在一起以管理不同目的的网络的潜力，学者们总结了会展活动组合的定义：

---

① Ritchie, J., & Smith, B. H., The Impact of A Mega-Event on Host Region Awareness: A Longitudinal Study. *Journal of Travel Research*, 1991, 30 (1), 3 - 10. doi: 10.1177/004728759103000102.

② Ziakas, V., & Costa, C. A., The Use of an Event Portfolio in Regional Community and Tourism Development: Creating Synergy between Sport and Cultural Events. *Journal of Sport & Tourism*, 16 (2), 149 - 175. doi: 10.1080/14775085.2011.568091.

③ Getz, D., Event Tourism: Definition, Evolution, and Research. *Tourism Management*, 2008, 29 (3), 403 - 428.

④ Ziakas, V., & Costa, C. A., Event Portfolio and Multi-purpose Development: Establishing the Conceptual Grounds. *Sport Management Review*, 2011, 14 (4), 409 - 423. doi: 10.1016/j.smr.2010.09.003.

⑤ Ziakas, V., & Costa, C. A., Event Portfolio and Multi-purpose Development: Establishing the Conceptual Grounds. *Sport Management Review*, 2011, 14 (4), 409 - 423. doi: 10.1016/j.smr.2010.09.003.

“会展活动组合是指在一年中在主办城市内发生的不同但相互关联的活动的战略模式，其总体目标是通过实施联合活动战略来实现多个结果。”

这一定义指出了会展活动组合的战略特征。会展活动组合的管理需要在不同的组中划分具有不同主题的活动，以便集中于它们的目标组服务于目的地的不同目的并获得不同的结果。[①] 会展活动组合中设计的活动应该包括多种类型，以便尽可能广泛地吸引目标观众。多样化会展活动组合的目的是利用所有活动的特征，使其总价值最大化。

因此，应注意会展活动组合中活动之间的相关性和协同性。Ziakas 指出，相关性可以通过利用一系列活动的能力来创造新市场或补充现有市场；提高关于展会活动的筹备水平以使其更有效。此外，在以共生为主题的不同活动之间建立联系，可以最大限度地发挥它们的影响，并且调动共享的资源以更容易地开展这些活动。[②]

三 构建会展活动组合的模型

Donald Getz 将他 1997 年提出的金字塔会展活动组合模型于 2016 年进行修改并拆分成两种新的金字塔模型，一类仍以传统的旅游和经济发展为导向（见图 1），而另一类则以当地社会的发展为导向。

该金字塔的顶端是偶尔举办的大型活动，鉴于其高昂的成本和存在的相关风险，建议对其进行严格的可行性研究并且严格控制数量。大型活动是一个相对的概念，即那些提供最高水平的旅游需求、媒体报道的活动；它们往往通过招标（例如，大型国际体育活动、世界博览会、全球大会）赢得，

① Getz, D., *Event Studies Theory, Research and Policy for Planned Events*. London: Routledge, 2016.

② Ziakas, V., A Multidimensional Investigation of a Regional Event Portfolio: Advancing Theory and Praxis. *Event Management*, 2013, 17 (1), 27 - 48. http://dx.doi.org/10.3727/152599513x13623342048095.

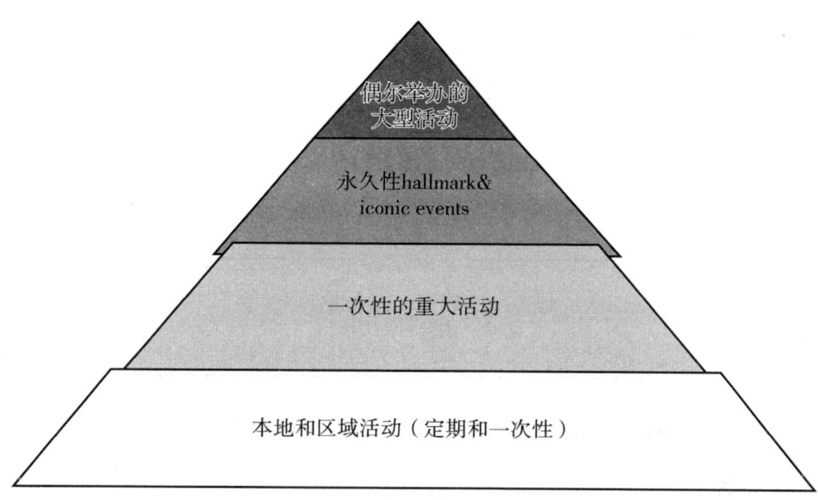

图 1　旅游与经济为导向的展会活动组合模型

并将东道国的资源拉到极限。

大多数城市坚持主要招标大型活动或“hallmark event”，“hallmark event”一词意味着具有国际地位的、定期举办或仅举办一次的会议、博览会、文化和体育活动。从旅游的角度来看，这些展会活动被认为会对主办城市的旅游业产生重大影响，会改变主办城市成为国际旅游目的地并加速旅游业增长。hallmark event 被认为是旅游导向投资组合中的一项主要资产，但它同时具有极高的内在价值。价值的衡量标准是不同的。除此之外，“iconic event”也逐渐成为会展活动组合的重要组成部分。iconic event 是只对有特殊兴趣的人有价值的展会活动，为与会者提供与具有相似价值观的人交流和自我表达的机会。该类展会活动可以吸引特定的市场。这两类活动均具有“大声誉”和“高品质”的特性。① 总体而言，该模型可以最大限度地吸引国际媒体的注意力，尽量吸引世界各界人士的关注，最大限度地促进旅游和经济发展（见图 2）。

① Andersson, T. D., Getz, D., &Mykletun, R., The "Festival Size Pyramid" in Three Norwegian Festival Populations. *Journal of Convention & Event Tourism*, 2013, 14 (2), 81 - 103. doi: 10.1080/15470148.2013.782258.

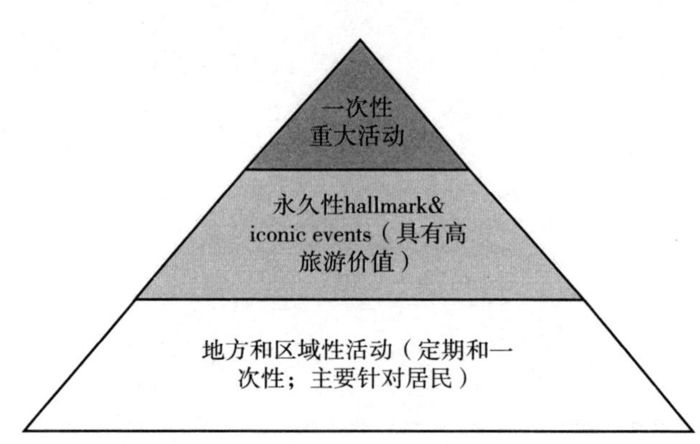

图2　以本地社会发展为导向的会展活动组合模型

金字塔的底部由最多的展会活动组成，在这个模型中，这些展会活动主要是由居民举办或为居民服务而产生的展会活动。它们由区域的小活动、小型体育赛事、娱乐活动和商务会议组成。但是它们可以成长，如果能协调一致的话，它们可以很好地将城市或目的地定义为充满活力、有吸引力或一个适宜居住的好地方。简言之，它们的集体作用大于个体展会活动的作用。旅游和经济发展机构往往忽视小型节日和展会活动，但考虑到它们在提高宜居性和吸引力方面的综合能力，这是一个潜在的错误。

该活动组合模型包括永久性和一次性活动，这些活动由政府、私营公司和非营利组织举办，包括体育、娱乐、商业活动、节日等类型。这意味着城市将最大限度地提高居民的利益和生活品质，同时也意味着城市认识到除了旅游业和经济发展对创造就业和繁荣的重要作用以外，保障本地社会及居住群体的生活环境同样重要。

四　会展活动组合的价值评估与管理

“Portfolio”一词是从现代股票投资组合理论中引用的。因此，投资、资本和资产构成投资组合的目的是使持有人的预期收益最大化。Markowitz 认为，投资者应该考虑总体风险－报酬特征，然后分散资金，决定投资组合资产的结构，而不是仅仅根据其潜力来选择资产。[①] 而展会活动组合的价值则分为外在和内在两种：展会活动的旅游、经济发展和场所营销功能都可以使其作为不同级别战略的工具去实现相关的利益，这是展会活动的外在价值，以及它们可以实现的目标。通常情况下这意味着这些展会将会有相应的投资回报。因此，组合中的每个展会活动都必须具有自己的价值，或有助于整体组合价值和可持续性。相比之下，许多人更重视展会活动本身，认为它们本身具有价值，并且不需要通过参考定量投资回报率来证明其合理性。例如，在艺术领域，一个展会因其艺术和文化价值可以被视为一种创造性的活动，从而具有价值；许多参加体育活动的人只看重它的竞技或健身利益。会展活动组合内在估值的主要关注点是通过多个相互作用的展会活动产生的协同作用以及这些活动的整体数量及“健康情况”，而不是其投资回报率。

如果投资回报率不是相关的指标，则组合的整体“健康状况”或城市的整体活动数量就是需要注意的指标。展会活动整体内的稳态（即稳定平衡）不一定是常态，甚至也不是理想的。也许所有展会活动整体都应该是动态的：容忍多样性和不确定性，促进创新，并告别陈旧和不可行的展会活动。

由于“健康”的会展活动组合伴随着城市相应的资源暴增，决策者需要及时清查所拥有的展会活动是否出现问题，例如，活动增多，竞争激烈；失败数量和规模（即大型、成熟展会活动）增加；出席人数下降，游客减少；资源可用性下降（赞助、运营资金等）；场馆可用性（活动是否有合适场地）；成本快速上升（甚至赤字）。

此外，管理者必须不断地评估和量化会展组合的成本和风险。它们包括通货膨胀、经济衰退、天气、波动的消费者需求、赞助的变化、安全以及完全出乎意料的环境条件。对永久性展会活动的投资是获得长期可持续利益和降低风险与成本的首选途径。当它不断被评估并符合标准时，其可以更容易

① Markowitz, H., Portfolio Selection. *The Journal of Finance*, 1952, 7 (1), 77 - 91. doi: 10.2307/2975974.

地实现可持续环境目标。[①]

每项一次性活动，特别是大型活动，都会给组合带来更高的成本和风险。虽然许多城市根本无法与国际大型城市竞争世界上最大和最受欢迎的活动而使这些城市拥有“舒适区”，但即便处于“舒适区”，也必须证明一次性活动的可行性，这包括风险因素加上场地可用性、公众接受度、组织和管理能力、政治和企业支持。[②] 许多城市在国际活动市场上竞争激烈，虽然展会活动有很多的益处，但很少有人问及每个活动如何适应本地品牌，支持当地的会展活动组合，或者如何为城市和目的地的可持续发展做出贡献。如果不考虑这些，一味地申办大型的或国际知名的展会活动并不会为城市的整体发展带来好处。

展会活动组合还要从时间和空间上进行管理。考虑到展会活动、场馆及其环境之间的相互作用，组合整体的影响范围可能会变小或变大。随着时间的推移，展会活动组合将发生变化，个别展会活动可能会增加或减少价值，可能需要定期注入资本。虽然组合中的每个展会活动不必产生高回报或承担低风险，但组合的整体平衡或多样性必须做到这一点。考虑组合中有重叠的展会活动存在冲突的目标时，任务就更加复杂了。

评估展会活动组合中的全部展会活动对城市的长期累积影响是最为困难的。我们无法预测一个展会活动会对组合中其他展会活动产生什么影响。活动组合必须适应不断变化的环境条件，如经济周期，消费趋势和政治。同时，当地居民会对越来越多的展会活动及参会游客做出更多反应，但这可以通过利用活动来获得更多更好的居民导向的娱乐机会来缓和。

① Getz, D. , Revised Event Portfolio Models. Donaldgetzprofessor. files. wordpress. com. Available at: https://donaldgetzprofessor. files. wordpress. com/2016/10/donald-getz-event-portfolio-paper-oct-2016. pdf , Accessed 16 Apr. 2019.

② Taks, M. , Chalip, L. , Green, B. C. , Kesenne, S. , &Martyn, S. , Factors Affecting Repeat Visitation and Flow-on Tourism as Sources of Event Strategy Sustainability. *Journal of Sport & Tourism*, 2009, 14 (2-3), 121-142. doi: 10. 1080/14775080902965066.

五　国内城市建立会展活动组合的建议

虽然像加西亚这样的学者认为在体育和文化艺术活动之间建立协调关系比在一般会展活动间建立协调关系要困难，但国内的城市还很少考虑到这一点，因为多数城市对城市会展业（非会展活动组合）的考虑仅限于可以发展经济的行业。① 这些城市也举办体育、旅游和文化活动，但它们只是被视为消费活动，而不是该城市会展活动组合的一部分；虽然这些会展活动组合在经济上具有很大的潜力，但由于中国人的消费习惯，它们的价值并未被发现。业内人士在谈论城市的会展业时都专注于行业展会，而很少谈论其他类型的活动也证明了这一点。这意味着尽管 Ziakas&Costa 认为一个好的会展活动组合可以完善城市基础设施、促进当地经济发展，更重要的是，提高城市的文化、体育和社会价值，但对于当前中国的城市来说，这些价值还没有被真正的正视。

学者们建议使用会展活动组合取代大型活动作为城市企业主义的一部分，因为大型活动现在带来的更多的是负面影响而不是积极影响。然而，从 2016 年到现在杭州的发展情况来看，利用大型活动来推广城市品牌在中国仍然有效，所以国内的城市仍然希望举办大型活动作为改变城市的机会，因为在举办大型活动时城市将获得大量资源。对于举办过大型活动的城市，会展活动组合的作用就是支持城市的进一步可持续发展并避免出现“白象”场馆。而对于国内还未举办过大型活动的城市，会展活动组合可以帮助它们积累经验来举办大型活动，但这是以城市管理者正视非展会类活动的价值为前提的，因为会展活动组合可以帮助城市获得举办大型活动的经验是基于组合中包含来自不同领域的不同类型的展会与活动。

---

① García，B.，Enhancing Sport Marketing through Cultural and Arts Programs：Lessons from the Sydney 2000 Olympic Arts Festivals. *Sport Management Review*，2001，4（2），193－219. doi：10.1016/s1441－3523（01）70075－7.

随着上海开始寻求会商旅文体联动的方法，国内城市的管理者终将意识到当前会展业的局限性，也将意识到展会活动组合的价值。这将使得他们去扩大视野，挖掘体育、文化和旅游活动的潜力，并把它们有机地安排在会展活动组合中，以进一步稳固所在城市在国内和国际的竞争力。

我国大型国际会展活动的法治保障研究*

——以中国进博会和上海世博会为例

张万春**

摘　要： 大型国际会展活动因具有广泛的国际影响力而受到主办国的高度重视。通过对中国进口博览会和上海世博会法治保障的实证分析发现，大型国际会展活动在法律保障方面呈现立法形式丰富、数量众多、内容覆盖面广、所涉领域众多的特点。完善的法律规制和法治保障是我国树立国际形象和国家形象的必然要求，在某种程度上是政府主导性的重要体现，是中国法治政府与举国体制的一种体现。

关键词： 会展法　会展活动　大型会展活动　世博会　进博会

会展活动从不同视角和标准进行分类具有不同的研究价值和意义。从会展活动的影响力视角看，不同规模和不同地域的会展活动在国际和国内影响力上有较大差异。越是大型国际会展活动，规模和影响力越大，筹办和举办的复杂程度也就越高，安全、保险、交通和消防问题等也就越多，风险程度也会呈现质变发展而不是简单叠加。而妥善解决这些问题，则往往需要会展法治保障。

---

* 北京学研究基地开放课题“北京文化软实力建设的会展撬动机制与法律规制”（BJXJD－KT2019－YB08）阶段性研究成果。

** 张万春，北京联合大学副教授，硕士生导师。

大型国际会展活动由于具有较为广泛的国际影响力而普遍受到世界各国的重视。从奥运会、冬奥会等大型赛事活动，到进博会和上海世博会等大型展览活动，无一不是如此。一个国家成功举办这种大型国际会展活动，成为展示国家形象和软实力的一个指标。本文以进博会和上海世博会为例，探讨我国大型国际会展活动在法律规制与法治保障方面的独特规律性与内在因素。

一　中国国际进口博览会法治保障实证分析

中国国际进口博览会（以下简称进口博览会或进博会）是中国首创的大型国际会展活动。2018 年 11 月，首届中国国际进口博览会在上海举行。进口博览会服务于对外开放战略和“一带一路”建设，是中国 2018 年国别最多、规模最大的主场外交活动。首届进口博览会由展会和论坛两部分组成：展会由国家贸易投资综合展和企业商业展组成。国家展主要展示各国形象和发展成就，只展示不成交；企业展则包含货物贸易展和服务贸易展。首届进口博览会不是一般性的会展，其为进口博览会的举办指明了方向。① 论坛由开幕式、三场平行论坛、虹桥国际财经媒体和智库论坛组成。首届进博会是我国主动开放市场的重大政策宣示和行动。② 中国国际进口博览会是迄今为止世界上第一个以进口为主题的国家级展会，是国际贸易发展史上一大创举。这体现了中国支持多边贸易体制、推动发展自由贸易的一贯立场，是中国推动建设开放型世界经济、支持经济全球化的实际行动。③

面对如此高级别的盛会，中央和地方政府也纷纷出台了相关法律和政策文件（见表 1）为此保驾护航。文件数量之多，内容之广，比较罕见。从时间上看，从 2018 年 4 月 6 日上海市绿化和市容管理局、上海市市政市容管

① 《钟山部长〈人民日报〉专访：首届进口博览会成果丰硕——中国国际进口博览会》，中国国际进口博览会官方网站，https：//www. ciie. org/zbh/xwbd/20181119/8079. html，2019 年 5 月 6 日。

② 参见 2018 年 4 月 10 日习近平在博鳌亚洲论坛 2018 年年会开幕式主旨演讲。

③ 参见 2018 年 11 月 5 日习近平出席首届中国国际进口博览会开幕式的主旨演讲《共建创新包容的开放型世界经济》。

理联席会议办公室、上海市住房和城乡建设管理委员会关于印发《中国国际进口博览会市容环境保障方案》的通知开始，至2018年11月14日国家邮政局关于同意仿印《中国国际进口博览会》邮票图案制作贵金属制品的批复止，围绕进口博览会先后出台的文件达49项之多。[①] 从文件的出台部门看，既有国务院办公厅、财政部、公安部、安全部、国家市场监督管理总局和国家邮政局等国家部门，也有上海市政府和上海市主管委办局以及其他地市及有关委办局的文件。从数量地域分布看，国家部门共出台了6项政策文件，其他地市出台了7项政策文件，剩余共36项政策文件来自上海市政府及有关主管部门。从内容看，政策文件涉及安全管理、市容环境保障、信息安全保障、野生动植物及其制品贸易便利化保障、食品安全监管、馆内团体膳食外卖和集体用餐配送、工贸企业安全生产专项保障、旅游安全风险防控和气象灾害防御、农产品质量安全保障、旅游教育培训、临时价格干预、建筑工地安全生产和空气质量保障、入境验证、展品税收优惠、邮递物品安全以及有关邮票发行等，涉及政府的诸多部门，可谓是政府全部门总动员。可以说，为一个贸易博览会动用如此大力度的法治政策护航，非常罕见。当然，这也与进口博览会的战略地位直接相关。

表1　2018年首届国际进口博览会主要法律政策文件

文件名称	发布时间	文号
宁夏回族自治区人民政府办公厅关于印发首届中国国际进口博览会宁夏交易团工作方案的通知	2018年6月14日	宁政办发〔2018〕68号
江西省科技厅关于做好首届中国国际进口博览会有关事项的通知	2018年7月5日	赣科发外字〔2018〕84号
云南省人民政府办公厅关于印发首届中国国际进口博览会云南省交易团工作方案的通知	2018年8月6日	云政办发〔2018〕63号
贵阳市人民政府办公厅关于印发2018年首届中国国际进口博览会贵阳市交易分团工作方案的通知	2018年8月14日	筑府办函〔2018〕136号

① 这里统计的政策文件不包括县级人民政府及以下文件，仅包括国家部门、上海市政府及主管部门、其他地市人民政府及有关主管部门。

续表

文件名称	发布时间	文号
重庆市民政局办公室关于扎实做好首届中国国际进口博览会相关交易组织工作的通知	2018 年 8 月 14 日	渝民办〔2018〕124 号
南昌市人民政府办公厅关于印发南昌市参加首届中国国际进口博览会工作方案的通知	2018 年 9 月 19 日	洪府厅字〔2018〕452 号
苏州市人民政府关于加强首届中国国际进口博览会期间无人机等“低慢小”航空器安全管理的通知	2018 年 10 月 26 日	苏府通〔2018〕75 号
上海市绿化和市容管理局、上海市市政市容管理联席会议办公室、上海市住房和城乡建设管理委员会关于印发《中国国际进口博览会市容环境保障方案》的通知	2018 年 4 月 6 日	
上海市人民政府办公厅关于印发《上海市决战中国国际进口博览会 200 天行动计划》的通知	2018 年 4 月 16 日	沪府办〔2018〕24 号
上海市绿化和市容管理局关于印发首届中国进口博览会植物应用技术要求的通知	2018 年 5 月 2 日	沪绿容〔2018〕165 号
上海市绿化和市容管理局关于做好中国国际进口博览会绿化市容窗口服务保障工作的通知	2018 年 5 月 23 日	沪绿容〔2018〕177 号
上海市经济和信息化委员会关于进一步加强本市工业和国际进口博览会信息安全保障工作的通知	2018 年 5 月 28 日	沪经信安〔2018〕313 号
上海市绿化和市容管理局关于印发《中国国际进口博览会野生动植物及其制品贸易便利化保障方案》的通知	2018 年 6 月 15 日	沪绿容〔2018〕204 号
上海市绿化和市容管理局关于切实加强中国国际进口博览会野生动植物保护管理保障工作的通知	2018 年 7 月 5 日	
上海市食品药品监督管理局关于开展首届中国国际进口博览会全市食品安全监管专项行动暨餐饮单位示范创建和提档升级行动的通知	2018 年 7 月 10 日	沪食药监餐饮〔2018〕133 号
上海市商务委员会关于开展首届中国国际进口博览会展馆内团体膳食外卖、集体用餐配送单位申报工作的通知	2018 年 7 月 16 日	
上海市食品药品监督管理局关于开展首届中国国际进口博览会全市食品安全监管专项行动暨餐饮环节食品安全风险隐患排查整治工作的通知	2018 年 7 月 18 日	沪食药监餐饮〔2018〕142 号
上海市安全生产监督管理局关于加强首届中国国际进口博览会期间工贸企业安全生产专项保障工作的通知	2018 年 7 月 24 日	沪安监执法〔2018〕71 号

续表

文件名称	发布时间	文号
上海市旅游局、上海市气象局关于全面做好旅游安全风险防控工作暨中国国际进口博览会期间气象灾害防御工作的通知	2018 年 8 月 3 日	
上海市农业委员会关于加强首届中国国际进口博览会农产品质量安全保障工作的通知	2018 年 8 月 6 日	沪农委〔2018〕206 号
上海市旅游局关于印发《上海市旅游行业迎接中国国际进口博览会教育培训工作推进方案》的通知	2018 年 8 月 7 日	
上海市民政局关于印发《上海民政系统窗口服务行业迎中国国际进口博览会倒计时 100 天工作方案》的通知	2018 年 8 月 8 日	沪民文发〔2018〕2 号
上海市民政局关于成立民政窗口服务行业迎中国国际进口博览会领导小组及工作小组的通知	2018 年 8 月 8 日	沪民文发〔2018〕1 号
上海市食品药品监督管理局关于印发《2018 年首届中国进口博览会食品安全事故应急预案》的通知	2018 年 8 月 9 日	沪食药监餐饮〔2018〕156 号
上海市安全生产委员会办公室关于印发本市轨道交通行业迎中国国际进口博览会安全督查百日行动方案的通知	2018 年 8 月 10 日	
上海市人民政府关于首届中国国际进口博览会期间实行临时价格干预措施的通告	2018 年 8 月 10 日	沪府规〔2018〕15 号
上海市发展和改革委员会等部门关于首届中国国际进口博览会期间实行临时价格干预措施有关事项的通知	2018 年 8 月 13 日	沪发改价费〔2018〕6 号
上海市物价局关于做好首届中国国际进口博览会价格监管工作的通知	2018 年 8 月 14 日	沪价检〔2018〕2 号
上海市商务委员会关于开展首届中国国际进口博览会期间展馆内餐饮企业食品供应保障物流配送企业申报工作的通知	2018 年 8 月 20 日	
上海市绿化和市容管理局关于印发中国国际进口博览会绿化保障巡督查实施方案的通知	2018 年 9 月 11 日	
上海市食品药品监督管理局关于做好首届中国国际进口博览会食品药品安全保障工作的通知	2018 年 9 月 14 日	沪食药监食生〔2018〕181 号
上海市人民政府关于加强首届中国国际进口博览会期间枪支弹药爆炸、剧毒、放射性等危险物品安全管理的通告	2018 年 9 月 29 日	沪府规〔2018〕16 号

续表

文件名称	发布时间	文号
上海市人民政府关于加强首届中国国际进口博览会期间无人机等“低慢小”航空器安全管理的通告	2018 年 9 月 29 日	沪府规〔2018〕17 号
上海市人民政府关于首届中国国际进口博览会期间进一步加强乘坐公共交通工具安全检查的通告	2018 年 9 月 29 日	沪府规〔2018〕18 号
上海市司法局关于印发《上海市司法局法律服务保障首届中国国际进口博览会行动方案》的通知	2018 年 9 月 30 日	
上海市住房和城乡建设管理委员会关于开展进口博览会建筑工地安全生产和空气质量保障专项治理工作的通知	2018 年 10 月 9 日	沪建质安〔2018〕627 号
上海海关关于对首届中国国际进口博览会展销消费品实施便利化监管的公告	2018 年 10 月 10 日	上海海关公告〔2018〕年第 8 号
上海海关关于首届中国国际进口博览会入境验证工作的公告	2018 年 10 月 10 日	上海海关公告〔2018〕年第 9 号
上海市经济和信息化委员会关于做好 2018 年中国国际进口博览会期间安全生产等相关工作的通知	2018 年 10 月 10 日	沪经信运〔2018〕640 号
上海市人民政府办公厅关于调整首届中国国际进口博览会期间公众休息日安排的通知	2018 年 10 月 10 日	沪府办发〔2018〕33 号
上海市物价局关于进一步加强首届中国国际进口博览会价格监管工作的通知	2018 年 10 月 12 日	沪价检〔2018〕4 号
上海市绿化和市容管理局办公室关于加强首届中国国际进口博览会期间值班工作的通知	2018 年 10 月 24 日	沪绿容办〔2018〕29 号
上海海关关于首届中国国际进口博览会期间休息日调整及工作安排的通知	2018 年 10 月 31 日	
国家邮政局关于增加中国国际进口博览会纪念邮票发行计划的通知	2018 年 8 月 6 日	国邮发〔2018〕86 号
国家市场监管总局关于做好首届中国国际进口博览会保障工作的通知	2018 年 8 月 14 日	国市监企注〔2018〕132 号
国家邮政局、公安部、国家安全部关于加强首届中国国际进口博览会期间寄递物品安全管理的通告	2018 年 10 月 19 日	国邮发〔2018〕104 号
财政部关于首届中国国际进口博览会展期内销售的进口展品税收优惠政策的通知	2018 年 10 月 31 日	财关税〔2018〕43 号

续表

文件名称	发布时间	文号
国家邮政局关于同意仿印《中国国际进口博览会》邮票图案制作贵金属制品的批复	2018 年 11 月 14 日	国邮复〔2018〕95 号
国务院办公厅关于调整首届中国国际进口博览会筹备委员会组成人员的通知	2018 年 4 月 14 日	国办发〔2018〕25 号

二 上海世博会法治保障实证分析

上海世博会的法规政策分为三个层次：中央政府、部委行署和上海市。一个国家的立法机关和政府部门运用各种层次的法律文件和规范性政策文件对于一个世博会进行法治化保障和管理，在世博会的历史上比较罕见，而我国恰恰是这种特例。同时这也显示了我国对于办好世博会和展示大国形象以及国际责任的决心，也构成了我国举办世博会的一个很重要的特色。对于我国以后举办世博会不无重要借鉴意义，尤其是在地方立法方面。

从中央政府层面看，为了履行国际承诺，有效保护世博会名称、会徽、吉祥物、口号等标志，世博会筹办工作之初，我国国务院于 2004 年 10 月 20 日以行政法规的形式制定了《世界博览会标志保护条例》。这在世界博览会的历史上尚属罕见。中国政府根据国际展览局的相关规定和世博会举办惯例，制定《中国 2010 年上海世界博览会注册报告》《中国 2010 年上海世界博览会一般规章》和 14 份《中国 2010 年上海世界博览会特殊规章》等规范性文件。

国家部委行署也在政策法律方面对世博会进行全力支持。国家工商行政管理总局于 2005 年 12 月 24 日公布《世界博览会标志备案办法》。2008 年 6 月 12 日，国家知识产权局发布《涉及世界博览会标志的外观设计专利申请审查规定》。2009 年 7 月，国家工商总局和上海市政府在沪签署《共同推进中国 2010 年上海世博会举办工作合作协议》。根据协议，双方在政策研究、市场准入登记、竞争执法、直销监管和禁止传销、商标注册和保护以及世博会标志备案和保护、广告监管、消费者权益保护、食品流通安全监管等方面开展紧密合作。2010 年 3 月，上海市工商局制定《2010 年上海世博会流通环节食品安全保障工作方案》，明确上海世博会流通环节食品安全保障工作的总体目标。在上海世博会筹办、举办期间，依据《中华人民共和国海关暂时进出境货物管理办法》等中国法律法规，出台有关上海世博会的一系列政策，努力在有效监管的前提下确保便捷通关。2009 年 7 月，经海关总署授权上海海关和上海世博局共同发布《中国 2010 年上海世博会物资通关须知》；2009 年 9 月，海关总署下发《关于中国 2010 年上海世博会物资进出境通关监管事项的通知》，明确上海世博会各类进境物资的监管原则，为上海世博会进境物资提供诸多优惠。2005 年 7 月，上海世博局组织编写的《中国 2010 年上海世博会税收支持政策》，经上海市政府审批同意后上报国务院审批。2005 年 12 月，财政部向上海市政府、海关总署发出《财政部关于 2010 年上海世界博览会进口税收政策问题的函》，明确规定经国务院批准，对上海世博局取得的来自外国政府、国际组织无偿捐赠的用于世博会的进口物资，免征进口关税、进口环节增值税、消费税。对上海世博（集团）有限公司用于世博会场馆建设所需进口的模型、图纸、电子文件光盘、设计说明书及缩印本等非贸易性规划设计方案，免征关税及进口环节增值税。对上海世博（集团）有限公司以一般贸易方式进口，国内不能生产或国内产品不能满足需要，专门用于世博会场馆建设，且与场馆固定设施不可分离的设备，按照有关政策规定免征关税和进口环节增值税。2005 年 7 月，中国保监会向全国各财险公司颁布实施上海世博会 4 项规定保险方案，国际展览局要求推行的规定保险方案制定完成；2009 年 11 月，上海市外汇管理局下发《国家外汇管理局关于上海世博会外汇支持政策的批复》，对世博会各类主体开立外汇账户、特殊需要外币提现报批额度等管理政策进行系统规划；2008 年 10 月，中国人民银行会同上海市政府制定《关于加强上海世博支付环境建设的指导意见》《上海世博支付环境建设工作方案》等 10 余个指导性文件，明确世博会各阶段支付环境建设的任务、目标、计划、要求等。

从上海市层面看，上海市人大及常委会、上海市政府也出台了关于保障世博会的地方性法规、地方规章以及规范性文件。2007 年 1 月，《2010 年上海世博会知识产权保护纲要》颁布。2008 年 6 月 19 日，上海市人大常委会发布了《关于本市促进和保障世博会筹备和举办工作的决定》，授权上海市政府在不与宪法、法律、行政法规相抵触，不与本市地方性法规基本原则相违背的前提下，可以在社会治安、道路交通、安全生产、食品卫生、环境保护、市容环境、广告管理等领域，就采取临时性行政管理措施，制定政府规章或发布决定。市人大常委会应当根据具体情况和实际需要，制定、修改与世博会筹备和举办工作有关的地方性法规。据此，上海市人大常委会先后制定或修订《上海市市容环境卫生管理条例》（修正）、《上海市志愿服务条例》、《上海市公共场所控制吸烟条例》、《上海市旅游条例》（修正）、《上海市拆除违法建筑若干规定》（修订）、《上海市消防条例》（修订）、《上海市公共汽车和电车客运管理条例》（修正）等 7 项地方性法规。上海市政府制定或修订《上海市展览业管理办法》、《上海市实有人口服务和管理若干规定》（暂行）、《上海市建设工程文明施工管理规定》、《上海市城市生活垃圾收运处置管理办法》和《上海市城市道路架空线管理办法》等地方性规章。上海市政府依据《上海市人民代表大会常务委员会关于本市促进和保障世博会筹备和举办工作的决定》的授权，以通告形式制定出台有关社会治安、道路交通、安全生产、食品卫生、环境保护、市容环境、广告管理等领域的 28 项临时性行政管理措施。

三　我国大型会展活动法治保障的规律性及内在要求

同为大型国际会展活动，中国进博会和上海世博会在法律规制方面都呈现数量较多、内容覆盖面广、所涉领域众多的特点。这两大会展活动的法治保障中，立法形式丰富且数量众多。中国首届进口博览会先后出台的法律政策达 49 项之多，而上海世博会出台的法律政策文件也涉及中央政府、部委行署、地方人大及常委会、地方政府等不同层级法律文件和规范性政策文件，也不少于50项。政策文件数量之多，比较罕见。但是这两大活动法律适用的反复性并不尽一致。上海世博会与中国进博会在法律适用的反复性上有所区别。从法律的概念以及法律规范的含义看，法律适用对象是一般人而不是特定的人，法律可以反复适用而不是仅适用一次。因而，从法律适用原理而言，为上海世博会和中国进博会制定的法律可以反复适用。但上海世博会的举办是以申办为前提的，而很显然国际展览局是不可能在短时间内给予同一个国家承办世博会的机会。国际博览会公约并没有明确规定申办国举办世博会的时间间隔。从申办程序看，申办国向国际展览局（BIE）递交世界博览会申请书，不得早于待举办的世博会开幕日的前9年，并由国际展览局在成员方大会上投票表决。[①] 因而就申办实践看，在我国举办的两届世博会不能适用同一批法律和政策文件，这些法律和政策文件的适用时间和有效性也基本与世博会间隔时间相冲突。进博会每年举行一次，相应的法律规范适用的频率肯定比世博会要高。因此，虽然都是为大型国际会展活动制定的法律与政策文件，但是二者在法治保障上还是有所差异。

完善的法律规制和法治保障是我国举办大型国际会展活动的内在要求。如何界定大型国际会展活动，标准不尽相同。就大型展览会而言，通常用展览面积或者展览摊位数量来衡量规模。但在划分大、中、小型展览会的数量标准上，国际国内并无统一标准。目前我国业界一般将5万平方米展览面积作为衡量是否为大型展会的要求。展览面积5万平方米以下的，为小型或中型展会；展览面积为5万平方米以上的，为大型展会。大型展会面积如果在10万平方米以上，则为特大型展会。本文并不特意区分大型展会和特大型展会。会展活动的国际标准也不尽一致。不仅国际会议与国际展览有明显的标准区分，就是国际会议也有诸多标准，[②] 国际展览也是如此。《经济贸易

① 2010年上海世博会中，中国是在2002年12月BIE第132届大会上被选为主办国的。

② 例如ICCA和UIA就有不同的标准。ICCA认为国际会议须为固定性会议，至少有三个国家轮流举行，且与会人数至少在50人以上。而UIA则认为国际会议至少由五个国家轮流举行，与会人数在300人以上，国外人士占参会人数的40%以上，而且必须有3天以上会期。

展览会术语》国家标准将“国际展览会”定义为“境外参展商不低于全部参展商的10%，或者境外观众不低于全部观众的5%的展览会”。[①] 中国台湾对国际展览的认定标准是国外直接参展商家达10%以上或来自6个国家，展出摊位数必须达到250个以上，国外参加人数占参观总人数的5%或达到200人以上。正因为会展产业和会展活动涉及的产业链比较长，现代大型国际会展活动，甚至是超大型会展活动，都对会展活动的组织者提出较高的资源整合要求。会展活动的完成往往涉及一系列活动或者组织，这其中需要完成众多资源的整合，是一次人流、物流、资金流等的汇集，这就需要聚集和优化不同领域不同主体的资源。一个国际性的会展活动，无论是活动内容，还是参展各方，都需要涉及多个国家或者国际组织。大型国际会展活动需要动员各方力量，协调各个部门。因而通过统一立法的文件，集中力量办大事进行专门保障，这是举国体制的一种表现。

我国大型国际会展活动完善的法治保障同样是我国树立国际形象和国家形象的必然要求。大型国际会展活动的成功举办能较好地塑造城市的国际和国家形象。世博会从1851年开始，已经举办了160多年，属于国际驰名的大型国际展览会。英国借着1851年水晶宫博览会揭开了第一帝国的序幕，并且展示了英国工业革命的成果以及大英帝国在世界上的霸权形象。美国1876年费城世博会作为独立百年世博会，是美国历史上的第一次世界博览会。美国首次获得了世博会的举办权，并且通过博览会向世界展示了一个新兴工业国家的崛起，并向世界宣布一个美国时代即将到来。[②] 上海世博会也是我国第一次申办并举办世博会，是彰显中国软实力和中国影响力的重要活动，是大国力量的集中体现。而进博会是中国自己创立并主办的国际性活动，属于贯彻“一带一路”倡议的重要内容。作为首创性质、综合性质的贸易博览会，进博会的一举一动都体现出中国“一带一路”的理念和中国

① 2011年1月由国家质量技术检验检疫总局、国家标准化管理委员会发布的《经济贸易展览会术语》国家标准（GB/T26165－2010）。

② http：//www. expo-museum. org/sbbwg/n137/n138/n157/n162/u1ai25086. html，2019年5月6日。

的国际形象。为了更好地展示中国在国际上的形象，中国对于大型会展活动的举办极为重视。众多法律规制文件的制定就是明证。也正因如此，上海世博会仍然是目前世界上最大以及参观人数最多的世博会。[①] 相反，如果举办失败，则对于人民信心、国家和国际形象都是极为重大的打击。美国的新奥尔良世博会就是反例。美国新奥尔良世博会之所以被世人诟病的重要原因是该世博会是唯一一个破产的世博会。[②] 尽管如此，我们不能说是因为市场原因或者纯粹市场原因而导致了世博会的失败。甚至某种程度上我们如何看待新奥尔良世博会都需要慎重。[③] 但是无论如何，政府支持力度的欠缺以及因此而造成的管理上的失误和决策是不可推卸的重要原因。世博会失败后政府还必须为世博会的失败买单，世博会举办失败会严重损害主办国与城市的国际形象，让国际社会和民众对主办国和城市在举办大型活动中的管理体制、政府效率等方面丧失信心，这将对主办国和城市经济长期发展带来严重的不利影响。1984 年新奥尔良世博会结束后，路易斯安那州 1986 年的 GDP 甚至出现负增长，美国政府和民众也丧失了延续百年的世博会信心与热情。这也是到目前为止美国最后一次主办世博会。

四　大型国际会展活动法治保障中的政府主导性

我国大型国际会展活动中法律规制与法治保障在某种程度上是政府主导性的重要体现。会展业政策法规中政府的主导功能主要表现在两个方面：管理与服务。随着会展活动审批权限的放开以及政府监管由事前向事中和事后的转移，各地政府对于会展活动的监管失控问题表现出相当程度的担忧，突出表现在对于重复办展以及办展欺骗等问题的处理不力。但是，这些问题不

---

① https：//www. bie-paris. org/site/en/chine，2019 年 5 月 6 日。

② 根据美国上诉法院第五巡回法庭 1988 年法庭文件（编号 858 F. 2d 233），路易斯安那世博会于 1984 年 11 月 6 日宣布破产。

③ 世博会留下很多遗产，例如新奥尔良莫里尔会议中心（Ernest N. Morial Convention Center）、购物中心 Riverwalk Mall、游轮码头、五星级新酒店等，这些遗产后来成为新奥尔良旅游业的重要基础。因此，也有人认为新奥尔良旅游业起步于 1984 年新奥尔良世博会。

能简单归结为政府审批权限取消或放开。应当由市场调节的必须交给市场，政府不是一切会展活动甚至不是政府型会展活动的当然主角和冲锋者。从会展业的发展规律以及市场决定性原则看，政府由管理职能向服务职能转变的角色换位应当最大限度地在会展业中实现并体现在会展业政策法规制定中。会展业管理属于政府职能的范畴，会展业服务与促进也属于政府职能的范畴。政府职能，可以用管理的视角来审视，也可以用服务的视角来观察。因此，本质上会展管理与会展促进服务可以说是政府职能的一体两面。如果非要区分政府在会展业方面的管理与服务功能，则管理是强调其行政关系的垂直性，被管理者容易受到公权力的侵犯；而服务与促进则更多是从政府为会展活动或者会展主体提供帮助、支持和奖励层面而言，不强调行政管理的垂直性。

在现代大型国际会展活动中，一般单纯由市场决定①或政府操作②的例子并不多见。因此，大型国际会展往往是政府与市场紧密结合，只是在这种结合中，政府主导的力量有多强，基于政府和市场匹配比重的差异，往往可以把二者融合在一起的模式又可以区分为市场主导型与政府主导型。

无论是进博会，还是上海世博会，都是典型意义上的政府主导型。首先，世博会公约和相关规章对于主办国政府应该行使的职责和履行的义务有明确规定，并明确世博会的非营利性。其次，世博会的组织管理主体为主办国中央政府、地方政府、主办国政府总代表、承办机构。其中，中央政府、地方政府、主办国政府总代表的政府性无疑，而承办机构无论如何组成，都需要由政府来主导、督促和保障。世博会必须受主办国中央政府领导，并根据《国际展览会公约》和《注册报告》任命主办国政府总代表，代表主办国政府承担监督国际规定以及官方参展者必须履行的义务，保障其权利的职责。

世博会对于承办机构并没有明确规定。承办机构的组成在世博会历史上可资借鉴的类型较多，基本上可以分为三类：一种是纯政府型，二是纯市场型，三是政府市场混合型。政府主办是世博会《国际展览会公约》的明确

① 例如新奥尔良世博会。

② 例如英国1851年的水晶宫博览会等早期世博会。

要求，但在实践中也存在着市场决定型模式。在政府完成申办程序后，具体的筹办工作由企业来运作。世博会分为注册类（综合性）世博会和认可类（专业性）世博会。市场决定型多出现在认可类，例如 1984 年新奥尔良世博会。[①] 1984 年新奥尔良世博会中尽管政府仍然是主办方，但是其组织管理主体是企业占绝对主导地位的新奥尔良世博管理公司（LWE）。法庭在审理新奥尔良世博会破产案件中发现，政府管理层的失误及其对游客人数的错误估计是 1984 年世博会失败的罪魁祸首。尽管如此，我们也不能忽视新奥尔良世博会的一些客观因素，例如该世博会与洛杉矶奥运会撞车，该世博会举办时间的变更以及与诺克斯维尔世博会的冲突。[②]

政府、企业和其他组织等会展活动主体开始形成政府主导与市场运作的管理模式。这种模式也是目前大多数世博会的管理模式。但在这种模式下，各国的国情不同，中央政府和地方政府主导的程度、企业和其他组织等活动主体的参与程度也各不相同。所以，如何寻求一种合适的成员比例，既能保证政府对于大型会展活动的推动和保障，又不丧失市场活力的发挥且不被政府垄断干扰，这是大型会展活动成功举办的重要组织保障。2019 年在延庆举办的世界园艺博览会也是如此。北京世园会是由国际园艺生产者协会批准并且经过国际展览局认可的盛会。在申办前就得到外交部、海关总署、国家工商总局、中国贸促会、中国花卉协会等单位的大力支持。在我国制定的《一般规章》和《参展合同范本》于 2014 年 6 月 11 日国际展览局第 155 次全体大会通过后，举办北京世园会完成了国际展览局认可程序，正式上升为国家行为。因而从国家层面，国务院成立了北京世园会组委会、执委会和北京世园局三级组织架构主导工作。[③]

---

① https：//www. bie-paris. org/site/en/component/k2/item/320-new-orleans，2019 年 5 月 6 日。

② 新奥尔良世博会原计划于 1986 年举办，然而为了照顾百年纪念日，发起者将世博会提前到 1984 年。而 1984 年美国还要举办洛杉矶夏季奥运会，而且美国刚刚于 1982 年举办了诺克斯维尔世博会。

③ 参见 2019 北京世园会国际法律文件中文版，http：//www. horti-expo2019. com/2017 - 11/30/content_ 51313010. htm，2019 年 5 月 6 日。

五　结论与前瞻

大规模国际会展活动一定需要政府主导或引导吗？上海世博会与美国新奥尔良世博会从正反两面证明了这一切。政府主导型大型国际会展活动一定需要法治保障？不一定。那为何中国会有这么多的法律或政策文件来保障？很显然，这是中国法治政府与举国体制的一种体现。

尽管中国进博会与上海世博会的法治保障文件呈现数量众多、领域广泛的特征，但是随着这种大型国际会展活动在中国的广泛举办以及运作经验的积累，有关法治保障的规范性法律文件从数量上应该会呈现减少趋势。从法律规制的视角看，时机成熟时，相应的规范性法律文件会升级成上位法，从而改变一活动一立法甚至一类活动一立法的立法模式与法律运行机制。从会展业强国的经验看，这一趋势也不可避免。

加强城市商业会展建设，支撑国际交往中心发展

张　暄*

摘　要： 随着全球化和国际交往的日益发展，会展业不仅成为许多国家和城市的支柱产业，也已成为国际交往中心建设的重要标志。商业经济会展是国际交往中心的重要内容，也是加快国际交往中心建设的重要推动力。国内外商业会展的成功经验对于北京国际交往中心建设和正在蓬勃发展的北京会展业有十分重要的启示和借鉴意义。

关键词： 国际交往中心　城市会展　会展业

进入20世纪末，国际展览会作为国际会议的一种特殊形式，越来越受到人们的重视。举办大型国际展览会成为加强国际交往的重要内容。

随着全球化和国际交往的日益发展，会展业已成为许多国家和城市的支柱产业，并由此形成了一批国际著名的会展之都城市。这些会展城市的形成与发展有其独特的优势，并以其优越的城市资源为会展业的依托。政府的支持、严密的行业组织与管理、高品质专业人才队伍的培养、“走出去”和“引进来”相结合的国际化发展战略及精心打造的国际知名会展品牌等成为这些城市会展业发展的重要保障。

---

* 张暄，北京市社会科学院外国问题研究所副研究员。

一　会展业发展的保障：优越的大型国际会议会展服务设施

会展业是增强城市国际化功能的直接推动力。会展业的发展，要求城市的软硬件环境都必须适应配套。国际化大都市为举办国际会议和展览而兴建的场馆、交通设施、物流中心等，作为城市基础设施建设的重要组成部分，也对城市现代化、国际化水平的提高起到了积极的促进作用。

国际交往中心城市所拥有的大型会议展览设施，其规模和水平反映了这座城市举办国际会展活动的能力。在会展业最为发达的德国有 23 个大型展览中心，合计展览面积达 280 万平方米。其中，室内展览面积超过 10 万平方米的展览中心就有 10 个；超过 5 万平方米的有 5 个。全球六大展览中心有 4 个位于德国，即汉诺威、法兰克福、科隆和杜塞尔多夫展览中心。除上述四座著名的会展城市外，慕尼黑、柏林、汉堡、纽伦堡、莱比锡和斯图加特等也是德国最主要和具有国际知名度的会展城市。德国展览场馆规模大、设施先进、设计科学，可以满足各类大型活动和国际商贸展览活动的高要求。

而作为会展之都的日本东京同样拥有占地面积 24 万平方米、室内展览面积 8 万多平方米的东京国际展览中心，以及占地面积 2.7 万平方米、建筑面积 14.5 万平方米的东京国际会议中心。此外，还有若干 1 万平方米的大型现代化会展中心和众多中小型展览馆，由此形成比较合理的会议展览馆设施结构。

“国际会展之都”拉斯维加斯之所以取得骄人的会展业绩，也是与其一流的会展设施密不可分。拉斯维加斯会议中心、曼德勒海湾会议中心和沙地会展中心会展面积分别为 18.58 万、13.94 万和 20.90 万平方米。其中，拉斯维加斯会议中心面积 29.73 万平方米，拥有 144 个会议室，容纳人数为 2500 人，每年接待参展人员 150 万，经济收入 25 亿美元，是全球最大的会议中心之一。

二　高度发达的会展业带来可观的经济和社会效益

以德国为例，德国会展业在国际会展业中占有举足轻重的地位。世界上营业额最大的 10 家会展公司中，德国就占 5 家；全球最大的 6 个展览中心有 4 个在德国。汉诺威、法兰克福、杜塞尔多夫、莱比锡、科隆、慕尼黑、斯图加特、柏林等德国十大会展中心城市牢牢占据国际会展中心城市的舞台。

在德国，每年举行大约 150 个各种类别、不同规模的国际性商贸展会，吸引近 18 万参展商和世界各地超过 1000 万观众参加。世界著名的国际性、专业性贸易展览会中，约有 2/3 在德国举办。其中汉诺威工业博览会是全球最具影响力的博览会。汉诺威工业博览会自 1947 年首次举办，一直被称为“全球工业贸易领域的旗舰展”“全球工业技术发展的风向标”，是当今世界规模最大的国际工业盛会。2019 年 4 月 1 日第 72 届汉诺威工业博览会在汉诺威国际展览中心盛大开幕，全场 27 个展馆全部开馆。该展览会每年的主题都各不相同，如 2015 年的主题是“融合的工业——加入网络”，2016 年是“产业集成——探索未来”等，而 2019 年的主题则为“融合的工业——工业智能”，中国是除德国以外的海外第一大参展国，中国参展商数量高达 1400 家，展位面积 2. 3 万平方米，以华为技术、中国航天科工集团、海尔集团等为代表的公司向世界展示了工业数字化、云计算、动力传动、空压能源等“中国制造”的高新产品、技术和解决方案。

德国拥有 10 个重要的会展城市，每年举办一大批知名的国际展会，有力地促进了举办地及其周边地区的经济发展。特别是对酒店和餐馆行业、运输公司、展会组织者和参展商，以及提供展览会服务的公司，如展台搭建、物流、展会人员培训等产生巨大需求，相关服务业得以快速发展。据德国会展业行业协会（AUMA）数据，会展对区域经济带动效应可能是展会主办方营业额的 5 ~7 倍。仅展台搭建公司总营业额就达 20 亿欧元，会展旅游更是为德国带来了巨额利润。德国十大会展中心城市几乎都是历史悠久、人文景观和自然风光俱佳的城市。每次大型展会都吸引大量国内外参展商、专业客户、观众和数百家媒体记者涌入。展会吸引超过1000万人的参观者，带动了当地旅游、酒店、娱乐、购物等行业的发展。这也是德国许多城市热衷于举办展览会的关键所在。

大型展览会不仅能带来大量直接或间接的经济效益，还能极大地提升办展城市的知名度，更重要的是博览会已经成为展示德国的重要窗口，扩大了德国的影响力，提高了德国的软实力。

三　国际会展之都的经验借鉴

在激烈的国际会展业竞争中，独具特色的管理框架、完善一流的场馆设施、展会高度的专业化、强大的国际化营销能力、展览业经营的品牌化和对展览业专门人才培养的重视是会展业健康发展的重要保证。

1. 会展业的发展得益于政府支持

城市会展业的发展离不开城市政府的支持。在日本，会展业的运作是官民协调的宏观管理模式，即在政府行政指导下，由大型展览企业和行业协会起主导作用，并积极号召和吸引中小展览企业广泛参与。日本展览业十分注重效果评价，主办方拥有一套完整先进的展会分析评价系统，运用此系统在事前、事中和事后对材料和数据进行总体评估，并将相关信息和最新动向以报告及建议方式反馈给参展商和观众，这样一种管理运营模式，不仅针对性强，也提升了展会的实效。

而在德国，政府对会展业的重视和支持主要体现在两个方面：一是提供各项扶持政策，二是资金支持，两方面协助、配合会展公司开展展会推广工作。

此外，在德国，会展展馆全部由各州和地方政府投资兴建，但不直接参与展馆的日常运作。不过政府会通过在会展公司中控股的方式参与其中。

在会展业国际化发展上，德国政府扮演着十分重要的角色。在德国，政府协助和配合展览公司推广本地会展活动。为促进德国企业广泛参与国外贸易展览会以拓展国际市场促进贸易出口，联邦经济和技术部专门制定了海外展会规划，不光组织德国企业赴外参展，还就此出国参展项目提供直接的财政支持。

2. 会展市场通过规范严密的行业协会进行组织与管理

会展强国德国，通过良好的行业协会来规范市场。总部位于柏林的德国会展业行业协会（AUMA）是德国会展业唯一的全国性权威管理机构，对德国会展业规范化发展发挥了很强的管理、监督和协调作用。AUMA 代表德国公众和参展商、采购商、组展商以及会展服务提供商的共同利益，其主要任务是维护德国展览业的共同利益。对内，负责与议会、政府各部门和其他行业组织进行沟通，协调所有在德国举办的展览及德国在国外组织的展览活动；对外，宣传德国展览市场，吸引外国企业来德参展及办展。AUMA 支持会员开展国外展览业务；致力于提升展览市场透明度，平衡参展商、参观者和展会组织者的利益；对展会进行调查和评估；出版和发布展览指南，提供与展览有关的咨询服务和培训等。通过权威的行业协会来解决会展行业的管理、协调和自律问题。

日本是通过不断的机制化结构建设来完善行业管理体系，以此促进日本展览业的有序发展，提升展览行业的活力，规范行业秩序。政府层面通过成立“展览业活性化政策研讨委员会”，实施展会第三方统计认证制度，来提高展会透明度和信誉。而在具体的行业管理方面，则主要通过日本贸易振兴机构（JETRO）和日本观光振兴会来运作。在 JETRO 内设有展览部，专为日本国内举办展会以及本国企业和机构赴外国办展提供支持。这一管理体制保证企业间、行业间、经济界与政府间形成通畅的对话渠道和有效的协调机制。

美国拉斯维加斯会展业的市场化运作，也是完全靠专业商业协会组展和办展。并采取开放式经营，不论何种国籍，不分企业大小，都可以平等、自由地向主办者预订展位。

3. 健全的人才培养机制是会展业发展的重要保障

德国之所以会展业发达，高品质的专业人才队伍是其重要保障。而这又得益于德国成功的人才培养机制。德国实行定向的会展专业人才培养，学生多数由各展览公司选派，经过培训毕业后再回到自己的公司，为公司服务。在专业人才培养方面主要有两种方式：一是高等院校结合实际提供专业化和系统化教育，学生通过展会策划、展会运营、展会营销、展会品牌管理、展会服务等多方面比较系统的学习，成为德国展览业高素质的专门人才。科隆大学和瑞文斯堡合作教育大学就是该领域比较有代表性的大学。二是由AUMA等行业组织实施专业人才培训。针对行业发展的特点，德国AUMA制订有一套系统完整的会展专业人才培训计划，这项计划不仅包括业务培训、工作实践、参与协会活动，还有一系列考核、授予资格证书等内容，以此全面提高德国展览从业人员的专业素质，使德国在会展行业竞争中始终占有绝对的优势。

拥有一批高素质、高能力的专业展览人才也是日本展览业专业化水平高的具体体现。日本十分注重对会展业专业人才的培养，展览从业人员的资格准入和法人资信评估由日本展示会协会进行，这是提高展会专业化水平的重要保障。

4. “走出去”和“引进来”相结合的国际化发展策略

在竞争日趋激烈的今天，提高会展的国际参与程度已成为各展览公司的工作重点。展览公司的强大营销能力是德国展会吸引展商及参观者，成功举办展会的最根本的原因。

国际化是德国会展业的主要竞争优势。虽然德国会展业最初得益于其强大的制造能力，但是从本质上看，构建营销网络的能力才是会展公司的核心竞争力。现如今，“走出去”和“引进来”相结合的国际化发展战略受到德国会展业的广泛重视。德国会展业国际化主要采取两个策略：一是吸引国际参展商到德国参展。德国会展业专业细分化趋势明显，许多展览已经由综合性向专业性转变，由此可使展会针对性和专业性更强，以提升会展对于细分行业和专门领域的影响力，增强对参展商和专业观众的吸引力。每年来自世界各地的数百万专业人士聚集在德国各类展会，在此展示各自的产品和技术，寻找相应的贸易伙伴。对重视海外市场的全球各类企业来说，到德国参加展览会是企业日常经营中不可缺少的一环。二是走出国门，到国外办展，特别是到经济增长较快的新兴市场国家和地区去举办展览，以此进行品牌的移植和新品牌的创建活动。德国政府对德国会展机构开展全球会展合作给予了大力支持，为帮助企业开拓国际市场，在“官方出国参展计划”框架下，德国联邦经济部、各州经济部及经济促进机构分别推出了一系列促进出国参展的措施和财政拨款，鼓励企业拓展国外市场。目前，在海外举办或者参与举办展会已成为德国大中型展览公司的重要业务。

日本主要展会作为推动国际贸易和经济发展及科学技术合作的重要平台，往往具有很高的国际化水准，而国际化程度越高的展会，越会吸引更多的海外参展商参加，相应的信息、技术和产品交流也会更加密集，成交机会也就越大。例如，日本国际食品饮料展（FOODEX）参展的国家和地区超过70 个；东京国际时装展有来自中国、韩国、法国、意大利、希腊、印度等各国的参展商近 2500 家。日本这些展会之所以能够招揽如此广泛的参展商，得益于其拥有完善的海外招展招商网络，而日本展示会协会也会与海外行业协会、商会保持密切联系，完备的服务体系和服务手段正是其提升国际知名度和美誉度的重要保障。

5. 精心打造国际知名会展品牌

德国是知名会展品牌数量最多的国家。正是拥有大批知名会展品牌，才使德国会展业居于世界领先的地位。

在德国，为保证展览会长期、高品质发展，其要求展会定位明确，会展主题要精挑细选。每个展览计划都事先由展会组织者、参展商以及行业协会共同协商后制定出来。

德国依托城市优势产业培育会展品牌，形成独具特色的展会品牌。在德国，有十几个城市以会展业为其支柱产业。创办于 1897 年的法兰克福车展，是世界最早的、规模最大的国际车展，被誉为世界汽车工业“奥运会”。国际影响力最大的汉诺威办公自动化展览（CeBIT），包括数字商务（CeBIT pro）、数字政务（CeBIT gov）、数字实验室（CeBIT lab）和数字生活（CeBIT life）四大展区，是全球规模最大的信息、通信和软件领域的权威展会。

东京的会展业也非常成熟，每年举办的展会名目众多，从传统的五金到时尚的化妆品再到高科技的动漫，内容五花八门。知名品牌展会在吸引世界各国人士参展的同时，也成功地将全世界的目光和媒体的关注度聚焦到东京。东京国际服装展览会、东京国际礼品展览会、东京电玩展等都是知名的国际性展会。

美国拉斯维加斯电子消费品展在全球同类会展中位居第一，也是北美地区最大的年度贸易展销会。除此之外，美国拉斯维加斯国际鞋业订货会、美国拉斯维加斯国际美容美发展、拉斯维加斯国际消费品及礼品博览会等也是世界知名的国际展会。

四　支撑北京国际交往中心建设，促进城市商业会展发展

1. 北京城市规划中会展业的发展定位

近年来，北京市政府对会展业发展给予了关注和重视，在几个规划中对北京会展业的发展定位提出意见。

早在《北京城市总体规划（2004 年 - 2020 年）》中，就明确提出要大力发展会展业，提出把北京建设成亚洲最有影响力的国际会展城市。在大力发展第三产业中，其重点支持发展的七大行业：金融、保险、商贸、物流、文化、会展业和旅游中，会展业位列第 6。

2. 北京建设国际会展名城的资源优势

北京建设国际会展名城具有得天独厚的资源优势，北京作为首都具有较高的知名度和美誉度，这为发展属于注意力经济范畴的会展经济提供了独特的优势条件；北京作为一座拥有 3000 年历史、850 余年建都史的历史文化名城，名胜古迹不计其数，丰富的旅游资源，为与其关联度最高的会展业发展提供了想象的空间；地处环渤海中心地带的北京是我国经济由东向西、由南向北推移的重要枢纽；北京是世界上少有也是我国最大的科技

与智力密集区，高校林立，成果丰厚；北京拥有发展总部经济的战略资源，包括科技、研发、人才、信息等各种高端要素资源，发展总部经济是充分利用首都资源优势、促进产业结构升级和城市功能提升的现实途径；北京奥运会留下的包括精神遗产、知识遗产、文化遗产等在内的奥运遗产，特别是十分珍贵的场馆资源及其他注意力资源，给发展建设会展名城带来了强有力的支持；国际航空港、新国际展览中心均建造于此，形成了空港会展经济集聚区，2009 年首都机场旅客吞吐量超过 6500 万人次，成为世界第四、亚洲第一大机场。

此外，北京还具有很强的会展经济实力，包括很强的服务能力、带动能力、辐射能力，对京津冀经济圈、环渤海经济圈以及全国各区域有较强的辐射力；有很强的吸引能力，北京对会展资源具有很强的集聚能力，吸引会展品牌落户北京，吸引国际著名会展机构中国总部、亚太区总部落户北京，吸引国内大型会展机构总部落户北京，会展资源集聚在北京，提高了北京会展资源集聚度，形成会展业高密度的高端要素集聚，形成会展业的集聚效应、溢出效应、竞争效应和创新效应。

总之，北京国际交往中心建设，为大力发展北京会展业提供了广阔的平台，而北京会展业科学合理的“世界会展名城、中国会展中心、北京支柱产业”的定位，也对北京国际交往中心建设及城市会展业的大力发展起到了极大的促进作用。

3. 商业会展建设的国内城市比较

十年前，北京、上海和广州一直属于我国商业经济会展总面积和总数量的前三位。根据 2017 年的统计，展览总面积的前三个城市为上海（1689 万平方米）、广州（976 万平方米）和重庆（876 万平方米），展览数量的前三个城市为上海（767 个）、广州（662 个）和南京（509 个）。北京不仅双双跌出了前三位（总面积 595 万平方米、总数量为 365 个），而且被上海远远甩在了身后。商业经济会展是国际交往中心的重要内容，也是加快国际交往中心建设的重要推动力。北京商业会展产业的现状令人担忧。

究其原因，一是北京作为首都，承担了许多非商业经济的会展活动，比如每年有很多建设成就展和文化交流展等。二是北京会展基础设施不足，比如北京没有一个展览馆（中心）位列全国前十大展览馆（中心）之中，我国展览馆面积排名前五位分别是国家会展中心（上海）、中国进出口商品交易馆（广州）、上海新国际会展中心、重庆国际博览中心和广州国际采购中心。三是最值得反思的，就是北京会展行业管理混乱，导致一些大的商业展览搬到了上海和广州。这些负能量包括商业展会活动报批手续十分烦琐，相关管理部门以费代管的现象十分严重，变换名目层层收取各种管理费（用电接驳费、施工管理费、内保外保费、施工材料检测费、施工证件费等），这些费用最终转嫁到参展企业头上，引起参展商特别是国外参展商的高度不满。根据调研，上海等城市，由于民营资本与外资纷纷加入展览馆（中心）的投资建设和运营中，为了竞争的需要，大多已经先后取消了这些名目繁多的不合理费用，但由于北京的展览馆（中心）大多是国营机构拥有并负责运营的，服务观念淡薄，以它们为基础组建的北京展览馆协会以维护展览场馆的利益为主，对于主办单位、施工单位和参展单位的减免杂费呼吁，未能给予认真的关切。四是缺乏有实力的组展公司，由于北京的政治中心特点，北京现有的商业经济会展活动大多数由政府部门、行业协会来主办，比较有实力的国外展览公司和民营展览公司倾向于到上海和广州去组织展览活动。

有鉴于此，希望北京市政府有关部门尽快对北京的商业会展情况开展一次全面的调查，找到北京市在过去十年全面跌出全国会展城市前三名的真实原因，进而制定新的规划，通过新的举措，加快北京的商业会展建设，更有力地促进北京国际交往中心建设。这些举措，应该包括加强展览馆的硬件建设，支持外资和民营资本在北京投资建设面积较大的展览馆和中心；在政府有关部门的指导下，尽快成立能代表商业经济展览全产业链利益的行业协会，切实加强行业自律，改善展览馆（中心）的服务，让国内外的主办单位和参展企业能感受到服务的温暖，进而更有信心到北京组织展览会，更有热情到北京的展览会参展和布展。相信北京市具有首善之区的多种优势，通过一系列主动积极的举措，北京会很快重返我国商业经济会展城市前三名之列。

专栏四　文化形象篇

世界城市及国际交往中心城市建设的重要组成部分

——休闲观光业规划之“旅游动线”

孙宇恒 *

摘　要： 休闲观光业，对于城市管理者来说，是城市旅游业后发展时期需要面对的课题。在建设世界城市及国际交往中心城市的过程中，也应对城市中的旅游资源以及相关旅游产业进行更加合理的规划和升级。设置合理的“旅游动线”能够满足游客和城市居民的出行需求，也能够有效地从“城市观光”升级为“城市探索”，对于建设世界城市及国际交往中心城市有着重要的意义。

关键词： 世界城市　国际交往中心城市　休闲观光业　旅游动线

* 孙宇恒，英国贝德福德大学旅游系博士二年级。

休闲观光行业，在城市的设计与建造之初，并不在主要考虑范围之内。随着人们物质生活水平的提高，以及出行需求的增加，旅游的意识已经慢慢深入生活在城市的居民心中，小到去公园散步，大到自驾或坐公共交通去郊外游玩，似乎“衣食住行”中的“行”已经和“旅游”形成了密不可分的关系。党的十九大报告中提出，“我国的社会矛盾已经转化为人民日益增长的美好生活需要和不平衡不充分的发展之间的矛盾”，这句话也非常适用于城市规划建设当中。由于城市自身发展的局限性，城乡之间的旅游资源不平衡，当城市内的旅游资源不能有效满足本城市或者其他地区人民的旅游需求时，城市居民对于郊区及其他地区的旅游需求就会大大增加，会产生的问题包括交通拥堵、人流量控制难等。

对世界城市或国际交往中心城市的建设来说，城市之间互相交流合作有一个最主要的前提就是“标准相同”，衡量一个地方是不是城市的因素也看其是否符合“国际化标准”。由于我国具有深厚的文化底蕴，并在改革开放这40年中，经济总量奋起直追，在世界城市或国际交往中心城市的交流舞台上，经济和文化因素为加分项；然而，城市的建设和交往是全方位的，交通、教育、人文建设、民间活动等，都需要提高到世界级的水平。

城市中的旅游资源通常承担着城市交往中“门面”的角色，休闲观光业也是衡量一个城市的包容性和开放性的重要标准之一。全球化的浪潮吸引着各国游客来到城市，休闲观光业为游客提供城市的第一印象和观感，对游客以后是否会定居在所游览城市或者是否对游览城市产生文化好奇感和认同感非常重要。因此，不仅仅是对城市旅游资源的发展和推广要做到位，也要合理地规划和设置旅游线路来满足不同游客的游览需求。

本文将以城市休闲观光业为主要研究对象，对如何思考和设置“旅游动线”进行合理性分析。本文将通过分析世界上主要城市的休闲观光产业布局和规划，来阐述我国在世界城市及国际交往中心城市的建设当中，如何对休闲观光行业进行升级。

一　城市休闲观光业与城市建设

1. 城市休闲观光业

城市休闲观光通常被认为是以城市中的旅游资源为基础，以公共交通为载体，游客和城市居民进行休闲活动的行为。一般来说，城市的旅游资源是该城市旅游业发展的核心，世界上有很多城市也是依托该地丰富的旅游资源才发展起来的，在城市旅游业发展的初期阶段，旅游目的地承担着游客和城市居民的旅游和休闲活动。根据文化与旅游部2018年上半年对旅游市场的统计，国内旅游人数共计28.26亿人次，其中城镇居民19.97亿人次，农村居民8.29亿人次。随着农村居民收入不断提高，在节假日中，更多的人优先选择去大城市观光旅游。由此可见，城市中的旅游资源不仅仅要承担着本城市居民的旅游和休闲活动，还要接待农村游客以及国内外其他地区的游客，压力是非常大的。

随着城市的扩大和发展，休闲市场伴随旅游业的成长而产生，并已成为城市发展趋势的必然。在人均GDP已经达到1700美元的中国，休闲产业已经被部分城市列入重点发展对象，城市管理者意识到，除了旅游者外，城市诸多功能所要面对的主要群体还是城市居民，而对休闲产业本身来说，市民的消费水平要比旅游者的消费水平更高。城市内的旅游、休闲、观光、活动等产业是城市文化的有机结合，也是重要的文化输出窗口。所以，城市休闲观光产业所展现的是一个城市的整体精神面貌，也是考量城市的包容性和文化深度的标准之一。

2. 世界城市及国际交往中心城市建设下的休闲观光业

不置可否的是，在建设世界城市及国际交往中心城市的进程中，是否有世界级的旅游资源是其重要考量因素之一。以北京为例，北京拥有“世界七大奇迹”之一的长城、“世界五大宫”之首的故宫、“世界最大的皇家园林”的颐和园、“世界文化遗产”的明十三陵等，这些旅游资源在世界级城市交往中是亮丽的名片。这些旅游资源不仅仅为城市的国际化发展提供助力，也是该城市休闲观光业的核心所在。

休闲观光业对世界城市及国际交往中心城市建设和城市间交流的促进作用有多大？海内外不同的学者分别给出了自己的一些答案。Maitland 指出，世界城市中，文化繁荣是重中之重，相比于政治与经济因素，文化上的认同是一个人能够长期在某个城市生活下去的重要因素之一。休闲观光业很好地带领外来居民或游客了解本城市的文化，并产生认同感。Rapoport 认为，城市应具有包容性，不同文化背景下的人们来到其中，应能找到自己存在的价值。休闲观光业不止面对游客，其实更多地服务于本城市的居民，一个发达的观光业可以使各种各样的人都能够畅游在城市中，从而获得存在感。

然而，世界城市及国际交往中心城市建设对休闲观光行业提出了一个新的要求：将行业标准提升为世界级。对于城市管理者来说，这个问题是非常棘手的，一方面，所有标准和服务的提升需要一个长时间改造和升级过程；另一方面，休闲观光业主要还是满足城市居民的出行和旅游需求，国际游客的需求所占比重很低，是否值得大费周章的改造。但是，全球化进程和市场需求使得“行业升级”这一任务变得刻不容缓，所以，改造城市休闲观光行业，使其变得更符合居民需求，从而走向国际化是当下一个热门课题。

二　“旅游动线”的设计与规划

1. 旅游动线

上文中提到，城市休闲观光业对于城市间人文活动交流、人才流动及引进是具有积极影响的。英国学者 Holden 认为，文化遗产、城市街景、节庆活动等都慢慢成为该城市旅游资源中的一部分，代表了城市的知名度，以及城市的文化深度。学者 Mazanec 指出，无论是国际性质的文化活动还是经贸交流活动，达到 90% 以上的互访人员都要求在行程中额外添加城市观光，甚至对于观光的需求远大于活动本身的需求，特别是留学生群体，他们通过观光加深对城市的认知理解，很多人在毕业后选择的工作也偏向于跨国经贸与文化交流合作。所以，在建设世界城市及国际交往中心城市的进程中，对城市内各个旅游资源的合理化配置是不可忽视的考虑因素之一，由于新建的旅游资源需要更长更专业的论证条件，思考和规划更合理的旅游线路就变得尤其重要，并让其与国际化接轨，即“旅游动线”。

“动线”是建筑设计学的概念，指人在室内室外移动的点，将这些点连起来的线被称为“动线”。在公共空间的设计中，“动线”也是一个经常被提及的概念，适用于人流量管理、应急管理、消防减灾设计等。在城市管理上，将市内旅游资源作为“点”，旅游者在各个景区相互移动的路线（通常是步行）就是“旅游动线”。从字面来看，“旅游动线”似乎与“旅游路线设计”“旅游景点连接线”的观念差不多，但是其有着本质上的区别。“旅游路线设计”更多地应用于景区内部的道路规划管理，或者是一种为旅游者定制的“市场行为”。对于设计者或者管理者来说，在城市这种超大型公共空间管理中，对各个资源进行有效和合理连接，需要考虑到方方面面的因素，市场行为并不能为城市建设提供更多的帮助。对于“旅游动线”的规划，一方面能够与城市建筑设计管理等理念相符合，另一方面也能够有效地规划未来将会出现的新的城市旅游资源。

2. 国外实践经验

在规划“城市旅游动线”上，世界上有很多国家做出过探索。伦敦市政府把泰晤士河两边设置上“public footpath”（公共步行道），且将这些公共步行道接入了全英“national trail”（国家步道系统），不仅仅是在泰晤士河两边，伦敦也在各个不同旅游目的地中间设置步行道，并有意将社区公园内的道路引入其中，使游客或居民在出行时能够随时看到好看的风景。美国各级市政部在所管辖城市内设置了不同类型的步道系统，例如风景类、文化遗产类、运动类等，每个步道都经历过可行性研究，方案设计和全方位的管理计划制订，通常需要花费 6～15 年，目的是实际了解城市居民的需求，尽可能连接更多的旅游目的地，通过步道系统能够为一部分热衷于探索城市、喜欢徒步以及休闲游玩的旅客提供更多的可能性。

英国学者 Diane 认为，将“城市观光”升级为“城市探索”能够有效调节不同游客和居民对于城市内部旅游的需求。Martin 认为，世界上大多数

图 1　伦敦泰晤士河步道路标，为游客清晰展现附近的交通及旅游资源

资料来源：By Bencherlite-Own work，CC BY - SA 3.0，https：//commons. wikimedia. org/w/index. php？ curid = 1966908。

图 2　西班牙圣地亚哥城内的“朝圣之路”路标

资料来源：http：//www. xinzuji. com/article/A00F71464B. htmlfrom = groupmessage&isappinstalled = 0。

城市，都尽可能地把功能区分得很明确，从城市管理角度来说，这提高了生产和管理的效率，但是对于生活在其中的居民来说，则缺少了更多的可能性和想象空间。对于中国的很多城市来说，国外游客们去的最多的两个地方便是“世界驰名的公园”和“民俗一条街”，其并不知道还有哪些可以观光的地方，这使外国人对该城市印象大打折扣。

三 合理规划“旅游动线”的重要性

无论是强调“休闲观光业”的重要性，还是设置“旅游动线”，本质上都是将“目的地管理”的思维转换成“路线管理”。在旅游业中，“快速道路”（地铁、火车、公路、航线等）和“慢速道路”（山路、步行路等）的设置都是为方便游客穿梭于各个景区中，以及加快信息的传播速度。随着基础设施建设的完善，以及信息越来越透明化，可以预见将来相互之间不仅仅是结成友好城市，甚至是“友好城镇”“友好乡村”“姊妹山”“姐妹河”等，可以将国际上的旅游资源通通配对，“路线管理”的优势在于可以将“一点探索”连成“多点探索”，使游客不再局限于某一个特定的旅游区，能够按照设计者设计的路线主动探索其他的旅游资源，从而更加深入地了解城市文化。

对于休闲观光业来说，我们更多的还是停留在“目的地管理”上，在思考如何合理规划停车位，卖出更多的门票，提高评价等级等方面。在城市日常生活中，居民及游客可以依靠公共交通的强大运力往返于各个景区之间；在节假日中，无论是公共交通还是私家车出行，景区周围都会出现大面积拥堵的现象。笔者认为，尽可能将游客的游览线路“拉长”，使游客能够“积极探索”所处城市的文化气息，可以有效缓解城市旅游区的人流和交通压力，同时也能够有效地促进文化交流。

四 建议和解决方案

——从城市管理角度。各行政区按照区划内旅游资源类型设置观光路线，不仅要满足游客游览需要，也要符合当地居民的出行习惯。从整个区划角度做好“旅游动线”的可行性分析，了解居民出行诉求以及相关的风险把控。

——从市场行为角度。对于新开发的旅游资源要制定市场宣传规划，并在可能游览的路径上设置醒目的标识。通过网络、自媒体、文创等相关产业发力，并将商业资源有效引入待开发的旅游资源中，形成联动效益。

五　结论和思考

全球化、国际化进程推动我们的城市管理向着更高的标准和水平迈进，也对我们的世界城市及国际交往中心城市的建设提出了新的要求。友好城市促进了城市间的文化交流，休闲观光业带领访问者了解和认知城市文化，合理的“旅游动线”可以带领访问者了解城市文化的“宽度”和“深度”；同样，访问者了解并认同城市文化，也会促进友好城市间的经贸与文化交流，形成一个良性循环。

另外，对于本城市居民来说，良好的“旅游动线”促使人们探索城市文化，有利于缓解旅游目的地的交通压力，疏解客流，解决社会问题等。对于增强文化自信，构建和谐城市文明起到了一定的积极作用。

世界城市及国际交往中心城市的建设，不应仅仅着眼于如何快速达到国际标准，而应将更多的工作放在人文活动中。在城市交往中，不可忽视人的作用，民间行为往往比官方活动更能体现城市文化魅力。休闲观光业也应优先考虑城市居民的旅游需求，然后慢慢上升到国内外游客的需求，使得城市的文化底蕴能够充分地被探索。

在未来的研究中，我们将致力于推动将城市内文化遗产和可能成为文化遗产的目的地有效纳入城市旅游资源中，并设计和规划合理的路线来充分发挥它们的优势。

北京旅游咨询服务中心建设研究

吴若山*

摘　要： 大众旅游时代，旅游正在成为人民群众日常生活消费的重要组成部分。作为世界级旅游目的地，广大游客对北京市旅游公共服务的需求日益加大。本文从背景研究、政策演变、北京市发展历程与政策建议等方面展开研究，分析了建设旅游咨询中心在满足游客需求、提升北京国际交往中心建设质量中的位置和作用，并就下一步工作提出了几点建议。

关键词： 旅游公共服务　旅游咨询中心　北京国际交往中心建设

一　背景研究

旅游公共服务贯穿旅游的始终，是衡量游客对旅游目的地满意度的一个重要指标。学术界研究和旅游产业实践都表明，游客的满意度与对旅游目的地的忠诚度紧密相连。旅游目的地想要获得竞争力，提高旅游公共服务水平是重要环节，加强旅游咨询中心建设，是其中的重要环节。

旅游咨询中心（Tourist Information Center）亦被称为游客中心（Tourist Center）、旅游信息中心（Tourist Information Centre）或者访客中心（Visitor's Center），是为游客提供诸如信息咨询、旅游投诉、紧急救援等服务的一种旅

* 吴若山，先后在《中国旅游报》、国家旅游局、文化和旅游部工作，全球文化和旅游发展研究中心主任。

游设施，英文字母“I”是其国际通行标识。

游客在旅游咨询中心，可以“一站式”获得景区景点、旅游节庆、旅游线路、餐饮、住宿等有价值信息，帮助他们更好地选择旅游路线，提高旅游体验。旅游咨询中心除向游客提供有价值信息外，还可通过加强旅游目的地综合形象展示，以延长游客在旅游目的地的逗留时间、增加旅游消费等，促进当地经济发展。按照国际现行惯例，旅游信息咨询中心作为旅游城市三大旅游基础设施之一，常被视为一座成熟旅游城市的主要标志。[①] 为了适应散客旅行市场的变化，英国旅游局于20世纪90年代设立了第一家旅游咨询中心，该中心由政府资助运作。此后，众多旅游业发达的国家相继建立旅游咨询中心。与国外相比，我国旅游咨询中心建设起步的时间相差不远。随着我国旅游业的飞速发展，市场对包括旅游咨询中心等在内的公共服务设施的需求日益旺盛，在地方政府的推动下，桂林于1996年建立了第一家真正意义上的旅游信息咨询中心，此后在上海、北京、杭州等城市也建立起来。[②]

二　相关政策演变

在经历了大规模旅游景点景区建设、酒店建设等硬件建设的阶段后，为了提升我国旅游发展“软件”质量，进一步推动我国旅游业高质量发展，2007年起，原国家旅游局、文化和旅游部以及国务院出台了多个旨在加强旅游公共服务体系建设的文件。

2007年，原国家旅游局印发了《关于进一步促进旅游业发展的意见》（以下简称《意见》），《意见》强调要加强旅游公共服务体系建设。

2009年，国务院印发《关于加快发展旅游业的意见》，明确提出七条保障措施推进游客服务中心、旅游基础设施、旅游道路等项目的建设。

---

① 王浦劬等：《政府向社会组织购买公共服务研究——中国与全球经验分析》，北京大学出版社，2010。

② 张嗣、张凌云：《中国与国际旅游信息咨询中心标准比较研究》，《标准科学》2019年第4期。

2011 年，《中国旅游业“十二五”发展规划纲要》中明确提出，要从多方面着手改善旅游公共服务，其中包括旅游交通、公共基础设施、安全保障体系等方面。

2012 年召开的全国旅游公共服务工作座谈会强调，我国旅游公共服务目前的水平与人们对其的需求之间还存在很大的差距，提出各级旅游部门要做好各项旅游公共服务的要求。

2013 年，《国民旅游休闲纲要（2013－2020 年）》提出要从多方面为休闲旅游创造完善的环境和提供良好的服务。

2013 年 10 月 1 日正式实施的《中华人民共和国旅游法》第 3 章第 26 条明确规定，“国务院旅游主管部门和县级以上地方人民政府应当根据需要建立旅游公共信息和咨询平台，无偿向旅游者提供旅游景区、线路、交通、气象、住宿、安全、医疗急救等必要信息和咨询服务。”

2015 年 1 月，时任国务院副总理汪洋在国务院旅游工作会议中指出，要健全旅游公共服务体系。

此外，2008 年原国家旅游局专门成立了公共服务处，推动各项旅游公共服务工程建设。

2018 年 3 月，国务院组建文化和旅游部，不再保留文化部、国家旅游局。新的旅游主管部门同样关注公共服务，2019 年 3 月印发《2019 年全国基层文化和旅游公共服务队伍培训工作计划》，明确要“切实加强基层文化和旅游公共服务队伍建设”。

与此同时，各省区市政府落实国家政策，大力推进各项旅游公共服务体系建设。由上可见，国家从宏观政策上对旅游公共服务的重视。

三　北京市旅游咨询中心发展历程与特点

北京作为国际知名的旅游目的地，每年接待海量游客，他们对旅游信息服务的需求巨大，旅游咨询中心体系的建设与完善工作非常重要。

早在 20 世纪 90 年代，为了帮助海外游客解决到北京之后遇到的吃住行等问题，北京市就在首都机场设立了游客问讯中心。由于当时功能比较单一，还不能完全发挥旅游咨询服务的作用。之后，当时的旅游管理部门北京市旅游局结合城市旅游发展变化，开始在全市范围内逐步建立和完善旅游信息服务机构，目前已覆盖全部市辖区，形成了较为完善的旅游服务体系，其具有以下几方面特点。

1. 分级建设、覆盖全市

有关统计数据显示，截至 2016 年，北京建成各类旅游咨询服务站 347 家，形成“市咨询中心—区咨询中心—咨询站点”分层级的管理体系。在布局方面，除了在火车站、机场等交通枢纽区域设置了咨询站外，还在主要高速公路出入口、各区旅游委、部分旅游景区点和旅游企业内设立了旅游咨询站。北京这 347 家不同级别的旅游咨询中心采取统一称谓和统一标识，便于游客识别和内部管理。

2. 财政支持向多样化设立方式转变

在设立方式上，北京旅游咨询中心成立初期，主要由北京市旅游委、财政局和各区县政府共同投资兴建。之后，经历了从按照行政区划配置到根据市场需求建设、从市政府统一投资建设到各区县自主建设的转变过程。2010 年之前，北京绝大部分咨询中心以区县旅游委和区县乡镇旅游办为建设和管理主体，少量站点与火车站、机场、景区、集散中心进行合作建设。2010 年，北京市旅游委在坚持“公益服务”的前提下，开始同全聚德、燕莎购物中心等企业合作设立咨询中心，借助社会力量和资金来进行咨询中心建设，以通过多样化、多渠道的设立方式，建立遍布全市的旅游咨询中心网络。①

3. 基本服务与个性服务结合

北京各家咨询中心提供的服务内容主要由标准化的基本服务与个性化的特色服务两部分构成。前者主要包括四种功能，如为旅游者免费提供有关北京主要旅游资源、景区、旅游产品的问询功能；借助展示架、电子触摸屏、

---

① 张娟娟：《北京与台湾旅游咨询中心的比较分析》，《湖南科技学院学报》2016 年第 8 期。

电视录像等展示设备，为旅游者免费提供的资讯展示功能；旅行社、酒店、演出机构产品销售等代理服务功能；游客对北京市各旅游相关机构或事件的投诉接待功能。后者则由各咨询中心依据自身设施与人力条件，提供个性化服务。如朝阳区服务站提供上网服务以及打印、复印服务；东城区服务站提供自行车出租服务；圆明园、王府井服务站提供旅游纪念品销售服务等。

4. 分级管理与第三方监督相结合

除市区部分咨询服务站外，北京各区咨询服务中心站点建成后均实行属地化管理，由各区文化和旅游局直接对本区站点进行管理；由北京市文化和旅游局负责对各个区县站点进行业务指导和监督，通过开展优质服务竞赛活动等方式委托第三方对咨询中心的服务情况进行电话和现场暗访，并定期对工作人员进行教育培训。为规范北京旅游咨询中心的发展，先后出台了《北京旅游咨询服务中心设置与服务规范》（北京市地方标准）、《北京旅游咨询服务中心体系建设规划》和《北京旅游咨询服务中心管理规范》等一系列规范性文件，为咨询中心选址建设、服务管理等方面的良性发展提供了依据。①

四　政策建议

旅游咨询中心是游客出行的最佳参谋之一，是旅游企业对外宣传促销和市场调研的特殊媒介，是城市旅游形象的集中表现之一，是完善旅游城市功能建设的重要环节。大众旅游时代，我国旅游业发展态势良好，国内旅游市场规模日益扩大，旅游方式趋向散客化、自助化，游客对旅游品质要求的进一步提升，对旅游咨询信息服务的完善性就提出了更高要求。北京市进一步加强旅游咨询中心建设，显得十分重要，这既是满足游客信息需求、促进产业发展的必要环节，更是北京建设国际交往中心的客观需求。

---

① 张娟娟：《北京与台湾旅游咨询中心的比较分析》，《湖南科技学院学报》2016 年第 8 期。

1. 加大政府扶持力度

旅游咨询中心作为公益服务机构，非营利性是其重要属性。因此，旅游咨询中心的建设主要是政府行为，需要北京市各级政府和旅游管理部门在资金、政策等方面，加大对旅游咨询中心的支持力度，将其列入城市建设发展规划的重点项目，在建设用地、减免税费等方面，调动各方面力量积极配合。

2. 合理布局

要根据北京市规模大小、游客流量来合理确定旅游咨询中心总体数量。在此基础上，重新规划和完善原有空间布局，综合考虑城市发展、交通设施、主要游览区分布等条件，方便游客寻找并获取帮助。

3. 智能化发展

可以用现代化的信息手段来装备咨询中心各项硬件设施。如可设置与各旅游景区景点联网的计算机网络，以丰富的多媒体咨询服务游客；配备多媒体终端设备，用于展示广泛、丰富的旅游信息。

4. 打造高水平服务队伍

有计划地开展语言能力、服务技能、旅游知识等方面的培训工作，进一步规范旅游咨询中心工作人员的服务，增强其执岗能力，打造旅游咨询服务标杆，从而更好地为来京游客提供优质信息咨询服务。

推进文旅融合发展提升北京城市国际影响力的路径研究

张　力*

摘　要： 深入推进城市文化旅游融合发展，不但能够推动文化发展和文明交流，还能够促进城市环境再造，实现城市生态环境和人文环境双提升，带动城市文化形象的对外宣传，树立良好的口碑，增强城市的国际影响力。

关键词： 北京　文旅融合发展　国际影响力

在后工业时代，人们的工作和生活重心主要集中于城市，而城市也经常成为人们平时休憩游玩的选择地。早在20世纪90年代初期，澳大利亚学者穆林斯（Mullins）就针对这一趋势的出现提出了“旅游城市化”的概念，简单地说，就是城市成为人们旅游出行选择的目的地和旅游客源地的统一体。① 旅游城市化的发展形势，促使城市在全球化激烈竞争中主动将城市发展与旅游业发展统筹考量，进行城市规划、城市建设和城市管理。城市“旅游化”发展俨然成为城市发展的一种策略，而城市文化旅游融合发展便成为必然结果。当前，我国城市文化旅游融合发展拉开了大幕，正是顺应了社会经济发展中文化和旅游互为依托、彼此成就的内在发展规律。综观国外

---

* 张力，博士，北京市社会科学院外国问题研究所副研究员。

① Mullins P.，“Tourism Urbanisation”，*International Journal of Urban and Regional Change*，1991（3）：326－342.

许多享誉全球的城市，不乏从推动城市文化旅游融合发展上赢得世界声誉、提升国际影响力的例子，它们积累了有价值的经验和做法，为我们推进城市文化旅游融合发展提供了参考思路。

一　做到文化旅游融合发展的理念融合

美国城市规划专家伊利沙尔有句名言："让我看看你的城市面孔，我就能说出这个城市在追求什么文化。"对于一座城市而言，其本身就是文化的实体表征，不同的精神气质赋予城市不同的文化面貌。美国城市学者芒福德在研究城市文化功能时，曾将城市比喻为"容器""流传者""传播者"，他认为城市具有三项文化功能：文化贮存、文化交流传播、文化创造和发展。[①] 他的这一理论可以用来揭示城市、文化、旅游三者的关系。作为人口密集地的城市既是文化载体，也是各方游客的集散之地、旅游活动的承载空间，城市文化为城市旅游提供了资源基础，大到城市整体面貌，小到城市每个角落，都是城市文化内涵的具体呈现。现代人重视旅游中的文化体验，旅游的过程通常也是文化消费、文化传播的过程，在一座城市中人们所见所闻所体验到的东西都与这座城市的文化氛围和文化品质相关，这些细节感知组成了人们对这座城市的文化印象。毋庸置疑，城市文化是城市旅游的资源支撑，城市旅游又是城市文化传播的途径，二者之间存在着不可分割的天然联系，彼此难分你我。

过去的城市旅游更多地被看作纯粹的商业行为和娱乐活动，其中也有打文化牌的旅游项目，但是文化意蕴匮乏，文化与旅游两者是被割裂的。当前，我们所提倡的城市文化旅游融合的理念，其核心就是城市、文化和旅游三者是不能被割裂而存在和发展的，要依循它们之间相互交织、相互渗入、互为支撑、协同并进的内在联系，找准城市文化旅游融合发展的增长点，为城市发展不断注入活力和创造力，促进城市、文化与旅游和合共生，在发展

① 程相占：《城市的文化功能与城市文化研究》，《人文杂志》2006 年第 2 期。

思路上将文化和旅游看成城市整体发展的一体两面，进行统一的顶层设计与总体规划，推动二者真正融合发展，在发展中彼此促进、相互带动，一方面利用旅游产业的市场化优势丰富城市文化产品的多元化生产和优质供给，形成城市文化旅游高质量发展格局；另一方面扩大城市文化产品和文化服务的覆盖面和受众群，通过旅游的宣传推广效应，更好地传播城市文化，推动城市文化产业发展和城市文化繁荣，扩大城市文化旅游对外吸引力，增强城市文化的国际影响力，从而助推城市社会经济的整体发展。

二　进行准确的文化旅游形象定位和总体设计

一座城市的文化旅游形象，是人们对这个城市的各种感知、看法、感情和认识的综合体现。对城市文化旅游形象进行定位，就是突出城市文化旅游的差异化文化特征。比如，巴黎被定位为“浪漫之都”，以“浪漫”这一抽象概念引发人们对于艺术、美食、时装、咖啡、建筑等浪漫文化氛围的联想。法国大西洋新闻网站做过的一项调查显示，巴黎最吸引外国游客的地方就是巴黎城市的“浪漫”。而伦敦城市文化旅游形象的定位，则紧紧围绕着国家“创意英国”发展战略，打造“创意伦敦”形象，作为城市的品牌与标签，向国际社会释放了伦敦文化的时代内涵与新鲜活力，吸引了来自世界各地成千上万的游客。不难看出，成功的形象定位对于顺利推进城市文化旅游融合发展具有决定性的作用。

首先，城市文化旅游形象定位须准确，符合城市的实际情况，名不副实的定位不利于开展后续的策划与宣传工作。必须综合考量城市的地缘条件、经济发展程度、历史地位、文化底蕴、人文风情、产业优势等具体情况，并且在城市共性中寻找城市的鲜明个性，打造差异化特色，才能使得城市区别于其他国际城市以脱颖而出。其次，各种传播媒介与渠道对城市文化旅游形象的塑造与传播须具有统一性。城市文化旅游形象包括城市从许多层面和角度展示出来的城市形象，因此要有主次之分，对外宣传要符合整个城市文化旅游形象的全局性定位，将城市的整体文化风貌、城市市民的精神面貌等作为传播的轴心内容，次级层面的城市形象部分可作为城市文化旅游形象某一方面的补充，起到对整体形象的强化作用，从而形成风格与内涵统一的城市文化旅游形象传播效果，以服务于城市文化旅游形象的总体定位。最后，城市文化旅游形象的定位若想得到认同和具有持续的竞争力，就要在形象定位上具有权威性与合法性，建立在人们广泛的认可和接受的基础之上，具有让人们自愿认可的属性，这就需要抓住城市文化旅游形象的文脉与特色，从人们文化情感的积淀中提炼最核心的内容，以物质或非物质的传播形式向人们传递文化信息，从时间、空间、文化个体等各维度共同构建独一无二的城市文化旅游形象。此外，一个成功的城市文化旅游形象定位，应对内具有凝聚力、对外具有吸引力，同时对城市未来的发展具有正确的导向作用。

三　重视城市文化建设与普及文化艺术公共服务

城市文化旅游融合发展的根基在于城市自身文化建设与发展。人们喜欢和向往一座城市，大多数情况下是因为这座城市给人们留下的美好印象和散发的精神气质。一座城市只有植根于文化，并将这种文化脉络体现在城市的道路、建筑、公共空间以及市民行为中，才能真正呈现一座城市的文化内涵与历史底蕴，从而成为人们关注、喜欢和憧憬的城市，因此要重视城市自身的文化建设，提升城市文化内涵与品质，使城市形成浓厚的文化氛围。这就需要做好城市文化建设工作，包括加强公共文化设施建设、提高公共文化服务水平、提升市民人文素质等，这些都是一座城市具有文化魅力、吸引外来游客的重要因素。

以享誉世界的巴黎为例，巴黎在城市文化建设上的工作力度与投入比重都很大，首先从政策层面加大对文化艺术事业的财政支持与投入，其次在处理具体文化事务方面形成常态化的运行机制。作为主管文化机构的巴黎文化事务处，专门负责巴黎城市文化景观的维护与建设，负责博物馆、剧院、图书馆、音乐学院和教堂等的日常管理与维护，管理文化建设的经费审批，为艺术家的创作提供各个方面的支持，并组织公共文化活动，营造城市的文化氛围，面向广大市民普及文化艺术等。巴黎城市文化发展中既有对优势传统文化的保护与传承，也有对文化艺术新形式探索与开拓的扶持，在保护与发扬文化遗产价值和魅力的同时，积极开拓文化艺术前沿领域，打造时尚文化品牌，为扶植新艺术形式的发展设立专项资金，增加对街头艺术的财政投入等，这使得巴黎城市文化在世界前进的潮流中始终处于前列。与此同时，巴黎重视文化艺术的“公共服务”特性，推行惠及广大民众的文化艺术公共服务举措，专门成立了由专家与市民组成的城市艺术委员会，制定满足公众需求的文化决策，同时也使得巴黎的文化艺术事业发展能及时注入时代的活力，促发普通民众特别是年轻人对文化艺术的喜爱，将文化艺术普及到最广泛的民众中去。在文化遗产保护方面，巴黎政府调动巴黎市民的积极性和主动参与的意识，将每年 9 月的第三个周末定为“文化遗产日”，当天很多平日禁止参观的古典建筑、珍贵的历史文献会对民众开放，在潜移默化中培养巴黎市民的文化保护意识。巴黎城市这种浓郁的文化艺术氛围吸引了全世界的目光。在营造城市文化艺术氛围吸引游客方面，伦敦与巴黎有异曲同工之处，伦敦政府鼓励市民更多地参与城市的文化生活，以提高市民的文化艺术修养，据统计，每年有 50% 左右的伦敦市民会参加各种文化艺术活动，伦敦图书馆每年接待 5000 万人以上的读者，参观博物馆和美术馆的人数平均每年有 3000 万人左右。

巴黎和伦敦这两座城市，通过加强城市文化建设、大力实施惠及民众的公共文化政策，使得城市从内到外散发着浑然一体的、迷人的文化气息，在国际大都市中旗帜鲜明，文化艺术成为它们的独特标签，长久以来深受外国游客青睐，成为享誉全球的旅游目的地城市。

四　整合城市优势资源，打造文化旅游知名品牌

城市文化旅游品牌既是市场运作的结果，也是城市文化内涵的真实呈现，它是城市精神风貌的浓缩反映。打造知名文化旅游品牌有助于开拓文化旅游市场、提升文化旅游产品竞争力，推动城市文化旅游融合发展走向深

入。要梳理整合城市文化旅游资源，立足城市自然生态基础，深入挖掘城市文化历史，通过开发文化旅游产品和项目促进文化旅游融合发展，把具有文化旅游价值的自然景色与人文景观，由点到线再到面地进行打造，形成具有代表性的文化旅游品牌，吸引外来游客，树立良好口碑。这两年，北京故宫在文化旅游融合发展中取得瞩目成绩，故宫 IP 大热，故宫品牌迅速成为国际知名文旅品牌，这种“故宫效应”也为北京城市文化提升了国际美誉度和影响力。事实上，无论哪个城市的文化旅游知名品牌，它们的成功之路都具有共性的规律可循。

首先，要推动文化旅游业与文化创意产业之间的融合，创新发展文化旅游经济，优化文化旅游服务理念，充分重视旅游的文化价值开发，加强文化赋能，重视品牌文化建设，赋予产品文化内涵，提升产品的文化品质与文化价值，善于对文化资源进行创意转化和提升，从对城市文化历史资源的挖掘中开发出具有 IP 价值的文化旅游产品和项目。其次，要了解游客的文化需求和旅游市场的需求，并在此基础上研发多元化文化旅游产品，打造完善成熟的文化旅游产业链，创新文化旅游形态，改造文化旅游功能区。最后，城市文化旅游资源的开发与文旅产品的生产，要凸显城市文化旅游特色，须针对城市景观、文化艺术、历史遗存、建筑街道等进行精心开发与设计，将城市最具特色的文化风貌转化为旅游产品，把城市特色文化资源与旅游资源真正结合起来，避免重复生产同质化旅游产品，致力于发展具有优质文化内涵的新型文化旅游产业。

五　注重文化体验创新，升级文化艺术节活动

策划打造能够在世界具有知名度、具有民族文化特色的大型国际文化艺术节。首先对现有的文化节、艺术节进行升级打造，扩大规模，提升规格，与国际化高品质接轨，使其成为既具有中华文化特色又具有国际影响力的文化艺术节。充分利用国际艺术节、电影节、电视节、博览会和书展等国际平台，精心挑选参展内容和文化产品，认真组织参展参演工作，积极对文化旅

游产品和文化旅游服务进行海外推介，并加强与驻外机构的联手合作，通过各种形式与渠道推介文化旅游产品。同时，重视吸纳民间组织、民营企业等文化力量，拓展文化旅游交流合作领域，开展与世界各地友好姐妹城市的文化旅游交流合作，与具有良好信誉和优秀资质的海外商演合作，将文化艺术展演活动更多地推向国际受众。打造节庆文化品牌除了需要政府的必要扶持之外，还要完善市场化运作机制，需要把握世界文化发展趋势和国际文化交流新形势，了解市场和受众，放开思路，通过社会各方面力量积极拓展节庆文化活动的新方式、新渠道，不局限于以演出、展览为主的交流方式，多参与国际多样化的多边交流活动，在不断的学习借鉴中摸索打造国际化文化艺术节的模式和路径。比如，巴黎时装节就是将文化创意产业与旅游业完美结合的典范，每到春夏和秋冬两季时装发布时间，来自世界各地的游客都会涌向巴黎旅游或参与周边活动，巴黎时装节以“时尚设计”为主题举办数百场时装发布会，以“时尚设计基地 + 时尚设计博览”为载体，提供增值服务和推广服务平台，传播时尚文化和实现品牌孵化，形成了包括摄影、广告、物流等在内的全方位服务的时尚行业产业链，极大地带动了巴黎城市旅游业发展和时尚文化消费。打造具有国际影响力的文化艺术节，必须追求节庆活动的质量，注重打造精品、培育品牌，逐渐延展开发周边文旅产品和文旅服务，从而提升节庆旅游的综合效应。

六　构建多元投资主体，突破文化旅游业发展瓶颈

政府在推动文化旅游融合发展过程中具有重要的引导与推动作用，但是文化旅游融合发展不能完全依赖于政府，要充分发挥社会资本与市场资源的配置作用。从目前来看，资金不到位是限制文化旅游融合发展的一个重要原因，除了政府的财政投入外，还要借助社会资本的投入和参与，构建多元投资主体，协调各方力量，引导和鼓励多种形式社会资本进入文化旅游产业，共同推进文化旅游融合发展。此外，还要解决文旅产业融资难的问题，可以通过政策引导、构建文化旅游产业融资平台等措施解决这一难题。伦敦在推

行“创意伦敦”的过程中，也曾遇到类似瓶颈，最后的解决之道是协调从国家到伦敦市各个涉及文化发展的部门与机构，形成通力协作、相互配合的合力机制，一同将伦敦打造成“一个富含卓越性与创意的世界级文化旅游中心城市”。为了解决资金来源问题，除了政府的财政投入之外，还通过私营企业和基金会募集资金，并首创发行文化特种彩票以筹集资金。在政府对文化发展的大力支持下，伦敦文化机构每年收到 11 亿多英镑的资金支持，对于文化创意企业，政府给予财政支持与文化出口鼓励，做好知识产权保护工作，从方方面面为创意产业的发展提供良好的外部条件和社会环境。同时，为调动更广泛的民间积极性、汲取更多创意智慧，该机构采取政府和民间合作的方式运作，聚集了政府官员、创意企业执行官、文化艺术界人士等，共同对伦敦创意产业的发展潜力与可能出现的问题进行评价商讨。这些借助社会力量、社会资本的举措有力地促进了伦敦文化旅游的长足发展和城市文化的国际传播。

七 结语

既有的事实与经验反复证明，深入推进城市文化旅游融合发展，不但能够推动城市建设、文化发展和文明交流，还能够促进城市环境再造，实现城市生态环境和人文环境双提升，带动城市文化形象的对外宣传，树立良好的口碑，增强城市的国际影响力。据世界旅游组织预测，中国在 2020 年将成为世界最大的旅游目的地国家，而文化旅游业也逐步发展成为我国支柱性产业。城市集聚了丰富的自然人文资源，其文化旅游市场潜力巨大，尤其对于历史文化底蕴深厚的城市而言，深入推动城市文化旅游融合发展，同时对接城市的国际化发展，将城市文化历史底蕴开发转化为高质量的文旅产品、文旅项目，不但能使外国游客更好地了解中国文化、体验中国文化、亲近中国文化，而且可以带动整个城市经济社会的全面发展，对于增强城市软实力和国际竞争力都具有积极意义。

专栏五　服务设施篇

宜居宜业　共筑共享：麦子店街道国际化社区建设

麦子店街道办事处

摘　要： 麦子店街道多层次的涉外主体、多元化的资源要素等构成了地区建设国际化社区的社会基础与现实要求。特别是2016年，朝阳区委又对麦子店街道明确提出建设“国际化窗口地区、社会治理创新地区、服务管理标杆地区、稳增长重点地区”的功能定位。近年来，街道坚持首善标准，对标建设国际一流的和谐宜居之都的使命要求，充分发挥地区国际化特色优势，提出了“打造国际化宜居环境、建立精细化管理机制、促进多元化文化融合”的工作思路，积极回应中外居民的需求和期待，致力于推动地区国际化社区建设品质内涵不断丰富和提升。

关键词： 麦子店街道　国际化社区建设　党政群共商共治　文化交流互鉴

麦子店街道位于朝阳区中部东三环与东四环之间，辖区面积6.8平方公里，下辖6个社区，常住人口近6万人，其中包括来自93个国家和地区的外籍居民近万名。地区有美、日、法、韩等15个国家的大使馆，多家国际著名企业驻中国总部、涉外宾馆饭店及国际教育机构，其中涉外经济体吸引从业人员1.9万人，对区域经济增量的贡献率达53.5%。汇集燕莎、蓝色港湾、朝阳公园及全国农业展览馆等国内知名商务会展、娱乐休闲中心，地区发展日益呈现国际化特色。

街道深刻认识到，国际交往中心是首都“四个中心”战略功能之一，是向世界展示我国改革开放和现代化建设成就的首要窗口，国际化社区作为一个重要支点，是建设好国际交往中心的基础，处在促进中外居民交往融合的前沿。从麦子店街道实际来看，多层次的涉外主体、多元化的资源要素等构成了地区建设国际化社区的社会基础与现实要求。特别是2016年，朝阳区委又对麦子店街道明确提出建设“国际化窗口地区、社会治理创新地区、服务管理标杆地区、稳增长重点地区”的功能定位。近年来，街道坚持首善标准，对标建设国际一流的和谐宜居之都的使命要求，充分发挥地区国际化特色优势，提出了“打造国际化宜居环境、建立精细化管理机制、促进多元化文化融合”的工作思路，积极回应中外居民的需求和期待，致力于推动地区国际化社区建设品质内涵不断丰富和提升。

一　发展历程

回顾麦子店街道国际化社区建设历程，可以概括为“三个阶段”，一是起步阶段：2004年，街道制定了《麦子店地区国际化社区发展规划纲要（草案）》；自2009年以来，街道开展了麦子店地区外国人在京状况调查、地区外籍居民需求调查等专项调研，逐步了解地区外籍居民底数情况；2012年，成为北京市首批获世界卫生组织命名的国际安全社区；为满足外籍居民生活需求，2010年通过与国际汉语学院合作开办了外籍居民汉语学堂，后又开设国画班、太极拳班、书法班、篆刻班等，共吸引来自欧亚非、南北美、大洋洲七大洲20多个国家的2000余人次外籍居民报名参加。2013年底麦子店国际社区服务中心投入运行，中心建筑面积1100平方米，功能定位为承担街道涉外文化、教育等社区服务的场所，主要项目类别有展览展示、培训讲座、小型文艺表演、公益服务活动等。目前，该中心通过统筹多方社会资源，发挥文化聚集效应，已成为街道进一步探索地区国际化社区建设和服务的重要实践平台。

二是加速阶段：2010年，街道开始探索开展党政群共商共治，同时，搭建平台引导外籍居民积极参与社区志愿服务和社区治理，请辖区内外籍居民担任地区国际化社区建设顾问，作为特议事代表参与街道党政共商共治大会等，不断推进实现地区中外居民共建共治共享；2014年，从麦子店街道走出的“党政群共商共治”被评为“全国十大社会治理创新项目”之一。街道进一步将共商共治理念融入国际化社区建设当中，推进地区环境治理，服务水平得到不断提升。

三是提质阶段：2014年以来，街道持续把国际化社区建设放在“党政群共商共治”平台的重要位置上提升工作水平，以精治、共治、法治为目标，将落实“街乡吹哨、部门报到”工作机制与深化党政群共商共治相融合，不断提升国际化社区建设效能，创新提出了“四问三商两把哨”的工作机制，有效破解了地区35号院平房区原拆原建、枣营北里8部老旧电梯集中更换等治理难题，将贯彻“河长制”“街巷长制”与深化“疏解整治促提升”有机结合，大力推进地区宜居环境建设，东直门干渠枣营段两岸环境改造提升、背街小巷整治等居民迫切期待的项目工程正在快速有序的推进落实当中。强化国际化人才队伍建设，通过与市外办联合开办麦子店街道国际化社区人才建设培训班，街道、社区干部涉外能力素质得到了有效提升。

二　麦子店国际化社区建设特色

为在地区营造中外居民民心相通、和谐相融的生活氛围，街道以文化交流为纽带，以“和美麦家”为主题，连续多年着力打造了“四个文化品牌”：一是连续15年举办了“中外居民过大年”。为了增进外籍居民对中华传统文化的了解、认识、体验，自2005年起在每年春节前夕，组织地区中外居民欢聚一堂，通过包饺子、赏析中华传统艺术与技艺等形式，大力传播中华传统文化，为外籍居民营造家的氛围。该活动得到了外交部新闻司、市政府新闻办的高度重视，连续多年组织驻京外籍记者参与其中，已成为对外展示的重要窗口。

二是整合资源开展“国际社区文化季”。2011年至今，先后与国家大剧院、凤凰国际传媒中心、中国艺术家协会、中国舞蹈家协会等合作，成功举办八届国际社区文化季，吸引万余名中外居民参与其中。每届通过八个板块、三个余月时间，与朝阳公园历年举办的洋庙会（国际风情节）相互映衬，实现地区传统与现代、国内与国际各类文化活动的交流互融，日益成为辖区国际化社区建设发展的重要标志。

三是探索民间外交，首创“国家主题文化周”。致力于尝试和探索开展由政府主导的民间外交活动，为每个工作和生活在麦子店的外籍居民，提供展览展示本国文化的机会。活动以地区15个外国驻华使馆国家和国际机构为重点，每年开展1～2次，发挥文化交流在社区建设、服务居民中的独特作用。现已成功举办哈萨克斯坦、哥伦比亚、摩洛哥、丹麦、古巴、“一带一路”沿线国家等6次主题文化周，活动受到了相关国家驻华使馆的重视，开启了使馆与驻区驻地沟通互动的新渠道，增进了辖区居民对身边外籍居民及国家文化的认知，切实提升了外籍居民的精神归属感。

四是社区文化走出国门。经过多年来麦子店国际化社区建设的工作积淀，不断探索尝试传播中华文化，讲好中国故事。2016年街道组团参加霍尔拜克市“中国文化节”活动，成为北京首个在街道层面组团出访的单位。这期间，街道与丹麦霍尔拜克市签署了《共建友好国际化社区意向书》，北京第八十中学枣营分校与霍尔拜克市剑桥联盟学校Odsherreds Efterskole中学签署了《友好交流合作意向书》，为地区交流拓展了新途径。2017年，街道又受到希腊哈尔基达市邀请，组织地区舞蹈队参加当地文化节。

三 小结

通过多年来的探索和实践，街道进一步明确了工作目标和措施。下一步，将以群众期盼为导向，以环境整洁为重点，以安全宜居为关键，以文化文明为保障，以治理有效为基础，以人民满意为根本，努力实现“在干净的基础上美化环境——宜居宜业；在安全的基础上优化秩序——安定祥和；在便捷的基础上精准服务——宾至如归；在自信的基础上增进交流——兼容并蓄；在文明的基础上加强引领——共筑共享”的目标。

关于北京建设世界级智慧城市的若干思考

聂 倩　董艳玲*

摘　要： 随着以人工智能、大数据和物联网为主要驱动力的第四次工业革命的到来，城市信息化水平不断提升，智慧城市已经成为世界上多数国家城市建设的战略选择。为了在新一轮科技革命中抢占制高点，进一步发挥北京国际交往中心的作用，北京建设世界级智慧城市已提上日程。这对北京实现城市可持续发展、引领信息技术应用、提升城市综合竞争力等方面具有重要意义。尽管北京在建设世界级智慧城市过程中，拥有良好的发展环境以及先进的人才和技术基础，但与国际领先的智慧城市相比，也面临“信息孤岛”分立和基础设施智能化不足等诸多挑战。因此，本文建议从建设智慧城市生态系统、整合“信息孤岛”、部署5G网络、加快北京CBD智能化建设四个方面推进北京世界级智慧城市建设。

关键词： 世界级智慧城市　北京　信息孤岛　智能化

伴随着第四次工业革命的到来，城市信息化水平不断提升，智慧城市已经成为世界上多数国家城市建设的战略选择。最近，《城市技术期刊》

* 聂倩，中共中央党校（国家行政学院）研究生院博士研究生；董艳玲，中共中央党校（国家行政学院）经济学教研部教授。

（*Journal of Urban Technology*）公布了英国格拉斯哥大学牵头的“一项史无前例的”全球智慧城市综合实力排名研究，共有 27 个城市位列全球智慧城市排行榜，其中伦敦、新加坡和巴塞罗那位列前三。中国香港、上海和北京分别列第 7 位、第 21 位和第 24 位。目前，北京建设世界级智慧城市已提上日程，并在通州副中心率先试点，以顺应全球智慧城市快速发展的趋势，抢占新一轮信息技术产业制高点。

一　北京建设世界级智慧城市的必要性和紧迫性

随着新型城镇化的推进，我国城市开始向精细化和智能化管理的方向发展，建设智慧城市已被纳入《国家新型城镇化规划（2014－2020 年）》。截至 2017 年底，我国有超过 500 个城市明确提出或正在建设智慧城市。北京作为全国政治中心、文化中心、国际交往中心和科技创新中心，更需要加快建设世界级智慧城市的步伐。

（一）北京顺应全球智慧城市发展趋势的需要

自 2009 年以来，智慧城市已经成为世界城市规划建设的重点之一，全球有超过 1000 多个城市正在建设智慧城市，其中一些城市已在政务服务、智慧交通、公共安全、信息基础设施等领域达到国际领先水平。例如，新加坡打造“数字政府”，为市民在线提供全生命周期的主动式政务服务；伦敦大力推广利用绿波带、自适应智慧交通灯，形成全球领先的智慧交通体系；纽约在公共安全领域建成了预测预判、快速响应的统一指挥体系；巴塞罗那在信息基础设施领域构建了无处不在的感知网络。全球第二大市场研究机构 MarketsandMarkets 发布报告称，2018 年全球智慧城市的市场规模为 3080 亿美元，预计到 2023 年这一数字将增长为 7172 亿美元，预测期（2018～2023 年）内的年复合增长率为 18.4%。“顺之者昌，逆之者亡。”面对全球智慧城市广阔的发展前景，北京以通州副中心为试点建设世界级智慧城市是顺应全球智慧城市快速发展趋势的内在要求。

（二）北京提高城市综合竞争力的战略选择

为了更好地抓住全球新一轮信息技术革命所带来的巨大机遇，北京及时提出了建设世界级智慧城市的战略布局，以期在世界级城市发展中全面提升综合竞争力。北京建设世界级智慧城市将极大地带动包括物联网、智能交通、智能电网、云计算以及新一代信息技术在内的战略性新兴产业的发展。战略性新兴产业的发展往往伴随着重大技术的突破，对经济社会全局和长远发展具有重大的引领带动作用，是引导未来经济社会发展的重要力量。此外，北京建设世界级智慧城市将对医疗、交通、物流、金融、通信、教育、能源、环保等领域的发展具有明显的带动作用，同时对北京扩大内需、调整结构、转变经济发展方式具有重要的促进作用。由此可见，北京建设世界级智慧城市对提高城市综合竞争力具有重要的战略意义。

（三）北京实现城市可持续发展的客观要求

北京拥有超过2100万的城市人口规模，随着城镇化的不断推进，资源短缺、交通拥堵、住房不足、环境污染等“城市病”问题日益突出。在此背景下，如何解决城市发展所带来的诸多问题，实现可持续发展成为北京城市规划建设的重要课题。由于智慧城市综合采用了包括射频传感技术、物联网技术、云计算技术、下一代通信技术在内的新一代信息技术，因此能够有效化解“城市病”问题。[①] 这些技术的应用能够使城市变得更易于被感知，城市资源更易于被充分整合，在此基础上实现对城市的精细化和智能化管理，从而减少资源消耗，降低环境污染，解决交通拥堵，消除安全隐患，最终实现城市的可持续发展。据世界银行测算，一个百万人口以上的智慧城市的建成，在投入不变的条件下，实施全方位的信息管理能够使城市的发展红利增加2.5倍到3倍。因此，北京建设世界级智慧城市是实现可持续发展的客观要求。

---

① 郭其标：《云计算与物联网在智慧城市构建中的运用》，《重庆科技学院学报》（自然科学版）2015年第3期。

二　北京建设世界级智慧城市的有利条件

《中国智慧城市发展水平评估报告》显示，北京市主要城区智慧城市发展状况处于全国领先水平，是我国智慧城市建设的领跑者之一，为建设世界级智慧城市打下了坚实基础。

（一）顶层设计与政策支持

近年来，国务院和相关部门推出了信息惠民工程、智慧社区建设、智慧城市健康发展、“互联网＋”行动、大数据发展行动等多个政策文件。北京市制定了《“智慧北京”顶层设计总则》，明确了“智慧北京”顶层设计的基本内涵和三级层次架构。《北京市“十三五”时期信息化发展规划》中明确要求：到2020年，北京城市副中心成为高标准智慧城市示范区。目前，北京市各重点领域的“智慧规划”已相继完成，指导智慧城市建设稳步推进，并成功打造了智慧城市样板——“北京通”。“北京通”作为北京智慧城市的统一入口，是北京市实现“一号一窗一网”、优化政务服务、打造信息惠民战略的重大突破。除“北京通”之外，北京市还在加快数据共享开放，出台了政务信息资源共享开放管理办法。

（二）“智慧企业”数量众多

北京具有高密度的人口、快速迭代的市场和复杂多样的应用场景，能够催生技术和商业模式创新，是科技企业延长产品线，整合技术、资金、业务、市场的广阔舞台。截至2018年，全国人工智能企业4040家，其中北京人工智能企业1070家，占比26%；全国拿到风险投资的人工智能公司合计1237家，其中北京有431家，占比35%。[①] 与国内其他发达城市相比，北京每百万人拥有数字技术初创企业的数量最多，达到125家；2014～2018年

① 《〈北京人工智能产业发展白皮书（2018年）〉发布》，《中国建设信息化》2018年第13期。

北京新增数字技术企业数最多，达到 2710 家；北京互联网科技上市企业数量最多，达到 108 家。在数字技术初创企业的融资维度上，北京依旧以绝对的优势位列第一，超过 580 亿元。总体来看，北京智慧城市行业已经形成以行业巨头（如华为、阿里、腾讯、平安、移动、联通）、第三方专业服务（如软通、易华录）、技术提供方（如京东、百度）为核心的产业生态格局。厂商之间相互联系合作，共同构成了多元的生态合作网络，为北京建设世界级智慧城市提供了良好的营商环境。

（三）技术人才储备丰富

北京中关村先后通过“千人计划”“海聚工程”等专项工程吸引了大批高端人才扎根。同时，北京设立的中关村外国人永久居留服务大厅，已经受理申请超过 500 人次，向超过 200 人发放了“绿卡”，并且保持着每月 6% 的增速。在前沿技术领域，中关村每年输出的技术合同总量占北京市的四成，近六成的技术交易输出京外，辐射全国。[①] 中关村正显示出越来越强的国际技术策源地、国际高端人才自由港、国际交流聚集区的特质，为北京创新引领全国积累了丰富的人才、资本、技术等资源，成为国内创新的重要枢纽。

（四）国际交往业务频繁

北京国际交往中心建设推动北京率先实现由传统城市向世界级智慧城市的战略转型和提升，倒逼北京城市建设向更优质、更协同的方向发展。随着国际交往中心的建设，北京已成为具有世界水准的国际会议目的地。北京云集了 165 家大使馆、23 家国际组织驻华机构、337 家外国新闻机构。每年在北京 CBD 区域内举行的国际性高端论坛、商务活动、文化与艺术交流活动以及相关国际对话的数量与影响力均排在全国最前列。作为世界第二繁忙的

① 《中关村企业国际化助推首都功能转型》，中国金融信息网，http：//news. xinhua08. com/a/20170928/1728554. shtml? f = arelated，2017 年 9 月 28 日。

航空枢纽，2018 年北京首都机场年旅客吞吐量突破 1 亿人次，缩短了与排名第一的美国亚特兰大国际机场的差距。因此，北京利用既有的外交机构、驻华机构和商社以及跨国公司等涉外资源，通过形式多样、层次多元的国际性商务活动，不仅提升了其国际影响力，也为建设世界级智慧城市奠基了坚实基础。

三　北京建设世界级智慧城市面临的挑战

当前，北京世界级智慧城市建设已在信息基础设施、公共服务方面有了突破式进展，并在诚信体系建设方面成为引领示范。然而，与国际领先智慧城市相比，北京的智慧城市建设尚存差距，面临诸多挑战。

（一）北京世界级智慧城市生态圈尚未形成

智慧城市生态圈是现代信息技术与城市系统的结合，是物联网和互联网的结合，其运行和发展的核心因素包括组织（人）、商业、政务、交通、通信、水和能源，对城市系统进行完善和重构，可以推动城市向更具有活力、更高效、更生态的方向发展。目前，北京在建设世界级智慧城市过程中，面临城市碎片化问题，尚未实现信息技术与城市各功能模块的深度融合，不能解决城市发展的内在矛盾，缺乏成熟的智慧城市生态系统。这不仅使民众对智慧城市所带来的变化感受不够明显，也阻碍了智慧城市生态圈的形成。此外，北京在推进世界级智慧城市建设的过程中，政府推动型的发展模式仍处于主导地位，市场化的民间投资尚显不足。这会在一定程度上制约智慧城市的可持续发展，不利于北京尽快形成世界级智慧城市生态圈。

（二）智慧城市建设中仍存在“信息孤岛”现象

智慧城市的建设需要积累大量的基础数据和运行数据，面临着如何对海量信息进行采集、分析、存储、利用等问题。目前，北京世界级智慧城市的信息基础设施建设仍局限于点对点传输，在多系统融合中存在各种亟须解决的复杂问题。从技术层面来看，北京世界级智慧城市建设覆盖诸多领域，但缺乏统一的行业标准、建设标准和评估标准，不同系统之间接口复杂，不易实现系统互联互通和信息的共享协同，有形成“智能孤岛”的倾向。[①] 从建设层面来看，尽管北京各部门在长期信息化应用中已积累大量数据信息，但各部门的系统独立建设、条块分割，缺乏科学有效的信息共享机制。这种“信息孤岛”现象若不加以彻底消除，北京世界级智慧城市基础数据库的建设就难以向纵深推进。

（三）信息基础设施的智能化水平有待提高

信息基础设施能够通过信息技术手段为城市能源、安全、交通等智慧化服务奠定基础，维系整个智慧城市的有效运作。世界排名领先的智慧城市都拥有先进的智能化的信息基础设施。例如，维也纳拥有智能交通灯、虚拟办公室；新加坡采用智能照明、自动驾驶班车与远程医疗技术；伦敦开发了智能街道基础设施，可以提供 WiFi、空气质量传感器和电动汽车充电等功能。与这些世界级智慧城市相比，北京目前信息基础设施的智能化尚显不足，公共资源没有得到充分利用，相关信息技术开发及应用水平有待提升。这与北京智慧城市规划没有广泛触及信息基础设施智能化建设有关。北京需要从改善信息基础设施入手，进行智能化方案的总体设计，才能充分体现出世界级智慧城市的独特优势，并促进智慧城市的可持续发展。

（四）北京国际交往中心建设的智能化不足

城市智能化水平的提升对推进北京国际交往中心建设起着重要作用。例如，强化国际技术转移枢纽建设，推进电子商务、物联网、云计算、大数据、高端装备、时尚创意、会展服务等产业高端化发展，都将对北京国际交往中心建设起到积极的推动作用。然而，在建设世界级智慧城市的过程中，北京对利用科技创新优势推动国际交往智能化、科技化，形成“弯道超车”

---

① 蒋建科：《智慧城市建设别陷入更大信息孤岛》，《人民日报》2012 年 5 月 21 日。

的研究不够深入。[①] 硬件和软件设施与城市智能化应用衔接互动不够，在涉外信息平台、国际化社区建设、生活服务、涉外医疗、国际学校、语言服务、法律咨询、外籍人员社保等方面，智能化应用水平与发达国家的智慧城市相比还有一定的差距。显然，智能化不足会制约北京进一步运用信息技术应对社会、经济和环境的挑战，从而会影响北京建设世界级智慧城市的进程。

四　加快北京世界级智慧城市建设的对策建议

为解决北京建设世界级智慧城市面临的问题，应从建设智慧城市生态系统、整合“信息孤岛”、部署5G网络、加快北京CBD智能化应用这四个方面着手，从而增强北京的国际竞争力和辐射带动作用，推动北京世界级智慧城市建设与国际交往中心建设的协同发展，使北京世界级智慧城市发展总体水平尽快进入世界领先行列。

（一）建设智慧城市生态系统，形成以北京为核心的供应链生态圈

“智慧城市”理念的重要推动者IBM公司认为，智慧城市是有意识地、主动地驾驭城市化这一趋势，运用先进的信息和通信技术，将人、商业、运输、通信、水和能源等城市运行的各个核心系统整合起来，从而使整个城市作为一个宏大的“系统之系统”。[②] 因此，北京可以从以下三个方面建设世界级智慧城市生态系统。

首先，建立以人为本的生态宜居智慧社区。北京应该充分利用国际尖端技术，出台可持续开发建设、智慧建筑、智慧水务、废弃物回收处理、能源优化、市政大数据系统等领域的创新型政策，使产业经济、市政管理、社会

① 刘波：《全面推进北京国际交往中心建设》，https：//www. sohu. com/a/242138113_ 114882，2018年7月19日。

② 赛迪顾问：《中国云计算产业发展白皮书（2011版）》，http：//www. mtx. cn/detail/bgdetail. jspx？id=50619，2011年5月11日。

民生、资源环境和技术能够得到高度智慧管理。同时，积极推进 15 分钟社区生活圈建设，在步行可达的范围内建设综合各种设施的小而全的复合设施，而不是根据居住、行政、商业等功能来划分区域，这样不仅可以使社区生活更加便利，而且可以减少交通流量。

其次，建立以北京为核心的供应链生态圈。供应链是经济活动的核心，建议北京以建立全球领先的供应链生态圈为目标，打造现代供应链体系。在京津冀协同发展布局及现有多项合作协议的基础上，进一步制定京津冀有关供应链创新和现代流通业发展的政策，完善京津冀地区现代流通业的分工，以北京市为核心，带动天津市和河北省的供应链创新和现代流通业发展，进一步推进区域协同发展。同时，加强供应链创新相关政策体系建设，鼓励跨部门跨行业协调配合，真正将以北京为核心的京津冀地区打造为世界级城市群，合理配置创新资源，全盘部署相关产业，明确布局发展规划，比如将北京的原始创新、天津的研发转化、河北的推广应用相衔接，集中优势、弥合差距，形成完整贯通的科技产业价值链。

最后，创建多元主体的激励体系。北京需要进一步调动政企两方面的积极性，政府依托龙头企业联合体实现加速创新，并围绕智慧建筑和智慧城市，快速集成产业生态圈。[①] 城市环境的改善、国际活动的聚集，需要城市各方面水平的整体提升。智慧城市则更强调通过政府、市场、社会各方力量的参与和协同实现城市公共价值塑造和独特价值创造。政府若既抓管理又管运营，将极易导致城市发展财政投入不足、可持续发展能力低、管理效率低下等诸多问题。因此，以政企协同为主逐步替代政府投资为主，借助民间资本的力量，将市场机制和经营理念引入城市管理，则既可拓展城市管理的综合资源，又可提升城市管理的能力和质量。

（二）整合“信息孤岛”，建立世界级智慧城市信息安全保障体系

北京世界级智慧城市要改变目前信息化建设的“信息孤岛”现象，应

① 徐振强、刘禹圻：《基于“城市大脑”思维的智慧城市发展研究》，《区域经济评论》2017 年第 1 期。

加强对既有信息化平台的统筹整合与协同提升，通过智慧化的资源整合联通“信息孤岛”，切实改变城市运行中的资源分散、系统分建和管理分治的局面，同时各信息系统互联、互动、共享，必须有统一的数据标准。①

首先，在技术上要实现行业标准的统一与规范。目前我国物联网技术缺乏国家标准，在高频领域主要沿用国际标准，但在关键的超高频领域，标准仍由国外组织控制。② 因此，北京针对“信息孤岛”中的标准问题需要做好以下几方面具体工作：一是要针对标准规范的缺失，建立统一的信息化架构标准，实现跨系统技术集成与信息共享，尽量减少信息化孤岛，促进资源共享。二是发挥政府、企业和行业协会的积极作用，推进信息技术基础标准、信息资源标准、网络基础设施标准、信息安全标准、应用标准、管理标准等应用规范和技术标准体系建设。三是加强国际合作，积极参与国际标准制定，提升我国在物联网、云计算、3S 等智慧城市相关技术领域标准制定方面的话语权和主动权。

其次，在管理上注重前期顶层规划，统一建设步伐。一是打造一流的数字政府，组建北京市政务服务数据管理局，推出“秒批”和“不见面审批”服务，并拓展智慧交通、智慧医疗、智慧教育等应用。二是明确界定政府各部门的业务范畴和责任义务，以便各部门在智慧城市建设中进行利益协调，从而避免自建体系、各搞一套的现象，实现动态、高效合作。在对各部门已有的信息化成果兼收并蓄的同时，最大限度地整合资源，避免低水平的重复建设。三是完善城市综合管理运行体系，构建城市部门之间横向融合、纵向贯通的合作机制，打破智慧城市建设过程中行政分割、管理分治的局面。

最后，尽快建立北京世界级智慧城市的信息安全保障体系。一方面，从国家层面加快有关智慧城市建设的立法工作。尽快解决个人信息、个人隐私、个人数据的界定问题；明确个人信息、个人数据在搜集、运用过程中的

① 辜胜阻、杨建武、刘江日：《当前我国智慧城市建设中的问题与对策》，《中国软科学》2013 年第 1 期。

② 王丽：《青岛市建设“智慧城市”的思考》，《中国信息界》2011 年第 6 期。

权利义务关系；加强网络和信息安全方面的立法工作，打击信息领域犯罪，有效保护计算机网络和公共信息平台的安全运营。另一方面，运用高科技手段加强数据信息的安全性，有效防止外来的攻击和入侵，确保数据的机密性、完整性和不可篡改性，同时避免冒名操作、无权和越权访问等一些安全漏洞。

（三）推进5G网络部署，提升北京信息基础设施建设的智能化水平

5G作为新一代移动通信技术的主要方向，将开启万物互联、深度融合的发展新阶段。近年来，随着移动互联网的发展和物联网的兴起，出现了一系列对网络传输速率、带宽、可靠性和时延性要求极高的产品与应用，而5G呈现的低时延、高可靠、大容量以及低能耗特征，使其能够满足如自动驾驶、远程医疗等特定行业的应用需求。5G通过结合AR或VR，可以实现实时人机智能远程交互和智能控制，将大大提高相关工作的效率和安全性。

为加快世界级智慧城市基础设施建设进程，北京应尽早推广5G商用试点，超前布局物联网、智能网联汽车等新型基础设施，并运用5G技术建设智能经济发展先导区，率先打造数据驱动、人机协同、跨界融合、共创分享的智能经济形态，并出台新一代人工智能发展行动计划和芯片产业发展政策。比如可以建设人工智能制造业创新中心，大规模拓展人工智能在先进制造业、公共服务、社会治理等领域的应用场景，建设一批工业互联网平台和智能工厂。

此外，北京城市智慧灯杆建设应与5G小基站共融共生共享。2020年我国将实现5G规模商用，基于5G频谱和网络技术要求，5G小基站站距仅为50～100米，站址数量将达4G的数倍。面对如此海量且更加密集化规模部署的5G站址需求，同时考虑避免重复建设和节约投资，最可行的部署方法是充分利用各种杆件，尤其是高密度的灯杆。因此，北京应推进铁塔基站、路灯、监控、交通指示、广播电视等各类杆塔基础设施的集约建设和共建共享。“一杆多用”的智慧杆将成为5G站址的重要载体，具备“有网、有点、有杆”三位一体的特点，能够对照明、公安、市政、气象、环保、通信等

多行业信息进行采集、发布以及传输，形成一张智慧感知网络，实现对北京城市各领域的精确化管理和城市资源的集约化利用。①

（四）加快北京 CBD 智能化建设，突出北京国际交往中心作用

北京 CBD 是高端产业、高端人才的集聚地，对信息化和智慧建设的需求空间广阔，因此提高北京 CBD 智慧化管理水平对建设北京世界级智慧城市至关重要。

一是完善北京 CBD 数字化国际信息服务系统，采取开放的态度，建立国际信息交流大数据平台。② 首先，构建 CBD 大数据中心，同时构建数据标准规范体系，建立数据交换、数据清洗、数据质量管理、数据分析处理等规则；其次，促进数据融合，采用大数据系统架构，融合各部门及写字楼填报的大量数据；最后，加强数据共享，与工商、税务、统计、质监、发改等相关职能部门及功能区 17 个街乡共享数据，为业务应用与决策分析提供科学的数据支撑。

二是建立以办公、招商、物业等为核心基于物联网的“一站式”CBD 园区公共服务平台。企业在该平台上可以享受到企业注册、知识产权保护、人事代理、物业管理等服务，以及企业信息化、技术支持、人才招聘、在线产品服务、公共检测、投融资等增值服务。同时，在北京 CBD 园区内建设众创服务平台，实现以北京 CBD 为核心的辐射全国及全世界的高尖端人才及技术的众创服务基地。通过众创服务平台，创业团队可以借助互联网技术实现创新与创业、线上与线下、孵化与投资相结合，快速促进企业发展，并吸引国际资本的投资。

三是对标国际一流，积极打造北京 CBD 智慧城市实验区。可围绕打造“国际化商务信息汇聚与决策枢纽、全球智慧化高端商务示范区”的战略定位，紧抓北京 CBD 核心区深化建设的机遇，全面建设高端“智慧楼

---

① 杜振华、郭怀英：《以智慧区域建设促进京津冀协同发展》，《宏观经济管理》2015 年第 9 期。

② 刘波：《北京国际交往中心建设的现状及对策》，《前线》2017 年第 9 期。

宇”，提高智能化服务管理水平。通过夯实智慧信息基础设施、优化高端产业发展环境、强化智慧公共服务能力、提升智慧运行治理水平，重点加强智慧交通出行、社会治理，方便商务活动和人员流动，在一定程度上解决出行难、交通拥堵问题，从而推动北京世界级智慧城市和国际交往中心建设的协同发展。

城市国际化视角下北京地铁建设的对策研究

——以首尔地铁发展经验为例

严驰李懋　黄　帆*

摘　要： 随着城市经济的发展，交通需求正在持续增长。而经济的增长和收入的增加将对国际化城市的交通需求起到推波助澜的刺激作用，但亦将导致环境的恶化和土地的消耗，从而引起城市交通堵塞，影响市民的正常生活起居。城市轨道交通是城市经济发展不可或缺的一部分，是城市的现代化标志，同时对城市经济的各部门之间有着重要的影响。城市轨道交通具有公共产品的经济属性，是城市投资的最大基础设施，它将成为我国城市发展和国际化城市建设中的物质基础和新的增长点。

关键词： 城市地铁　国际比较　北京国际化城市建设

一　城市地铁的存在价值与意义

随着科学技术与城市化的发展，未来公共交通运输的地位在国际化城市

* 严驰李懋，硕士研究生，STUDIOS MACROGRAPH 公司大中华区总负责人、上海同济大学创新创业导师、上海交通大学创业导师；黄帆，博士研究生，福建师范大学公共管理学院讲师。

建设和国际交流中心建设方面越来越重要，其中城市地铁以其大容量、快捷、安全、轻污染、连接城市、节约土地等特点而更具价值和意义。城市地铁交通是一个城市建设史上最大的公益性基础设施，更是涉及面广、综合性强的系统工程，其建设事关国家发展与国际化城市进程，对城市的全局和发展模式都将产生深远影响。经济发达国家的城市交通发展历史告诉我们，只有采用大客运量的城市地铁交通系统作为公共交通骨干网络，才是从根本上改善城市公共交通状况的有效途径，亦将有利于国际化城市的持续发展。①在城市中择定最高效又合适的公共交通系统并非易事，修建城市地铁系统是国际化城市解决交通问题的优选方案之一，这是被世界上其他大城市的实践所证明了的。

二 城市地铁对国际化城市建设的积极影响

城市地铁对国际化城市的建设具有推动作用，完善的城市地铁系统建设将引发积极的附加效应。如城市地铁系统建设、经验运转及维修保养可创造新的就业岗位，带动区域经济，提高市民的流动性和机动性；改善环境条件，减少在市中心运行的小汽车和公共汽车的数量；提高交通安全性，提高沿线物业及房地产开发价值；减少多元复杂的交通形式，保证交通顺畅无阻，优化城市形象。

城市地铁的建设能为国际化城市创造有形资源和无形资源。它不仅能够改善和优化城市布局，提高城市的土地使用效率，给城市商用地带来价值增值，而且能够集中分配城市的人流、物流和信息。其产生的客流量与其所形成的商贸资源价值具有高度的正比性。城市地铁创造的无形资源主要指城市品牌效应及市场资源，主要体现在能创造新的投资环境和机会，能给一定区域的企业带来可能的竞争优势和利益。

城市地铁的存在能够优化城市的环境。充分利用城市地铁交通产生的土

---

① 李雪梅、李学伟：《北京城市轨道交通》，知识产权出版社，2009。

地资源增加值，在沿线及各站点所建社区之间扩大城市绿化面积，提高城市人均绿地占有率，并利用绿地对气候、空气净化及其他方面的调节作用，减少废气排放和噪声污染等对城市环境的影响，提高市民的生活环境质量、提高城市竞争力，能够从根本上改善城市的生态环境。

完善的城市地铁系统对国际化城市结构的改善具有积极作用。它能够减少国际化城市建设过程中道路对土地的占用，节约城市用地；城市地铁交通系统的地下空间资源能使国际化城市的各种市政管道有序布设，避免市政施工中对市容的破坏；利用地下空间修建商场、车库、影院等，使城市商贸结构转变为地上、地下相结合的城市立体商贸结构。[①] 同时，针对城市地铁沿线的主要站点建设相对密集的次市中心区，可对各区间功能进行划分，使城市生活、工作、商业、娱乐社区的结构与功能得到合理分布和完善，强化国际化城市的发展。

三　首尔地铁的现状及影响

（一）首尔交通网络的现况与地铁

根据首尔特别市政府网站介绍，首尔的公共交通主要是由公交、地铁、的士组合成的交通网络。自 2004 年实施公共交通系统改革，采取“准公营制”，结合民间自律的“民营制度”和政府自营的“公营制度”的优点，建立了全新的首尔市内公交体系。公交路线根据四种不同颜色及不同线路号码区分为区间巴士（蓝色）、地铁线巴士（绿色）、循环巴士（黄色）、广域巴士（红色），近些年来特别是针对不同人群需求制定了个性化服务。例如专为夜间加班的上班族提供深夜专用市内巴士的运行；设置青少年使用交通卡的优惠政策；考虑到完全由民营为主的区内巴士仅从投入产出角度考量、安排车次，车辆安排设置由政府财政支持区内巴士的多时段运营等。首尔的

① 李雪梅、李学伟：《城市轨道交通产业关联理论与应用》，中国经济出版社，2009。

士（中型的士、小型的士、大型及模范的士、高级的士）也是根据不同人士需求制定了多样化管理系统与收费标准，如金黄色外观模样的外国人观光的士提供英文、日文、中文预约服务等。

在首尔的交通网络中，地铁系统承担着不可替代的作用。首尔自 1974 年建设第一条地铁（1 号线）之后，相继建设了总共 14 条城市轨道交通运营线路。如今，首尔市区内已建设营运的地铁线路达到 342.6 千米，日运送乘客超过 700 万人次，包含了 9 条序号编排线路和 1 条新设线路共 32 个地铁站台，日运行次数达 4927 次。而历时 23 年之久，分别独立运行的首尔地铁（运营 1～4 号线地铁）与首尔城市铁路公社（运营 5－8 号线地铁）也于 2017 年 5 月 31 日合并为“首尔交通公社”，成为韩国国内最大的地铁运营机构。加强统筹运营能力的建设，缓解了中心城市住宅压力，而通过设置“孕妇关怀座位”“残障人士便利设施”等措施则增强了不同民众之间共同的生活舒适感与幸福感。

通往首尔市区外的地铁由韩国铁道公社（KORAIL）运营，其于 1899 年开通一条铁路，至今跨越百年历史之久，现由韩国国土交通部监管。根据 2017 年 KORAIL 经营报告书数据，2017 年韩国铁道公社拥有 16639 辆 KTX、动车、机关车、客车等，铁路里程达 4077.7 千米，其中地铁里程占 71.9%，即 2932.8 千米；日平均客运 343.4 万名乘客，共计 697 个站台。首尔城市圈轨道包括西海线、盆唐线、新盆唐线等 13 条线路，使得首尔汉江两岸市区与周边新城紧密联系，促进首尔市人口向外围新城疏散，同时缩短居住在邻近城郊的职场人士通勤时间，为发展新城市打造了良好基础。

（二）首尔交通网络中地铁的作用

1. 环保维度

世界观察研究所的地球环境报告书指出，道路交通上所产生的有毒物质一氧化碳、酸化物、碳化氢、重金属钠以及灰尘和煤烟等，是造成畸形儿生育、肺癌和神经疾病等的主要原因，特别是国际化城市的情况更为严重。长时间置身于此类环境中，会引发神经麻痹、运动障碍等现象。将城市地铁与汽车交通的排气污染强度进行比较会发现，城市地铁的实际排气污染要比汽车交通少很多。因此，首尔地铁在建设中也极力强调“为了下一代，运营绿色地铁”这一理念。2017 年韩国铁道公社就环境管理成果部分做出详细解读，如数值管理、大气管理、废弃物管理、土壤管理、消音震动管理等。其中 2016 年首尔城市圈平均总石油烃（Total Petroleum Hydrocarbon，TPH）值为 186 毫克/千克，低于标准 2000 毫克/千克（2017 年数值还未公示）。

2. 经济维度

作为公共服务的重要组成部分，城市地铁的经济维度考量不仅与国家利益相关联，同时与每一位市民的日常生活出行密切相关。首尔的地铁运营是以政府监管为主，公私企业相互合作共赢，为市民提供优质的服务。“首都圈整合换乘折扣制度”对首尔城市圈大众交通费用进行整合，且与利用何种大众交通无关，以使用距离为费用衡量标准，这种制度充分考虑了减轻乘客的经济负担，提高了服务便利性。市民搭乘首都圈地铁和首尔公交时，可以免费换乘地铁或公交，不需要重新消费，按照通行距离的多少来计算费用，即超过基本距离后，每 5 千米增加 100 韩币的费用。

3. 运量维度

相比于中小型城市，国际化城市的基本要求要满足该区域的大量客运需求，特别是每日两回的通勤时间，容易出现人流高峰现象。为解决短时输送大量人群的问题，多种交通手段需并行使用。因此，首尔的地铁站在规划设计过程中，充分考虑到地铁运量大这一问题，设计了多个进出口通道予以缓解。同时引导设施与标语清晰，让乘客在进出站及转站的时候，可以迅速离开地铁拥挤区域。例如首尔 1 号线、2 号线交会的市厅站就设有 12 个站台，分别通向地面道路及主要公共场所。

4. 安全维度

评估交通运载能力的另一个重要考量维度就是安全指标。相比道路交通事故引发的人命事故、财产损失、精神伤害，首尔地铁运输在这方面的损伤可谓大大减少。另外，对于韩国这样的国家来说其具有战争爆发的可能性，因此在国民灾难安全门户网站中明确指出：“若有战争爆发，需就近躲入地下避难所或地下设施（地铁站等）”，地铁站作为灾难庇护场所起到了重要作用。

（三）首尔地铁的具体功能及价值

1. 首尔地铁总体规划层次分明，线路多样，保证全面覆盖首尔各大商圈、景点、机场、客运站等

例如，从首尔市中心首尔站到仁川国际机场2号航站楼，距离达63千米，可选择直达列车（51分钟）或普通列车（66分钟），普通列车的站点可实现多样化的城市快线换乘（1、2、4、5、6、9号线地铁），这一设置不仅符合旅游人士随地铁观光休闲的需要，同时满足商务人士的高速出行需求。

2. 针对公共问题提供有价值的社会服务

根据不同时段需求不同，安排不同频次的地铁运行是最基本的地铁服务。但面对老龄化社会特征越发突出的问题，首尔地铁通过改变地铁站地下空间的通用设计来提高老年人出行的舒适度，如为老年人提供休憩区。还通过大数据技术预测精算地铁站高龄群体的数量和出行频率，以对地铁站地下空间进行再调整。

3. 提供针对不同人群的个性化服务

大多数地铁的规划设计中都针对残障人士、孕妇、小孩提供爱心座位、特殊通道等服务。首尔各站台为残障人士、孕妇、小孩提供贴心服务，有需求的乘客可随时与站台工作人员取得联系。韩国的家庭主妇数量固定，为了体现对家庭主妇与幼儿的关怀，首尔地铁站的规划将看护区域与卫生间的配置作为重点加强的内容进行设置。普通乘客也常常会看到礼让弱者的文字提示或广告。

4. 对于运营服务的细节做到周详有序

地铁站内部或出口多设有便利店，以备乘客搭乘地铁时的不时之需。换乘线路设计尽量做到短时间内可到达换乘地，人群来去分流且尽可能不交会在同一空间，保证站台内部人行通路的顺畅。洗手间设置为男士、女士、残疾人士，且洗手间内放置足够的纸巾及女士生理期用品自动售卖机，各大站台设有专供妇女使用的哺乳室。

5. 首尔在公共交通营运建设中特别关心外籍人士

如地铁站台及地铁上都标注有英文、中文、韩文与日文，的士车内粘贴着有助于外籍人士沟通顺畅的外语服务电话供实时利用。首尔地铁 1 号线与 2 号线站台换乘必经之处，还设置有“独岛是我国领土”的模型（日本称之为竹岛），分别用多国语言（包括日语）进行爱国教育宣传。

四　北京地铁与首尔地铁的比较分析

（一）北京地铁的现况

《北京市“十一五”时期交通发展规划》中明确提到，要以公共交通的主体地位为目标，以建设合理、完善、安全的轨道交通客运网络为手段，为建设节约型可持续发展的国际化城市而努力。2016 年末，北京市城市轨道交通运营线路共 19 条，运营规模 573. 4 千米，配属列车 844 列，日均实际开行 7819 列次，高峰时段最少发车间隔 120 秒，旅行速度 37. 88 千米/小时，日均运营时间 18. 59 小时，年客运量达到 36. 6 亿人次，日均客运量超过千万（1002. 5 万人次），市郊铁路运营规模 77 千米。截至 2017 年 12 月，北京地铁西郊线、S1 线和燕房线开通，里程达到 608 千米，初步形成了覆盖六环内主要功能区的地铁网络。地铁客运总量快速增加，2017 年北京地铁全年客运量共 37. 78 亿人次，工作日日均客运量 1171. 64 万人次，有力支撑了城市交通的正常运行。同时 2018 ~2019 年将增开 9 条线路，共 130 千米，总里程 1374 千米。

（二）首尔地铁与北京地铁的比较

相较于首尔地铁，北京地铁在运行总里程及支付手段上有着卓越表现。特别是在支付手段这个层面，在原有地铁卡的基础上新增加手机“易通行”App 支付方式，民众在利用地铁的过程中省去服务台、站台机器充值的环节，乘坐地铁更加便捷。此举不仅便利了民众，对于地铁管理者来说，借助手机端智能收集的地铁使用数据，为大数据的统计与分析提供了夯实的有效数据库，同时也为“个性化出行服务”奠定了建设基础。

但是在总体规划方面，与层次分明、线路均匀多样的首尔地铁系统相比，北京地铁的中心城北部地区线路明显多于南部地区。北部多条线路的客流相对均衡，且客流量比较大。南部地区客流主要集中在4号线－大兴线上，靠一条线路挑大梁。另外，北京地铁的站点压力也存在不均衡现象。工作日早高峰进站客流量较大的车站主要集中在居住组团，其中回龙观、天通苑、定福庄、通州、南三环东段几个区域进站量较大。

在主要区域方面，首尔地铁在中心城区域建设方面表现突出，通过多种交通手段并行使用来缓解这一区域的人流压力，使均质化的地铁系统和主要区域相对集中的交通需求形成正比。目前，北京地铁虽然保证了中心城区域轨道交通的覆盖率，但是对于重点地区的支撑力度有待加大。例如国贸地区目前有10号线、1号线的支撑，但是这两条线路都是超负荷运营。尤其是线网中长度最长、客运量最大的10号线，其东段劲松至呼家楼区段客流压力极大，在劲松等站点限流的前提下，早高峰双井至国贸断面满载率在100%左右。同时，10号线作为环线与其他线路换乘点多，东部和北部车站无法承担更多换乘客流，抑制换乘线路进一步增加运力，形成了全网的瓶颈掣肘。

在运量维度方面，与首尔城市地铁趋于完善的网络系统相比，目前北京地铁体系层次相对单一，以普速地铁为主，通过延伸既有轨道的交通线路来服务外围新城地区公共交通覆盖。北京人口基数庞大直接影响地铁的总体运量及运行成本。事实上北京地铁的运力相较于过去已有明显提升，但对于我国城市化进程发展前列的大城市来说，针对不同时段通勤以及夜间加班工作的人群，十点、十一点就停止运行的地铁就显得运营时间设置不够人性化。为了公共交通最需要也是最受益的群体，适当延长运营时间，或者加开夜间地铁，都是比较合理的办法。首尔地铁就有实施针对夜间加班工作的人群提供延长运营时间、加开夜间地铁等类似办法。

北京地铁在速度性和安全性上比起其他交通方式更加优秀，但在换乘方面还有待升级。虽然设计了自动扶梯和直梯，但更根本的是要在地铁的计划阶段就要开始考虑换乘路线。另外，由于北京地铁站普遍与周边住宅、办公区的衔接存在距离长、步行环境差等问题，导致相当一部分乘客搭乘地铁出行的热情被降低。

在运营细节方面，北京地铁虽然在运力、里程等方面表现突出，但与首尔市的地铁运营情况相比还存在一定的差距，尤其在细节方面关注不够。除去手机端支付宝支付功能外，在原有地铁卡的设计上，首尔地铁卡可以和便利店通用，某些类型银行卡的乘客可以不购买地铁票直接刷银行卡进站，地铁票价会自动在银行卡中扣除。目前，北京地铁卡尚未形成通用的交通卡，在卡的类型上也并未过多地体现出灵活多样。另外，站台里等候地铁的位置设置有待优化，老弱病残的车厢上车点标识不清，不利于老弱病残群体提前等候。首尔地铁将每节车厢的两个端头都设置为弱势群体座位，在上车点的站台地面上就已明示。由于此设计运行多年，在首尔乘坐地铁时可以发现，基本上不会有普通民众落座于弱势群体座位的现象。

（三）北京地铁存在的问题

北京是在政治、经济、科技、文化与地理位置方面都有着巨大优势的国际化大城市，对世界各国具有很强的吸引力。随着城市规模的不断扩大，人口迅速增加、市中心的房屋及人口密度、就业岗位高度集中，由此带来的交通需求猛增。通过以上首尔地铁和北京地铁的比较可以看出，目前北京地铁在总体规划和系统发展方面、主要区域的建设和换乘体系方面、覆盖人口与实际运量方面、运营服务与乘客需求方面仍然存在着一定的问题。而这些问题将影响北京的国际化城市建设进程，因此，需提出切实可行的升级方案，缓解与改善“短时暴增”“常时服务”“站内文化建设”等交通问题。

五　对策和建议

（一）站内建设

首先，应该加大对老弱病残让座的宣传力度，明确该群体在各节车厢的上车点，增强普通民众爱护弱势群体的意识。其次，各大站台应设置残疾人士洗手间、妇女哺乳室，女士洗手间内可设置生理期用品自动售卖机等便民设施。最后，近年来我国利用各项政策红利，引进高端、优秀的外国人才助力于我国的产业结构转型，在建设国际化城市的过程中，更加要关注并做好外籍人士管理服务的相关工作。提供便利的出行方式不仅仅关系到外籍人士的在京生活体验，也事关北京这座城市的国际化建设与文化传播。我国在公共交通营运建设中应该关注到外籍人士的需求，提供不同语种的文字提示，以便利于外籍人士群体在华生活，同时应充分利用公共空间，完善站内建设。

（二）有效运行

北京市主要地铁据点之间可连接急行地铁，即快速地铁。在地铁运营速度基本保持不变的情况下，采取多站一停的方式。通过缩短地铁的运行时间来确保网络的体系性。目前在国贸等主要区域尚使用普通循环地铁的方式载客，既有 10 号线和 1 号线已超负荷运行，而在此区域新增开地铁线路暂时不现实的情况下，可通过在原来线路上开设急行地铁的方式来保证出行的畅通，从而产生中心性。急行地铁会提高时间的使用效率，北京作为不断高速发展的国际化城市，出行时间的减少会带来更高的工作效率和城市的可持续发展。

针对不同时段的不同乘客需求，应体现公共交通的普众性，为不同时段通勤及夜间加班工作的群众提供公共交通服务，在考虑成本的基础上加设夜间整点运行的单次地铁或适当延长部分线路的地铁运行，运行时间提前公布于地铁网站。这一举措是地铁高效运行之外人性化建设的重要组成部分，需要重视及尽早做出微调。

（三）换乘体系

不同地铁线路间的换乘。目前，北京地铁的换乘体系一般是在现有站台就近位置设置新的站台，利用电梯或楼梯来实现换乘，但是存在台阶多、通道和动线长等问题，给乘客的出行带来不便。为解决这一问题，在换乘设计时可以首先采用新设路线和现有路线间直接连接的方式，现有路线的地铁可以直接进入新设路线，新设路线的地铁也可以直接进入现有路线。这样就无须在线路交叉点设站，让换乘变得更加方便。

地铁和其他公共交通间的换乘。首先应尽量将地铁站设置在公交车站附近，乘客乘坐电梯到达地面后可以直接换乘公交车或者出租车。其次可改善换乘交通收费体系，出台一系列吸引市民乘坐地铁的优惠政策。例如30分钟内免费换乘系统，即乘客在出站后的30分钟内再次乘坐地铁或者公交车时，实行免费政策。降低出行成本，提高地铁卡的使用效率，可以让更多的市民选择地铁出行方式，从而建设一个更加经济、便利的国际化城市。

（四）精神文化

北京地铁空间范围内，精神文明的建设至关重要。目前，地铁站内以各类商业广告居多，商业层面的繁荣可以加速国际化城市的发展，但是对于乘客，特别是青年乘客人群的思想和审美引导同样重要。“青年强，则国强”，北京地铁在面对将肩负起未来社会责任的青年人群体需求方面需要下足功夫。例如可在地铁空间范围内设置多种书店，传播中华文化，培养全面素养；同时，可以设置各式美术作品展览、花卉、手工制品展示等。除此之外，还可设置多样化的信息服务终端，激发青年人了解新兴市场，特别是对高科技产品的关注，从而激发想象力与创造力。这将为北京的国际化城市建设提供坚实的基础。

六　结语

以公共交通为基点，全面建设环保且便捷的地铁系统，将赋予城市更加有效的发展动力与充沛的生命力。北京在国际化城市建设中应该汲取首尔在城市建设中的优点，在地铁规划与建设中充分体现以人为本的精神，在环保、经济、运量、安全四大维度上尽可能地考量市民出行的便利与安全，同时改善城市环境、创造新就业岗位、带动区域经济、优化城市空间布局、连接城市与邻近城市、优化城市形象，其最终目的是给北京市民在绿色出行时带来便利，增强市民的幸福感，此举亦将助力于北京国际交流中心的建设。

专栏六　组织管理篇

以京津冀协同发展战略推动北京国际交往中心建设

张金鑫　张晓倩*

摘　要： 2014 年中央经济工作会议将京津冀协同发展、“一带一路”、长江经济带定为我国区域发展的三大战略。本文借鉴管理学中协同效应的概念剖析了以京津冀协同发展战略推动北京国际交往中心建设的作用机制，梳理了京津冀协同发展过程中北京国际交往中心建设面临的挑战，并在借鉴国际经验的基础上提出以京津冀协同发展战略推动北京国际交往中心建设的相关政策建议。

关键词： 京津冀协同发展　协同效应　北京　国际交往中心

* 张金鑫，中共中央党校（国家行政学院）研究生院博士研究生；张晓倩，中共中央党校（国家行政学院）研究生院博士研究生。

2014 年 2 月 26 日，习近平总书记主持召开座谈会发表重要讲话，要求北京、天津、河北三地打破“一亩三分地”的思维定式，强调实现京津冀协同发展是面向未来打造新的首都经济圈、推进区域发展体制机制创新的需要，是一个重大国家战略。同时，习总书记要求北京明确城市战略定位，坚持和强化首都全国政治中心、文化中心、国际交往中心、科技创新中心的核心功能，深入实施人文北京、科技北京、绿色北京战略，努力把北京建设成为国际一流的和谐宜居之都。2017 年《北京城市总体规划（2016 年 - 2035 年）》提出落实城市战略定位，优化提升首都核心功能，深入推进京津冀协同发展，加快国际交往中心建设，构建以首都为核心、生态环境良好、经济文化发展、社会和谐稳定的世界级城市群。当前，以京津冀协同发展战略推动北京国际交往中心建设既是贯彻落实习近平新时代中国特色社会主义思想的重要内容，又是新时期解决我国区域不平衡、不协调问题的重要实践。

一 以京津冀协同发展战略推动北京国际交往中心建设的作用机制

“协同”是指协调两个或者两个以上的不同资源或者个体，和谐一致地完成某一目标的过程。在此，借鉴管理学中协同效应概念分析京津冀协同发展对北京国际交往建设的作用机制。协同效应，最早由德国物理学家赫尔曼·哈肯提出，原为一种物理化学现象，又称增效作用，是指两种或两种以上的组分相加或调配在一起，所产生的作用大于各种组分单独应用时作用的总和。后来，美国战略管理学家伊戈尔·安索夫将协同理念引入企业管理领域。协同效应引申为企业生产、营销、管理的不同环节、不同阶段、不同方面共同利用同一资源而产生的整体效应。本文将京津冀协同发展效应界定为：三地通过主体功能定位清晰和区域之间良性互动、协调共进，实现人口、资源与环境的和谐，城市群综合实力和经济社会发展水平显著提高，实现“1 +1 +1 >3”的效果。

从理论与实践结合角度来分析，京津冀协同发展对推动北京国际交往中心建设作用非常明显，既有直接效应，又有间接效应（见图 1）。

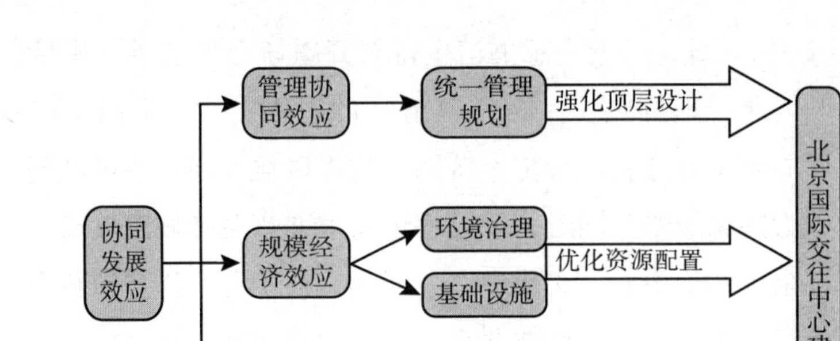

图 1　京津冀协同发展与北京国际交往中心建设

（一）管理协同效应

管理协同效应原指协同给企业管理活动在效率方面带来的变化及效率的提高所产生的效益，具体在企业管理中，可表现为管理费用的节省、企业运营效率的提高、过剩管理资源的充分利用。京津冀协同发展，就是三地政府打破地域管理的思维定式，突破以省份为边界的管理模式，按照国家全面深化改革的要求，通过科学规划、深化体制机制创新，加快破解各种行政壁垒和制度障碍，统筹优化区域功能分工、产业分工和空间布局，形成目标同向、措施一体、互利共赢的协同发展新格局。具体在行政管理中，通过成立领导小组、专题工作小组、联络员等制度，联络、沟通和协调开展各项合作，制定京津冀协同发展相关规划，形成可操作的具体措施。例如，构建京津冀外事管理协同机制，强化外事管理顶层设计，在外宾接待、出入境管理、侨务建设等方面深度合作，进而推动北京国际交往中心建设。

（二）规模经济效应

规模经济效应是指随着企业生产规模扩大，单位产品所承担的固定费用下降从而导致收益率提高的现象。规模经济，在微观经济学理论中，又叫规模报酬递增，即在一定产量范围内，由于生产规模扩大，企业可以获得专业化和劳动分工优势，更高效地利用专用资本设备，从而导致投入增加时产出以更大的比例增加。京津冀协同发展，就是基于合作共赢理念、优势互补原则和资源环境承载力，形成目标同向，交通基础设施、基本公共服务与民生保障、生态环境保护一体化的协同发展新格局。生态环境和基础设施，作为公共物品，具有显著的外部性。京津冀通过加强生态环境保护合作，启动大气污染防治、水资源和水环境保护治理、清洁能源使用等协作机制，努力扩大环境容量生态空间；同时，通过建设快速、便捷、高效的互联互通综合交通网络，打造交通一体化，着力构建现代化交通系统，推动北京国际交往中心建设。

（三）产业协同效应

产业协同效应是指不同区域间通过优化产业布局和升级产业结构，发挥产业纵向协作化优势，消除产业同构和同质发展带来的资源浪费与经济效益低等现象，推动技术进步和市场创新。京津冀协同发展，就是对接三地产业规划，理顺产业发展链条，形成区域间产业合理分布和上下游联动机制，并通过优化城市布局和空间结构，促进城市分工协作，提高京津冀城市群综合承载能力和高质量发展水平，进而推动北京国际交往中心建设。

二　京津冀协同发展过程中北京国际交往中心建设面临的挑战

（一）生态环境治理与国际交往中心的生态宜居要求存在差距

2015 年底，京津冀三地环保部门签署《京津冀区域环境保护率先突破合作框架协议》，以大气、水、土壤污染为主要防治目标，采取统一规划、统一标准、统一检测、协同治污等十项措施，为提升及改善京津冀区域生态环境质量提供工作框架。五年来，京津冀落实生态文明建设和环境保护任务，三地联防联控，生态环境协同治理取得阶段性成果。例如，京津冀合力推进控车节油、压减燃煤、清洁能源改造等任务，加快清洁能源工程建设，北京中心城区基本实现无燃煤锅炉。2018 年，北京市 PM2.5 年平均浓度创有监测以来历史最低，为 51 微克/立方米，比 2013 年累计下降 42.7%。同时，京津冀及周边地区“2 + 26”个城市 PM2.5 年均浓度为 60 微克/立方米，同比下降 11.8%。

但是，从地理位置、经济发展、政治地位来看，京津冀三地的情况各有不同。由于区域发展的不平衡，各自在环境治理政策、标准、能力、污染源等方面存在较大差距。例如，与京津两地相比，河北由于产业结构仍以钢铁、煤炭、水泥、焦化等高耗能、高排放行业为主，在环境治理中存在明显短板。同时，京津冀生态环境协同治理过程中，缺乏明确的法律供给与高效的考核制度，致使三地刚性约束匮乏，地方保护主义难以根除，利益协调机制难以推进。可见，与纽约、伦敦、东京、日内瓦等生态宜居国际交往中心相比，京津冀协同发展中无论是生态环境指标还是环境综合治理能力，都存在较大差距。

（二）交通设施一体化与国际交往中心的重要枢纽要求存在差距

京津冀交通一体化是京津冀协同发展的基础和先导，对调整优化城市空间布局具有重要的支撑作用。2015 年，国务院印发《京津冀协同发展交通一体化规划》，三地加快构建一体化交通网络。五年来，京张高铁、京唐城际、京沈客专等“轨道上的京津冀”加快搭建骨架；三地联手打通京台、京港澳、京昆、首都地区环线等高速公路和干线公路对接路，京雄高速正在加快推进前期建设；北京大兴国际机场航站楼进入精装修阶段，飞行区三条跑道成功贯通，机场整体将于 2019 年内通航运行。

目前，京津冀三地仍然存在运输结构不合理，客货运输主要依赖公路，集约化、综合化的轨道运输占比较低等问题。例如，虽然北京出行结构中公共交通占比已超过小汽车占比，但仍低于纽约、巴黎、东京等国际大都市，城市交通拥堵依然严重。同时，京津冀大型交通枢纽布局与城市功能布局脱节，枢纽功能定位与周围土地空间利用性差，降低了交通一体化的运输效率。可见，京津冀协同发展中交通一体化构建与国际交往中心建设的国际重要枢纽和高效通行效率要求，仍存在较大差距。

（三）优化空间布局和产业分工仍与国际交往中心的产业承载要求存在差距

京津冀三地以疏解北京非首都功能为“牛鼻子”推动优化区域产业空间布局、推进产业协同发展。2017 年，为进一步引导三地产业有序转移与精准承接，京津冀三地共同研究制定了《关于加强京津冀产业转移承接重点平台建设的意见》。三地立足各自功能和产业发展定位，引导创新资源和转移产业向平台集中，促进产业转移精准化、产业承接集聚化、园区建设专业化。目前，“2 +4 + N”（包括北京城市副中心和雄安新区两个集中承载地，曹妃甸协同发展示范区、北京新机场临空经济区、天津滨海新区、张承生态功能区四大战略合作功能区及其他专业化、特色化承接平台）产业合作格局更加巩固。在重大产业合作项目带动下，2015 年以来北京到津冀投资的认缴出资额累计超过 7000 亿元。但由于京津冀地区经济发展不平衡，产业分工相对独立，同质化竞争明显，产业协作水平较低，迄今尚未形成合理的产业梯度和紧密联系的产业链。可见，京津冀协同发展中优化空间布局与产业分工，与国际交往中心建设的产业结构升级和产业空间重新配置要求，仍存在较大差距。

三　地区间协同发展的国际经验借鉴

（一）协同发展治理环境推动国际交往中心建设的经验借鉴

城市的人口集聚和空间扩张难免会对生态环境造成负面影响，伦敦、芝加哥、纽约等国际大都市都出现过严重的环境问题。这些城市在生态环境保护与环境污染治理过程中，积累了大量的宝贵经验。在此，将论述伦敦地区协同发展治理雾霾的历程和采取的措施。作为工业革命发源地和工业中心的伦敦是世界上最早出现雾霾问题的城市之一。随着伦敦进入工业急速发展期，煤炭的消耗量不断增加，在1813年伦敦发生了最早的空气污染案例。1952年12月，伦敦发生震惊世界的“伦敦烟雾事件”。在伦敦地区烟雾事件中共有4000多人死亡。在此后的两个月内，又有近8000人死于呼吸系统疾病。事件发生后，首先，英国政府通过建立完善的法律法规体系，严格依法治理雾霾。1956年，英国颁布了世界上首部空气污染防治法案——《清洁空气法》。1995年，英国又制定了国家空气质量战略，规定包括伦敦在内的各个城市都要进行空气质量的评价与回顾，对达不到标准的地区必须强制在规定期限内达标。其次，加大财政投入，研发利用清洁能源等技术，大力发展低碳经济。例如，伦敦政府采用补贴的办法帮助居民改造燃具，并禁止所有工业企业用煤炭和木柴做燃料，其产生的废气也均须利用物理和化学方法加以净化，达标后才可排出等。最后，协调政府、企业、市民等多方利益，构建相互联系、相互作用的政策体系，初步形成以市场为基础，以政府为主导，以全体企业、公共部门和普通居民为主体协同治理雾霾的互动体系。现在伦敦已经基本抛弃“雾都”的帽子，作为生态宜居的国际交往中心，吸引力再度回升，以上经验值得借鉴学习。

（二）交通等基础设施一体化推动国际交往中心建设的经验借鉴

伦敦、巴黎、纽约、东京等国际交往中心都具有运行高效的国际交通枢纽和完善便捷、服务优质的公共交通。在推动城市间的协同发展，加快构建快捷、高效、安全、大容量、低成本的互联互通综合交通网络方面，国外有许多先进经验值得借鉴。例如，东京都市圈综合交通系统的规划和建设，与中心区人口、行政、经济、文化等职能疏导相适应，优先建设环状线路，疏导过境交通、绕行交通，合理分配交通流，改善中心区交通拥挤状况。目前，东京首都圈已建立起完善的轨道交通体系，主要包括新干线、私营铁路和地铁三种类型。其中新干线和私营铁路主要负责市际、各区域中心之间和市内部分交通；地铁则通过高效便捷的交通换乘枢纽，把居民输送到东京都的各个地方。在东京都任何区域，人们步行10分钟内均可到达地铁站口。此外，东京的轨道交通还拥有高质量的设计与服务，每天早高峰时段东京中心区轨道交通出行率达到90%以上，而小汽车出行率仅为6%。此外，在货运物流方面，东京都市圈内将区域物流中心和市内集配中心的布局与道路网、车站、港口、机场统一规划，破除区域间物流一体化的障碍和分割，实行区域物流的无缝对接，提高了资源配置的整体性和高效性。

（三）优化空间布局与产业分工推动国际交往中心建设的经验借鉴

随着国际大都市城市化进程的推进，空间和产业资源限制成为不可回避的问题。在有限空间内，由于人口、资源等都是有限的，只有通过区域间空间布局的优化和产业分工的强化推动产业协同发展，提升产业经济的承载力。在这方面国外有许多先进经验也值得借鉴。例如，一方面，巴黎在1965年首次提出新城概念和卫星城计划，通过控制市中心建设的进一步扩大，将城市结构由同心圆模式，转变为具有多个新城和副中心结构。1994年的《法兰西岛地区发展指导纲要》提出，通过多极化的区域中心来牵制、控制城市蔓延。在历次规划的调整中新城始终是区域发展的重要组成部分，规划的区域空间结构也基本稳定。巴黎新城和副中心是城市区域的重要组成部分，服务于新城居民和广大郊区原有居民，从而强化城市之间的互动联系，实现区域间的协同发展。另一方面，巴黎大区通过调整市区、副中心和新城之间的产业结构，优化产业升级。目前，大区南部为高新技术开发中心，拥有众多高等院校和研究机构，而一些金融保险业、商业性服务业和运输业等产业分布集中在巴黎近郊的一些城镇，最终整个大区形成以服务业为主的产业结构和空间配置。

四　以京津冀协同发展战略推动北京国际交往中心建设的政策建议

（一）着力扩大环境容量生态空间，加强生态环境保护合作，为国际交往中心营造宜居环境

第一，三地深入探索实施区域生态空间协同管控。通过共同协商公开

立法，实现法规资源共享，扩大协同立法的实施效果。第二，着眼于三地产业结构和污染源的差异，细化污染物排放的标准细则，统一环境治理方面的制度性标准。第三，三地通过全面开展“大督察”“严问责”，实现环保压力层层传导，进一步加强基层环境能力建设，不断补齐存在的短板。第四，建立环境治理利益协调补偿机制。三地设立区域环境治理专项资金，出台区域内有关补偿资金筹集、调配、运作、管理的各项法规政策，以“谁受益、谁补偿；谁污染、谁付费”原则，建立京津冀生态环境协同补偿制度。

（二）着力构建现代化交通网络系统，补足公共服务供给短板，为国际交往中心提供完备基础设施

第一，完善互联互通的城际轨道网等公共交通设施建设，鼓励低碳交通出行。低碳交通出行不仅包括公交车、地铁等公共交通出行，还包括步行、自行车等非机动出行方式。发展低碳交通有利于节约能源消耗、减少机动车尾气排放和提高交通运行效率。第二，加快建立区域交通运输体系，提升天津、石家庄等城市的客货运枢纽地位，与北京共同构筑国际门户和国家综合交通枢纽。第三，促进三地各机场之间的分工协作，立足北京新机场建设服务于区域的立体交通运输体系与国际物流基地。第四，着眼于京津冀空间结构，结合雄安新区、城市副中心规划建设和2022年冬奥会筹办，优化跨区域重大基础设施建设布局。

（三）调整优化城市布局和空间结构，加快推进产业对接协作，为国际交往中心提供经济实力支撑

第一，有序推进疏解北京非首都功能与津冀承接产业转移对接。三地要用互补和共享的产业政策，共同谋划产业对接项目，弥合发展差距，贯通产业链条，重组区域资源。第二，以协调三地经济利益分配为出发点，建立财税政策协同机制和产业转移新增利益分享机制。第三，各区域优化产业分工，完善城市群的空间结构体系，促进三地协同发展，加快提升城市发展水

平，促使京津冀经济实力向世界级城市群方向迈进。第四，强化京津高端服务产业功能合作对接，京津冀共同构筑面向国际的开放平台。

（四）进一步优化顶层设计，从协同发展共建共管走向共享共赢，推动国际交往中心建设

第一，创新协同发展理念，优化顶层设计，突出跨区域协同治理、利益共享的思想，以大区域思维提升京津冀城市群发展水平。第二，坚持以改革为动力创新投融资体制机制以及加强土地和资金等要素供给，充分发挥政府引导与市场主导作用，引入多元主体共同参与区域治理的新模式。第三，强化法律规章制度建设，体现区域治理的法治化思维。第四，加强三地人才资源开发，通过创新育才、选才、用才和留才的人口合作机制，推动协同发展中的国际交往中心建设。

北京市外籍人士安全防控风险点与风险管控

杨鸿柳*

摘　要： 中国的改革开放已经走过了40年的光辉历程。改革开放40年来，北京的变化始终处于全国前列，在京外籍人士的数量呈几何式增长。同时，外籍人士在京违法案件与在京外籍人数出现正相关联系。这不仅影响了北京市社会治安的稳定，而且扰乱了正常的出入境管理秩序。因此，对外籍人士的安全防控逐步引起北京外事部门的关注。本文从分析北京市外籍人士的人口结构及分布情况入手，探究外籍人士可能在北京从事的犯罪活动，并从中发现外籍人士可能在北京从事犯罪活动的促成因素，继而针对性地提出防范相关风险的具体措施，最后提出实施复合型治理的意见。

关键词： 北京　外籍人士　安全防控

改革开放40年来，中国同世界其他国家的合作交流逐步拓展深入，入境我国的外国人数也逐年增多。据公安部出入境管理局统计，仅2018年第一、二季度入境的外籍人士就多达1492万人次，同比增长6%。北京作为承担中国各项重大外交外事活动的重要平台，已然成为世界看中国的首要窗

* 杨鸿柳，北京市社会科学院外国问题研究所在站博士后。

口。城市建设快速发展、社区生活宜居繁华、国际高端资源和外籍人员数量急剧增长，大规模的入境者一方面促进了中外政治、经济、文化、科技等各方面交流与合作，另一方面给我国治安管理、犯罪防范等领域带来新课题、新挑战。北京作为国际化大都市、京津冀地区的国际交流中心，已经吸引很多外籍人士入京，因此深化对在京外籍人士的了解，并分析总结其规律性，对于在京外籍人士的安全防控尤为重要。

一　北京市外籍人士的人口结构及分布情况

（一）北京市外籍人士的人口结构情况

总体人口结构方面，近年来在京外籍人数逐年迅速攀升。这一急剧增多的人群主要包括三类：一是在京工作的外国人及其家属等；二是在京外国留学生；三是到京旅游的外国人。根据首都经贸大学黄荣清估计，在北京的外籍人士中，在京工作的约占外籍人口的 36.77%，探亲家属约占 27.21%，留学生约占 17.43%，游客约占 18.58%。[①]

从上述统计数据可知，在京外籍第一类人员，即在京工作的外国人及其家属约占在京外籍人士的 63.98%。其中在企业就业的外国员工约 23400 人，占比 13.85%；中国政府招聘的“外国专家”约 31729 人，占比 18.78%；他国驻京工作单位的外交人员约 7000 人，占比 4.14%。此外，还有许多外国驻京新闻媒体从业者。

值得注意的是，近年来北京留学生招生规模逐年增加。自 1973 年全国高校恢复招收留学生以来，在京外籍留学生规模迅速扩张。北京成为全国吸引留学生学习交流人数最多的地区，常年位居留学生招生量之首，留学生的国别同样呈现大幅增长的趋势。北京地区留学生 1989 年的招生人数为 1812 人，到 2016 年增长到 77234 人，28 年间增加了 41.62 倍。在留学生构成比例上，呈现亚洲留学

① 黄荣清：《北京的外国人数量研究》，《北京社会科学》2010 年第 2 期。

生数量最多、占比最高，非洲学生增长幅度最快的变化趋势。由于地缘相近、文化相似，亚洲国家成为在京外国留学生的主要来源地区。非洲国家来华留学生从2011年开始大幅增加，2012年非洲留学生同比增长30.41%，2015年首次超过美洲学生，成为来华人数排名第三的大洲（见图1）。

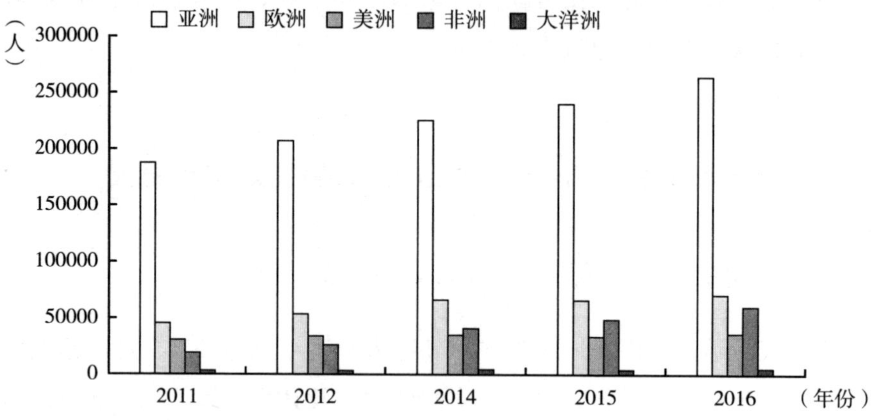

图1　来北京留学的外籍学生

资料来源：根据《来华留学生数据发布》（2011～2016年）数据整理。

从北京入境的外国旅游者，1978年为15.4万人次，1988年为86.5万人次，2008年为335.7万人次。[①] 外国旅游者从1978年到2016年的39年间，增加了339.4万人次，平均每年增加近9万人，平均年增长率约为5.8%（见图2）。

（二）外籍人士在京区域分布情况

北京外籍人士主要聚集在五道口、望京和使馆区以及其他一些地区。五道口因为清华大学、北京语言大学、中国地质大学（北京）等一些学校的存在，聚集着大量外国留学生，成为外国人口相对集中的地区。此外，麦子店、国贸雅宝路、酒仙桥等，也是外籍人口相对集中的地区（见图3）。

① 数据参见《北京统计年鉴2017》。

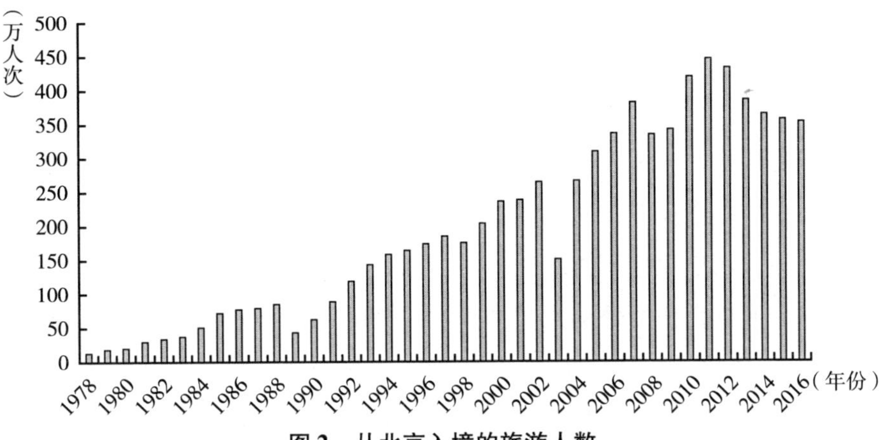

图 2　从北京入境的旅游人数

资料来源：根据《北京统计年鉴》（1978～2016 年）数据整理。

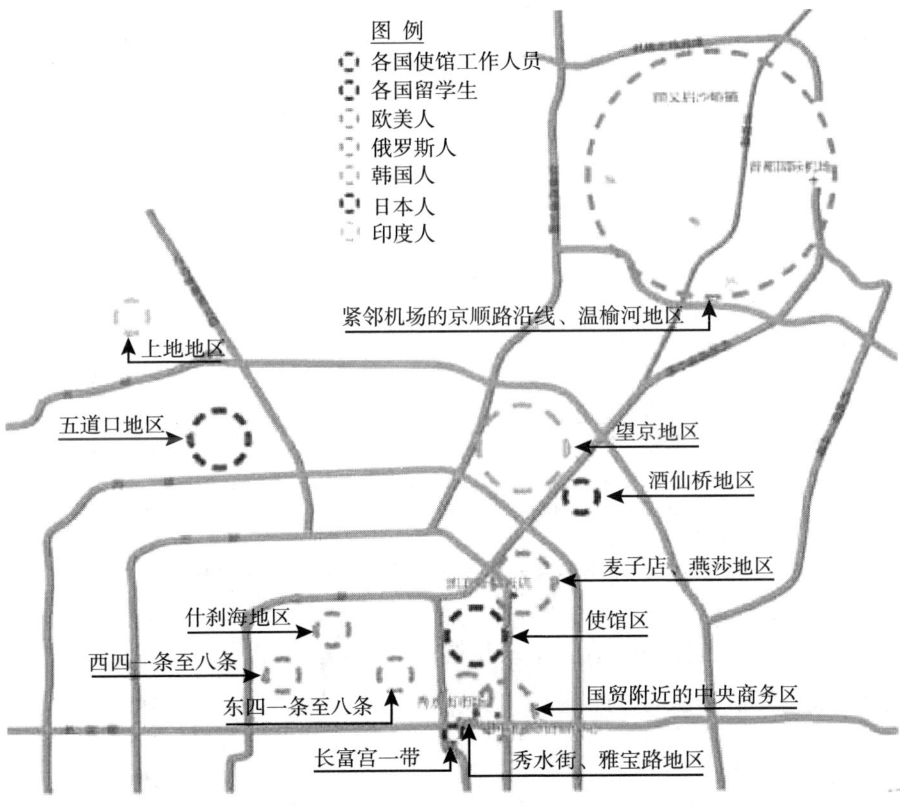

图 3　北京外籍人士聚居地区

注：中国国家地理。

二　外籍人士可能在北京从事的犯罪活动

犯罪数量及涉案人数逐年增长。北京国际化发展持续加深、加快，来京的外籍人士同步增加。与此同时，在京外籍人士的犯罪数量及案件涉及人数虽增幅较小，却呈现逐年递增的趋势。据统计，2004 年到 2010 年北京市审判机关追究刑事责任的外国人犯罪案件，2004 年共 17 件 24 人、2005 年共 16 件 25 人、2006 年共 19 件 27 人、2007 年共 76 件 95 人、2008 年共 87 件 107 人、2009 年共 101 件 121 人、2010 年共 70 件 80 人（见图 4）。[①] 在京犯罪人员涉及罪名相对集中且多样化。据不完全统计，2018 年 8 月 21 日至 9 月 17 日，北京市公安局下发涉外行政处罚决定书共计 23 份，其中 18 人涉嫌非法居留，4 人涉嫌吸毒，2 人涉嫌非法就业。[②]

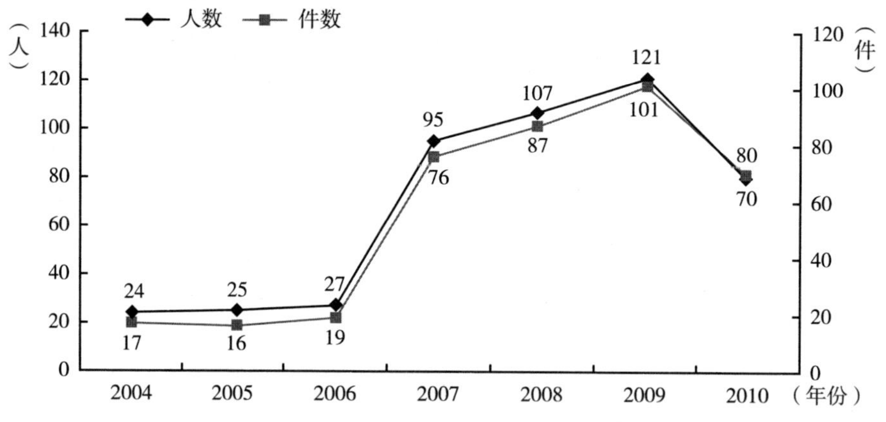

图 4　北京市追究刑事责任的外国人犯罪基本数据

出于外籍人员母国政治、军事和技术发展需要的犯罪。对间谍的防范成为近年来尤其值得关注的安全防控风险点。据法新社统计，截至 2015 年，

---

① 于志刚：《在华外国人犯罪的刑事法律应对》，《中国社会科学》2012 年第 6 期。

② 于志刚：《在华外国人犯罪的刑事法律应对》，《中国社会科学》2012 年第 6 期。

在华外国间谍一共有 115675 人，包括军事间谍与商业间谍，其中外籍人士 48564 人，中国籍人士 67111 人。据《北京晚报》2018 年 4 月 10 日报道，北京市国家安全局发布《公民举报间谍线索奖励办法》一年来，该局共接到社会各界群众及境外人士拨打“12339”举报电话和信访渠道举报近 5000 次。有的间谍在中国潜伏数十年之久，日本间谍阿尾博政在其著作《自卫队秘密谍报机关——被称为青桐战士》中自述，他以经济学学者身份潜入中国，从 1982 年开始，为日本陆上幕僚监部呈报了约 150 篇关于中国情况的报告，前后加起来，在中国潜伏了整整 37 年之久。

出于个人需求的犯罪。就目前北京地区受理的案件来看，外国人犯罪主要涉及三类罪名：第一类为财产型犯罪，如盗窃、诈骗等。如 2018 年 8 月 13 日，北京市丰台公安分局刑侦支队破获尼日利亚籍男子冒充退役美国大兵，以团伙形式诈骗中国居民 500 余万人民币；2015 年 3 月 16 日，马来西亚籍男子涉嫌抢劫王府井大街钟表店，从店内抢劫 11 块手表，赃物涉及金额巨大。第二类为涉毒犯罪，涉及制毒、贩毒、吸毒等罪名。仅就 2018 年 8 月至 9 月的 23 份北京市公安局行政处罚决定书而言，其中涉嫌吸毒 4 人，占案件总量的 17.39%；2017 年 7 月，北京市西城区警方查获外籍毒贩，收缴冰毒 10 余公斤；2014 年 2 月至 5 月，北京市公安局一举打掉多个由外籍人员组成的涉毒团伙 39 人。第三类为侵犯公民人身权利、民主权利型犯罪，包括杀人、强奸、交通肇事等涉及被害人的犯罪案件相继出现，如 2012 年 5 月，英国籍男子酒后在公共场所对一女子进行猥亵，路人发现后制止并报警，警方及时赶到现场将该男子抓获；2011 年，43 岁的俄罗斯籍基多夫被北京市中二院以故意杀人罪的罪名判处无期徒刑，这是北京首例外国人受雇杀人案。

基于上述外籍人员在京从事犯罪的类型、数量，并结合当前形势进行分析，笔者认为，今后一个时期外籍在京人员可能从事的犯罪活动类型，一是出于外籍人员母国政治、军事和技术发展需要的各类间谍。这是因为目前中国是一个政治、军事和技术崛起的大国，导致一些传统大国的担忧，甚至要遏制中国的崛起。二是出于个人需求的财产型犯罪。这是因为随着中国经济的发展，北京的经济水平和生活条件逐步改善，致使一些贫困落后国家人员希望到北京获得更好的生活条件，但又缺乏谋生能力。三是出于年龄较小，思想不够成熟，可能被利用从事各种类型的犯罪。这是因为近年来北京留学生招生规模逐年增加，而我国对这类在京外籍人员的管理相对较松，他们可能成为各类犯罪分子招募的对象。

三　外籍人士可能在北京从事犯罪活动的促成因素

促成在京外籍人士犯罪的因素分为内、外两方面。外籍人士犯罪的内在促成因素：一是在京外籍人士法律意识淡薄或对我国相关法律法规不了解。大多数在京外籍人士主要从事旅游、留学、专项工作等事务，他们在京期间更多时间专注于本职工作，很少接触法律知识，对中国的法律知识知之甚少。二是受经济诱惑或外界影响触碰法律底线。一些外籍人士受母国生活习惯的影响在生活开销方面不注重理财，容易出现无力支付日常所需的情况，这就容易导致他们走上盗窃抢劫的不归路；还有一些外籍人士以不懂中文、不懂中国法律为名，钻社会空档，从事涉毒、经济诈骗等犯罪活动。三是受国家政府或外企委任，来华从事间谍犯罪活动。北京作为全国政治中心和高端资源聚集中心，对外籍间谍具有较强的吸引力。

外籍人士犯罪的外在促成因素：一是我国对外籍人士的管理未形成统一制度和标准，各地对外籍人士的管理规定也不尽相同。这使得一些执法人员在面对外籍人士犯法时，无法形成快速有效的应对流程。二是准入管理制度不够完善，许多单位聘任没有资质的外籍人员。据调查，在北京望京发现这样一家机构，该机构没有任何标志，介绍的职位是在中国农村地区的幼儿园外教，月薪 12000 元。负责人指出招聘外教，有张照片即可，不需要其他文件。2017 年 8 月，《温哥华太阳报》发现因为性侵未成年女生已经被吊销加拿大教师执照的 Robert Johnson Robertson，在中国北京继续被一所叫汇佳的国际学校录用，在那里他一直教三个年级的英语和体育等课程，还担任女生足球、排球和垒球项目的教练。三是在吸引更多外籍人士入京的政策出台时，相应的安全防范措施没有及时到位。2012 年 11 月，北京警方推出 7 项措施服务在京外国人；2018 年 9 月，北京又新推出 5 项出入境新政策以吸引外籍人才。然而，针对外国人犯罪的措施，仅有 2012 年北京市高级人民法院、北京市人民检察院、北京市公安局、北京市国家安全局联合印发的《〈关于外国人犯罪案件管辖及相关问题的意见〉的通知》。同时，北京市尚未出台其他有关事前防范外国人犯罪的规章制度或意见通知。四是我国普通公民缺乏对外籍人士的安全防范意识。自改革开放以来，外国人入京数量逐年迅速增加。国家出台的各项政策和报道的各类新闻多为鼓励中国公民同外籍人士接触，增进同外国友人的友好之情，然而，对于外国人激增后随之带来的负面新闻的报道却少之又少。

四　防范相关风险的具体措施

从制度保障而言，一是细化对外籍人员入京的许可管理、配额管理和准入管理制度。我国在许可和准入阶段都有相对应的管理制度，现阶段需要做好对入京外籍人员的配额管理。在配额的过程中，北京市政府要起到关键作用。北京市政府应协调基层工作单位同国家出入境管理局的工作对接。基层工作单位向北京市政府提出岗位空缺与岗位要求，北京市政府在人才交流市场对相关岗位人员进行合理筛选，基层单位在招聘外籍工作人员的过程中不应只满足于我国人才引进的最低门槛，北京市政府利用北京市内现有资源对外籍人才进行“公开招聘，并确认本土难以找到”后，方可向出入境管理局申请外籍人士配额。二是由北京市政府组织、用人单位出资，对拟用外籍人士进行岗前培训，包括对中国法律、语言文化、传统习俗的培训。对拟用外籍人士进行岗前培训，一方面，可以在一定程度上减少外籍人士因语言不通和不懂中国法律产生犯罪行为的可能性；另一方面，通过用人单位出资可以防止用人单位过度招聘外籍员工。

从特定人群而言，一是针对“三无”外国人，即无生活来源、无固定住所、无正当职业者，北京市政府应对其进行全面清理。随着经济社会的发展，北京吸引了越来越多的外国人前来工作生活，北京市每日实有外国人近20万人，居住地已经遍布全市所有行政区县。一些外籍人员趁机钻空子，利用各种渠道，传播淫秽物品，伺机从事违法犯罪活动，有的还进行刑事犯罪，严重扰乱了首都北京的正常秩序。据统计，违法犯罪外国人中“三非”（非法入境、非法居留、非法就业）问题较为突出，此类外国人大多为“三无”人员，有的甚至专门来华从事违法犯罪活动。二是针对有犯罪记录的外国人员，北京市出入境管理单位应提高审核力度，对于有犯罪记录的在京外籍人员应同基层单位及时沟通，视情节严重程度调整对其监管力度。同时，接收有犯罪记录外籍人士的单位应出台具体措施，防止犯罪再次发生。三是针对间谍人员，北京市除配合国家安全部进行反间谍活动以外，防止普通公民变成为间谍服务的工具也是重要任务。北京市在颁布实施《公民举报间谍行为线索奖励办法》的同时，应在全民教育中加入有关防范间谍的教育，提高公民防范间谍意识。当间谍案件发生时，媒体应向社会适度公开，这样既可以警告派遣国，也能提高中国公民对间谍的防范意识。四是针对留学生犯罪人员，要切实考虑外国留学生犯罪中呈现的低龄化、侵财性和犯罪情节轻微、案件简单的特点，针对其犯罪问题，一方面，北京市政府和北京部分高校需要加强对外国留学生的普法宣传教育工作，敦促学校招收外国留学生时不可盲目追求教育国际化，应保证留学生招收质量，防止“问题学生”进入学校；另一方面，北京市公安机关与学校要形成合力、共同监管，学校协助公安机关统一办理留学生住宿登记与报备，对外国留学生动态进行实时监管。

从实际管理而言，一是要更新法制规章，改变一直以来错误的观念：在华外国人拥有超国民待遇。在1994年的《北京市公安局关于劳动教养处理标准的若干意见》[①] 中，对外籍人士的保护体现得尤为明显。该意见将外籍人士归为特殊类别，同时在一些条例中，对外籍人士予以特殊保护。如在实施违法犯罪行为时，侵犯外国人、华侨和港、澳、台人员合法权益的，在确

① 该意见现仍处于“有效”状态。

定劳动教养期限时可适当从重。盗窃外国人、华侨和港、澳、台人员财物的接近正常数额标准，也可劳动教养。抢夺数额尚未达到额定标准，但抢夺外国人的也可劳动教养。[①] 受传统观念的影响，对民众而言，凡是涉外案件均无小事。在遇到此类问题时，大多数人倾向于将“大事”化小。对外籍人士的放任，不仅不会让其对中国产生好感，反而还会滋生他们在中国境内的嚣张气焰，更加胆大妄为。二是要对基层派出所办事人员，特别是外籍人士聚居地区的基层派出所执法民警进行必要的培训，按流程及时处理外籍人员犯罪问题。在遇到外籍人士触犯中国法律后，许多缺乏经验、不懂外语的执法干警在执法过程中会出现“不敢管、不会管、管不了”的“三不”情况。遇到此类问题后，经过层层请示，常耽搁事件处理，有时会导致事件恶劣性质扩大化。

从管理模式而言，通过社区国际化，化解文化冲突，降低外籍人士犯罪风险。一是通过全市社区国际化降低外籍居民的聚居程度，实行网格化治理，推动其分散居住，帮助移民融入北京。外国人聚居程度过高，容易引起聚众犯罪。北京市朝阳区散居外国人达 2.95 万人，占全市散居外籍人士总量的 43%。全区日均流动外籍人士高达 7 万人左右，年均涉外案件 1100 起，占全市涉外案件总量的 2/3。[②] 二是改变北京国际社区运作的传统模式，即改“自上而下”的管理模式为“上下合流”。北京现有的管理模式中，政府对外籍人士的管控与干预色彩比较浓厚。在未来北京国际社区的建设中，汲取国外经验，一方面，从中观层次设立专门的社区组织管理部门，建立类似于公民咨询委员会或居民联络管理委员会的管理机构，使之成为政府和民众之间可靠的沟通桥梁；另一方面，从微观层次吸纳外籍居民进入社区自治管理体系，借助外籍居民较强的权利意识与较高的社区参与积极性两大特征，实现自治组织直接选举，强化外籍居民对社区的认同，产生社区归属感与认同感，参与社区治理。

---

① 参见北京《监狱·劳教志》，第 495 ~498 页。

② 肖兴国：《关于涉外治安管理新模式的探索与实践》，《公安研究》2007 年第 6 期，第 94 页。

五　结论：结合国内实际与国外经验实现复合治理

改革开放后，外籍人士入京数量呈逐年增长趋势，随着入境人数的增加，涉外案件逐渐走入公众视线，逐步引起相关部门的关注。自2013年起，《北京志》中开始出现对涉外犯罪案件的处理数据，且这一数据由30起逐步上升至50余起。对外籍人士的管理既要符合中国的具体国情，又要具体分析北京国际化的特点，针对性地提出应对策略，对外籍人士实现有效风险管控。面对外籍人士的复杂特点，必须提出具有创新思维的治理模式。一方面，自上而下，北京监管部门应摒弃法律面前特殊化的观念，系统梳理法律法规和各种法制意见，废止各类优待条文。由此，既可以改变北京民众对外国人的“惧怕”，还可以使得外籍人士“有法可依”。另一方面，自下而上，发挥外籍人士的积极能动性，使国际社区不仅限于文字和物质上的国际化——外籍人士住得了，还实现国际社区精神上真正意义的国际化，将自己视为北京居民——外籍人士想留下。这样，既避免了行政政策带给社区居委会和外籍人员的压力，同时又能充分发挥外籍人士的积极性，为外籍人士在京生活提供稳定的管理秩序，并实现较好的风险预警与防控。因此，通过这种复合治理模式可以在一定程度上对北京市外籍人士安全防控风险点进行掌握与管控。

促进国际交往中心建设优化北京营商环境

马　鑫*

摘　要：“国际交往中心”这一崭新的职能定位，要求北京前瞻性地谋划并加强国际交往设施和能力建设。而商务交往是国际交往的重要一环，因此完善北京营商环境也是加强北京国际交往中心软设施建设的重中之重。营造稳定公开透明、可预期的营商环境，不仅可以增强综合竞争力，也是一个国家和城市发展的重要软实力。与其他国际交往中心的对比不难发现，北京在优化营商环境、完善城市商业管理基础设施方面，仍然存在着一定的提升空间。

关键词：国际交往中心　北京　营商环境

2014年2月26日，习近平总书记在对北京进行考察时，进一步就北京的职能定位提出了新的展望——北京作为首都，要坚持和强化全国政治中心、文化中心、国际交往中心、科技创新中心的核心功能。其中，“国际交往中心”这一崭新的职能定位，要求北京前瞻性地谋划并加强国际交往设施和能力建设。而商务交往是国际交往的重要一环，因此完善北京营商环境也是加强北京国际交往中心软设施建设的重中之重。与此同时，党中央、国

* 马鑫，北京市社会科学院外国问题研究所助理研究员，博士，研究方向为“一带一路”及中美关系。

务院高度重视优化营商环境工作。习近平总书记主持召开中央财经领导小组第十六次会议时强调，“要营造稳定公开透明、可预期的营商环境，加快建设开放型经济新体制，推动我国经济持续健康发展”。优化营商环境不仅可以提高综合竞争力，也是一个国家和城市发展的重要软实力。

作为全国首个也是目前唯一一个服务业扩大开放综合试点城市，外商独资娱乐场所、外资控股证券机构等纷纷落地北京，对北京的营商环境提出了更高的要求。近年来，北京市牢固树立新发展理念，不断优化营商环境。2018 年 8 月，在全国 22 个城市营商环境试评价中，北京综合排名第一。2018 年 10 月，世界银行发布《2019 年营商环境报告》，以北京、上海为样本的中国营商环境排名从第 78 名跃升至第 46 名，提高了 32 名。但在与其他国际交往中心的对比中不难发现，北京在优化营商环境、完善城市商业管理基础设施方面，仍然存在着一定的提升空间。

一　充分发挥立法权优势，营造法制化营商环境

营造稳定透明、公平可期的营商环境必须有法制保障。一是出台《北京优化营商环境条例》。目前国内一些省份已经出台该条例，可借鉴其立法经验，将关于市场主体权益保护、政府公共服务功能、责任追究等政策内容上升到法律层面，让营商环境建设法制化、规范化。二是成立“营商环境立法研究所”。整合高校、科研机构、法院等立法研究力量，专门研究营商环境建设的立法需求，成为提案辅助、调研、起草、评估的专业机构。三是司法创新实现专业审判。设立“专项合议庭”，针对不同案件需要，“跨界”约请不同专业特长的法官共同处理案件，打破审判庭界限。设立“专家陪审员”制度，根据案件需要组织科技、金融、医药等领域专家作为陪审员，提升审判专业水平。

二　持续优化行政审批制度

行政审批制度改革目标是实现审批服务最集中、审批服务环节最少、审

批服务时限最短、审批服务行为最规范、审批服务平台更开放和更智能。一方面，加速拓展涉企证照“多证合一”范围。全面梳理企证照事项，将信息采集、记载公示、管理备查类的一般经营项目涉企证照事项整合到营业执照上，如出入境检验检疫报检企业备案表、城镇污水排水管网许可、原产地证企业备案登记证等。另一方面，审批方式创新最大程度便民化。如探索“不见面”审批系统，通过视频对话、人证核对、电子签名、手机验证等方式实现前台全科受理、后台同步审批、区街联网通办、证照立等可取。在银行、社区等地设立无偿代办营业执照点，引入自助营业执照打照机，实现个体工商户营业执照自助登记打印。

三 打造国际水准的现代化税收体系

持续优化涉税营商环境，打造具备国际水平的现代化税收体系。加强指标对接研究，开展纳税便利度调查。世界银行《全球营商环境报告》中，纳税便利度指标由权重均等的申报次数、纳税时间、总税费率、报税后程序（如退税）四部分组成，而我国纳税人满意度调查只有办税时间指标。作为全国税收征管现代化探索的高地，北京需率先加强研究指标对接问题，积极开展与世界银行指标相同的纳税便利度调查，查找不足、精准施策。

四 借鉴国际经验高标准优化政府公共服务

对标国际营商环境最佳经验，高标准优化政府公共服务。一是全面深度应用“一站式”电子政务。新加坡常年在世界银行《国际营商环境报告》中名列前茅，其电子公共服务平台能够覆盖政府98%以上的公共服务内容，提供全年无休、全天候的“一站式”服务。不断优化审批流程，缩短审批时间，例如在线申请建立公司仅需要2小时、300元。北京应全面细致对标新加坡政府服务各项标准，不断扩大政府在线办结事项范围、缩短时间、降低费用。二是完整建立政府公共服务各项标准。借鉴美国经验，建立公共服务绩效评估体系，评价指标涵盖投入指标、产出指标、结果指标、效率和成本效益指标、生产力指标，通过战略规划、年度绩效计划、年度绩效报告等方式，对政府公共服务进行全面、科学的绩效评估。三是构建电子督办系统夯实政府服务执行力。从立项、提醒、反馈、催办、办结到统计分析，实现全程电子台账管理。

五　为新经济发展营造“创新友好型”政策法制环境

为新经济量身立法修法。保险、税收、劳动等各方面法律已经无法适应新经济发展要求，必须及时修改和制定法律法规，打破法律滞后困局。针对新技术、新产品、新业态的研发和产业化应用做好顶层设计、科学规划和法制保障。加强对新兴领域知识产权保护等法律问题研究，适时出台司法解释和司法政策。例如，全球无人驾驶技术正迎来新一轮热潮，主要发达国家已经对相关法律法规的修订进行积极探索，但我国仍缺乏相应的政策法规。

六　优化“中小微”企业融资和市场竞争环境

打造公平竞争的营商生态系统，优化中小微企业生存环境。一是建立中小微企业转贷应急机制。市财政统筹扶持资金，建立转贷应急资金管理平台，帮扶有汇款、有订单、纳税信用记录良好，但暂时资金周转困难的中小微企业渡过续贷难关。二是优化中小企业市场竞争环境。通过强化事中事后有效监管，有条件地全面实施企业自主登记制度，有条件地取消企业一般投资项目备案制，全面推行法人承诺制。拓宽市场准入，打破城市基础设施建设等领域的垄断经营，降低政府采购等公共财政领域准入门槛，最大限度地对中小企业开放。三是加大力度支持民营企业并购重组。鼓励企业利用产权市场组合民间资本，开展跨地区、跨行业兼并重组，重点并购新一代信息技术、人工智能、生物医药等成长性产业，培育一批特色突出、市场竞争力强的大企业集团。

七　合力打击商业腐败，营造“清爽”的政商生态

筑牢商业防腐合力机制，营造“清爽干净”的政商生态。厉行法治、司法独立是世界最方便营商的国家和地区的共通之处。无论是中国香港、新加坡还是美国，在打击商业贿赂、打击假冒伪劣时，执行部门都相对独立，不受其他部门制约，拥有较大的执行权，保证了较强的打击能力。一是用完善的制度构筑商业防腐屏障。美国曾出现大批公司财务造假的腐败行为，政界与经济界一致认为这绝非企业个别现象，而是企业管理体制与监管制度弊端的集中反映。必须着力规范社会中介，严格市场监管法制，探索发挥媒体监督、公众监督等渠道的作用机制，形成监督与企业两大系统之间的分权约束机制。二是吸纳民众作为遏制商业贿赂的有机生力军。借鉴香港廉政公署做法，网站追踪报道市民关注热点、个案和执法行动；举办市民茶叙、周年新闻简报会，执法部门介绍工作、听取意见；注重面向公务员、年轻人、特定行业、专业人士等开展反贪教育。

八　构建人才大数据公共服务体系，实现精准引智

构建“人才大数据公共服务体系”，实现人才服务互联网化、数字化、智慧化。一是成立人才大数据资源中心。整合就业、社保等人才相关政府部门和市场人才服务机构的数据，形成人才大数据基础信息库。同时对接国际学术期刊、专利、国内外硕博数据等，汇成人才大数据支撑服务平台。二是精准引智。应用大数据等技术，对高端人才的研究成果、获奖、绩效贡献、任务目标、社会价值、团队建设进行多维度精准画像，深度分析人才空间分布、流动趋势、集聚态势、来京意愿度等，结合北京科技创新重点产业、紧迫性研发需求，开展精准式、团队式高端人才引进。

九　对标国际生态城市，营造一流绿色宜居环境

引入两大国际前沿生态城市建设理念，为高端人才营造一流的绿色宜居环境。把“绿色设计”理念融入北京城市建设的方方面面。“绿色设计”从设计源头就应充分考虑从生产、消费到废弃回收全周期的环境友好，包括产品、工艺、产业链、大型工程、建筑、城市、区域、战略规划各个层面。重点打造绿色建筑、绿色基础设施和绿色交通体系，出台绿色建筑和基础设施的实施标准与具体指南，最大限度地使用环保技术和建材，最大比例地使用绿色能源，最大努力地便利绿色生活，最大限度地减少废气污染。

北京国际交往中心建设中的青少年公共外交活动

康 田*

摘　要： 北京国际交往中心建设需要民间外交力量的参与。青少年作为民间外交的重要力量，能够很好地促进城市之间的相互了解和感情传递。“中日小大使”等青少年公共外交活动很好地探索了公共外交工作的思路和方法。北京市地方外事部门应充分发挥优势和特色，使公共外交发挥借助城市平台、统筹各方资源的优势，为我国长期可持续外交人才战略做出更大贡献。

关键词： 国际事务　青少年　北京国际交往中心

近年来，世界格局深入调整，我国综合实力和影响力持续上升。以习近平同志为核心的党中央总揽全局，推动中国外交全面发展。传统的政府间外交在改善公众形象上具有局限性，而地方外事部门依托城市形象这一互动平台，发挥地缘和资源优势，有针对性地面向国外公众开展城市公共外交，具有极高的灵活性，也易于为国外公众所接受。北京国际交往中心建设需要民间外交力量的参与。青少年作为民间外交的重要力量，能够很好地促进城市之间的相互了解和感情传递。“中日小大使”等青少年公共外交活动便提供了探索公共外交工作的有益思路和方法。

---

* 康田，青年国际战略观察项目组创始人兼主编，现就读于美国波士顿学院，攻读国际关系学学士学位，研究方向为国际安全、东亚地区安全和中美关系。

一　国际局势前沿和对青少年国际问题研究的需求

随着冷战后霸权主义国家单极化尝试和新兴世界全球化进程不断深入，在这一日渐堆积的矛盾下，不合理的国际资源分配体系和政治秩序面临着破坏和重组，全球政治局势存在走向极端主义和孤立主义的风险。近年来，全球经济面临重大挑战，军事冲突频发，分裂主义、恐怖主义势力此消彼长，严重恶化了热点地区安全局势，造成难民危机、贸易摩擦等众多新型国际问题。受种种不稳定因素影响，一些曾经主导现行国际秩序的行为体选择了消极的应对模式，即在政治上趋向保守和封闭，经济上采取贸易保护主义等单边的零和博弈手段，被动地收缩防线、维持现状。

从 21 世纪第二个十年以来欧美国家的政府选举中不难看出，其统治阶级逐渐开始采用民粹主义、种族主义等极右翼的煽动噱头博取关注。德、法、意、奥和东北欧各国的极右翼政党大获支持甚至夺取政权、美英两国竞相退出国际性组织、出台贸易壁垒等事实表明，用后冷战时期红利和对外扩张等暴力手段建立起的西方所谓“伪全球化”秩序积弊已深、大势已去，已不再符合世界进步的基本利益。曾经支撑国际秩序的支柱出现了松动和垮塌迹象，其后果必然是权力真空导致的战乱和无序。而走向封闭和混乱的传统西方国家又不甘离场，自顾不暇的同时却热衷于干涉和升级区域性冲突，力求在脆弱的本土外造成一个海外的“安全防线”。在这一世界秩序下，一国的发展往往建立在其他国家人民遭受涂炭的基础上。

从 2010 年的阿拉伯之春到 2011 年的叙利亚内战、2014 年的乌克兰冲突，无一不是大国导演和操纵的结果。显而易见，冷战结束后，局部战争的长度不断延长，从车臣战争、科索沃战争和海湾战争的数月延伸到数年，而已然旷日持久七年的叙利亚内战至今没有缓和的迹象，造成了巨大的生命财产损失。一系列战争背后越发浓重的霸权主义阴影，造成了现今纷繁复杂、一团乱麻的国际局势和国际安全体系，而随着动乱的持续，介入者内部面临的压力也不断扩大，导致整个世界进入了一个穿新鞋走老路，用冲突解决冲突、以孤立逃避责任的恶性循环。

“乱云飞渡仍从容。”而在同一历史时期内，我国则与全球多数人民一道，选择走上另一条道路，即避免现行全球化世界秩序根源上单极化导向的弊病，倡导建设合作共赢、相互依存的“人类命运共同体”。我国在世界不稳定因素迭出的混乱背景下，坚持走和平发展道路，积极参与国际事务，摒弃冷战思维和集团对抗的过时观念，在伊核问题和朝鲜半岛局势的缓和进程中起到了至关重要的作用，树立了一个真正维护世界和平、心系全人类发展、得到国际社会广泛认可的负责任大国形象。

2013 年，习近平主席以高屋建瓴的远见卓识，提出建设“新丝绸之路经济带”和“21 世纪海上丝绸之路”的国际合作倡议；2015 年，亚洲基础设施投资银行正式成立……这些国际性部署和宣言使国际社会广泛分享中国的发展红利，互相学习、彼此促进、共同进步，在全球化不可逆的大潮中并肩参与人类命运共同体的构建。时代赐予了这些敢想敢做、敢于尝试新观念的国际参与者新的机遇。习近平主席在 2018 年上海合作组织成员国元首理事会会议的演讲中提出：“我们的未来无比光明，但前方的道路不会平坦。”今时今日，封闭的、保守的、零和博弈的世界与开放的、进步的、共荣的世界并存。面向未来长远考虑，中央针对当前国际形势种种风险因素做出的战略决策高瞻远瞩，需要几代人长期推动、持续发展，需要具有国际眼光和全球化视野的青少年肩负起这一伟大的责任和使命，加强对国际问题的关注、理解、思考和研究，使其能够更好地处理将来面临的国际事务。

周恩来总理曾指出：“中国的外交是官方、半官方和民间的三者结合。”习近平主席同样在莫斯科国际关系学院的演讲中引用了“国之交在于民相亲”的古语，这些充分体现了我国对外政策中对民间外交的重视。而青年作为民间交流的中流砥柱，其广阔的视野与知识体量对国与国之间相互了解、求同存异具有重要作用。北京作为我国的政治中心、文化中心和国际交往中心，基础设施完备、外事活动云集、高校资源丰富、民间外交广泛，拥有青少年研究和交流国际问题得天独厚的地理和人才优势。因此，在北京国际交往中心的建设和设计中，除了在横向上扩大科技、文化、经贸、教育等多领域对外交流合作，还需要面向未来进一步加强纵向考量，支持青少年对国际问题的研究，搭建国际交往平台，引导他们参与国际事务的热情和积极性，为可持续的国际交往储备梯次专业人才。

二　北京国际交往中心建设中的青少年公共外交活动——以“中日小大使”交流项目为例

北京市近年来积极响应中央民间外交总体规划，服务国际交流中心功能定位和新时代中国外交战略布局。在此基础上，北京市政府特别重视青少年公共外交这一领域，全方位协助与推动了众多青少年国际文化交流活动，切实培养了我国青少年群体的国际视野，增进了国与国之间面向未来、可持续的友好合作关系。

青少年公共外交活动的现状表明，青少年群体更多地作为客体参与国家的外交布局中。以北京市政府和日本永旺集团联合发起的“中日小大使”交流活动为例，其自2009年首次举办至今已持续10年；10年来，共有1200余名中日青少年参与“小大使”活动，受到双方政府高度重视和高规格接待。2010年和2011年，“中国小大使”代表团访日期间，受到时任日本首相菅直人的接见。2011年“日本小大使”访京期间受到时任市长郭金龙、时任外交部副部长崔天凯接见。中日青少年通过课堂交流、体验民宿、传统文化、环保和科技等活动，增进了相互了解和友谊。10年间，“中日小大使”交流活动让1200名中日高中生紧紧连在一起，承担起中日友好小大使的职责和使命。今时今日，“中日小大使”活动已是北京市一项具有重要影响力的公共外交活动品牌，也成为青少年民间外交活动的模范标杆。

“中日小大使”活动充分证明，青少年交流活动因受到较少的政治因素影响，形式活泼、内容丰富，容易拉近国民感情，受到国民支持，吸引民众参与，有利于摒弃社会上的历史偏见和意识形态矛盾。同时，它影响面大、辐射面广，往往能够在特殊时期和关键时刻起到政府间交流不可替代的作用。“北京小大使”访日期间，不仅受到了日本民主党政府的高规格接待，同时受到了日本最大在野党——自民党的高度关注，两党高官多次同时出席中国驻日使馆欢迎会，并与“北京小大使”亲切交谈。中日青少年交流已超越了政见之争和政党差异，受到日本政坛各界的广泛关注和重视。

“中日小大使”活动成功的关键因素之一，是北京市长期与日本永旺集团保持良好合作关系。根据永旺集团惯例，“小大使”活动每年在不同城市轮换举办。但北京市对此项活动高度重视、组织工作出色，使其打破惯例，与北京市长期合作，并在接待规格和参与人数上不断有所突破。2012年正值中日邦交正常化40周年，在双方领导人的倡议下，北京市与日本永旺集团已商定继续开展此项活动，并将两国参与学生扩大至各100人，中方参与城市除北京外扩大至天津、青岛，作为两国系列纪念活动的重要组成部分。

从公共外交角度上看，这些青少年民间交流项目的努力收获了巨大的成功。在“中日小大使”活动中，北京外事部门发挥自身优势，以树立北京传统文化和现代气息相结合的良好形象为依托，润物无声地使日本青少年对中国增加了理解和认同。在日方代表团访京行程设计上，充分协调首都各方资源，特别突出传统文化学习和同龄人交流的体验性项目，如在中国戏曲学院试穿京剧服饰、体验京剧化妆，到职业学校学习民间手工艺，请动物园熊猫馆饲养员讲解动物保护知识等，使公共外交区别于一般的民间交流和旅游项目，给青少年留下了终生难忘的深刻印象。

三　北京市青少年外交人才储备的战略前瞻

运筹帷幄，决胜千里。放眼未来青少年公共外交活动建设，青少年除了是外交活动的见证者、参与者，其在国际事务中亦可以主体角色出现，充分发挥其主观创造力，激发和锻炼其专业探索、研究国际事务的潜能。在层出不穷的“走进联合国”“中外小大使”“外交夏令营”等参与性、旁观性活动基础上，北京市政府为服务于国家外交战略总体规划，需要为青少年群体提供更多意在培养其主动研究能力的机会，为国家充实国际关系人才宝库。

传统意义上，国际关系学者的专业探究一般始于研究生阶段。而今天国际局势前所未见的复杂程度迫使我国必须提早重视未来学者的定向培育，以期提高其国际关系研究素养。当代信息化时代背景下，青少年通过各种媒介所接触的信息量、获取的知识量今非昔比。在尚未融入社会和接受专业教育阶段，其思想虽然单纯，但在特定、单一国际问题上有着独特、创新的认识和想法，不落窠臼。在成年人已经固化的思维方式和问题解决方法之外，如果青少年能够充分利用其知识量的优势、得到专业人士适当的指导，就能够将研究国际问题的兴趣转化为成果，使其研究获得理论和应用价值。

可以说，谁把握住了青少年学者的培养，谁就掌握了未来国际问题研究的人才制高点、提前赢得了大国博弈的胜利。青少年不仅能够发挥国与国之间的桥梁与纽带作用，更能为国家的外交战略贡献其有价值、有创新的思想。笔者在 2016 年本着“放眼世界、创造未来”的主旨思想创立了全球青少年国际问题研究会，并于同年夏天在北京举办了启动仪式暨首届论坛，意在为具有责任意识的优秀青少年国际问题研究者提供一个交流成果、学习进步的平台。笔者谨以此为一个案例，抛砖引玉，浅论青少年探究国际问题时的一些特点和正确引导方法。

青少年对国际事务的认知根据其学习进程大概分为三个阶段。在初等教育阶段，其对于部分国际话题开始产生主观认识和热情，逐渐具备了发现问题的能力。在这一阶段中，其对这些话题的接受主要来自课本和家庭，对国际事务的认知比较浅显、片面。在中学阶段，其随着相关知识的积累和对民族、国家、外交、战争、国际关系行为体等概念的初步理解，在某些兴趣点上会激发其深入研究的欲望。这一年龄的青少年广泛接触各领域信息，并将这些信息与国际事务产生联想。例如，流行音乐、潮流文化、科技产品等全球化世界的产物都刺激着其对国际事务的兴趣。在高等教育阶段，随着青少年获得更加丰富的知识、拥有更多的自由时间，其对国际事务的认识日渐成熟，政治和价值取向基本定形，思考逐渐形成独特的体系。

青少年国际研究观的第一个特点是理想化。在成长过程中，社会环境和家庭环境往往为保护其身心健康而过滤和屏蔽了一些现实的、负面的因素，导致其对国际社会的复杂性认识不足，对战争、饥饿、屠杀等非人道现象的出现缺乏理解。在其国际问题探究过程中，经常以原因而非解决方式为导向。举例而言，在全球青少年国际问题研究会首届论坛中，来自上海的两名同学分别以上海市城乡接合部的居住条件和食品卫生安全情况为题做了报告，关注点大多在对现状的分析和思考上。而这恰巧成为青少年学者在主观上以良性、共赢思维为出发点，践行“你中有我、我中有你”人类命运共同体价值观的主要动力。在其不忘初心、继续这一研究初衷而积累知识技能后，其课题就自然成为富有可操作性的实际方案。

其次，青少年研究国际问题的思想没有形成体系，因此比较感性和灵活，容易受到外部条件影响。青少年心智尚处于成熟阶段，容易接受宣传引导，加之当代青少年兴趣广泛，关注点容易转移，联想能力和思维跳跃性强，具备多视角创造性、批判性思维的基础。因而，许多成年人认为与国际事务不相关联的话题得到青少年的重视和思考。在首届青少年国际问题研究论坛中，来自澳大利亚、美国的青年学者分别就模拟联合国和体育竞赛等民间外交热点元素对国际事务的有利影响发表了演讲。这些新思考、新思维、新探索为成年人的专业研究带来了有益补充，也为将来国际问题的多元化、和平化解决方式提供了有效方案。

最后，青少年对国际问题研究的深入性和专业性往往超乎成年人预料。笔者中学阶段所著的、关于战略空军建设和特种作战理论的两篇国际战略学文章《九万里风鹏正举：战略空军的战略能力》与《论特种作战的未来战略应用》，不仅得到了国防大学博士生导师乔良教授的高度评价，其中给出的预测也均在近年成为现实。而两年前参会的青年学者就英国脱欧公投、中国海洋战略发展等方向做出分析和预判也得到了专家认可。北京国际关系学院孙志明副院长评价“对青少年发起成立的国际关系问题研究会充满惊喜和期待”。

青少年研究国际问题的上述几大特点决定了青少年在国际事务中的作用应该超越现有的“了解 + 交流”模式，而是通过建设青少年全面参与国际事务和民间外交的平台，重点发展其思辨能力，深入地从事专业层面上的学术研究，使其真正成为国际事务的参与者，而不仅是旁观者。在新时代的历史阶段中，我国社会对于青少年对国际事务的探索潜力和价值认识仍普遍不足，而这一探索过程需要社会资源和专业资源的引领与帮助，以推动其理论成果不断完善和转化，鼓励其以青少年身份踊跃参与民间外交活动，并为今后的国际事务专业学习打好基础。北京处在国际交往中心建设的机遇期中，具备硬件软件条件，应当站立在时代潮头，为北京青少年国际问题研究提供系统、全面和长期的支持。

四　结语

青少年是国家的未来，青少年时期交往形成的印象对人的一生影响重大。日本时任首相菅直人接见“北京小大使”时说，自己当年读大学的时候，认识了一批中国留学生，结下了深厚友谊。在毕业后的25年里，不论工作多么繁忙，他都坚持每年与这些中国老朋友聚会一次。“中日小大使”孕育了两国世代友好的种子，青少年交往应当成为公共外交工作的重要形式。

1957年，毛泽东主席访苏期间，在莫斯科大学发表演讲中指出：“世界是你们的，也是我们的，但归根结底是你们的。你们青年人朝气蓬勃，正在兴旺时期，好像早晨八九点钟的太阳。希望寄托在你们身上。”青少年国际问题研究的过程应当得到充分支持和鼓励，其成果应当受到学术界足够重视和运用。青少年国际问题研究上的投资虽然成本高、周期长，但对于中国远期的国际问题学术团队建设、中华民族伟大复兴中国梦的实现和“天下一家”人类命运共同体的构建具有战略性推进作用和决定性意义。

专栏七　经验借鉴篇

扬州公共外交实践与启示

张跃进*

摘　要：　扬州进一步以开放包容的姿态“走出去”“请进来”，在城市公共外交方面做了一些有益探索和实践，积极开展对外友好交往和互利合作，公共外交逐步成为推动扬州走向世界的重要平台。扬州公共外交协会近年来着力打造“历史名人牌”“淮扬美食牌”“中国运河牌”“国际会议牌”“文化名城牌”，围绕这五张牌开展了一系列相关性工作和活动。

关键词：　扬州　公共外交　友好城市

扬州是江苏省地处长江北岸的三线城市，20 世纪 50 ~ 60 年代，并无真

* 张跃进，扬州公共外交协会会长。

正意义上的民间对外交往，来扬州的外国人寥寥无几，多是一些零散的华侨。70 年代起，扬州的外事旅游工作开始复苏。改革开放以后，扬州接待了来自朝鲜、柬埔寨、新加坡、英国、美国、日本、意大利、突尼斯、利比亚、马里、德国、泰国、法国、黑山共和国、克罗地亚等 40 多个国家和地区的国家元首和政府首脑 30 余批，接待部长级外宾和大型团（组）近百批，其他外宾、外国留学生、华侨、港澳同胞等数十万人次。

党的十八大以来，中国公共外交事业得到快速发展和扎实推进，取得一系列成就。扬州进一步以开放包容的姿态“走出去”“请进来”，在城市公共外交方面做了一些有益探索和实践，积极开展对外友好交往和互利合作，公共外交逐步成为推动扬州走向世界的重要平台，扬州的国际影响力日益增强。

2013 年 10 月 17 日，扬州公共外交协会正式成立，国务院新闻办公室原主任赵启正和扬州市委书记谢正义共同揭牌。2018 年 12 月 27 日，扬州公共外交协会顺利召开换届大会。

扬州开展公共外交工作始终立足中国自信、地方特色。从配合开展、参与开展，到主动开展、积极开展。既充满自信讲好故事，又兼收并蓄采人之长；既展示成就展现特色，又注重感受巩固友情；既把握国家外交大略，又勇于探索民间方式。五年来的探索与实践，被中国公共外交协会誉为“扬州公共外交模式”。

作为地方协会组织开展工作，部门力量协调配合十分重要，而且不能零打碎敲，或者东一榔头西一棒子，必须因地制宜地开展活动，逐步形成品牌效应。品牌活动在公共外交中能起到独特的、不可小觑的作用。品牌意味着知名度，品牌活动越有名，对外宣传的影响力就越广，打造品牌，发挥地方优势资源，以开放包容的姿态展示城市胸怀。扬州公共外交协会近年来着力打造“历史名人牌”“淮扬美食牌”“中国运河牌”“国际会议牌”“文化名城牌”，围绕这五张牌开展了一系列相关性工作和活动。五年来，品牌逐渐得到确定，方式基本固定，工作得到多方肯定。许多外国友人和友城正是从这五张牌了解了扬州，认识了扬州，爱上了扬州。

一　以历史名人为媒介，发掘性开展工作

运用鉴真在日本的影响，加强中日两国民间友好交流。为扩大鉴真在中日交往中的影响，扬州先后建成鉴真纪念馆、图书馆、佛学院等。连续13年举办的扬州鉴真国际半程马拉松赛，每年吸引40多个国家和地区的约3.5万名选手参赛，连续五年荣获中国田径协会金牌赛事，2016年还入选中国马拉松最具传播影响力赛事。“北有百家讲坛，南有扬州讲坛”，鉴真图书馆举办的“扬州讲坛”已开讲11年，200多位国内外各界名人大家登坛演讲。中国察哈尔学会的《公共外交》季刊曾以《鉴真——地方公共外交独特的名人牌》为题，介绍扬州发挥鉴真的名人效应，开展中日民间友好交流的做法。连续五年，由日本NPO法人亚细亚新生交流协会理事长、日本亚细亚大学教授范云涛教授发起的鉴真计划中日大学生交流活动在扬州举行。本着缅怀鉴真大师，弘扬鉴真精神，培养以未来良好中日关系为己任的中日青年一代。鉴真大师故乡扬州，被日本前国土交通大臣称为中日友好交往的原点城市，因此，日本人如何看扬州，在扬州传递中日友好显得格外重要，这也是此活动得以在扬州持续的理由和意义之所在。

运用崔致远在韩国的影响力，促进中韩两国民间友好合作。崔致远是韩国崔氏宗亲尊崇的先祖，是新罗时期的著名文学家，也是中韩友好交往的杰出代表。崔致远在中国16年，扬州是他成就最辉煌的地方，也是他的第二故乡。自2001年韩国崔氏宗亲会寻访扬州起，每年10月都有近百名崔氏后裔组团来扬州参加友好交流日暨崔致远告由祭。2005年，中国外交部批准建立崔致远纪念馆。扬州还与韩国龙仁、庆州、丽水、济州等城市开展了形式多样、内容丰富的友好交流合作。今天的扬州与韩国不仅延续着友好交往的千年情缘、人文交流，经贸往来也不断加深。据统计，目前在扬投资的韩资企业共有30多家，投资额达2.4亿美元，扬州市与韩国实现进出口7.08亿美元。

运用普哈丁在阿拉伯世界的影响力，开展与阿拉伯国家民间友好往来。

扬州利用其影响积极搭建通往阿拉伯世界的桥梁，于 2010 年成功举办了“中国扬州—海湾阿拉伯国家石油化工产业合作论坛”。来自阿联酋、阿曼、巴林、卡塔尔、科威特、沙特海湾 6 国的驻华大使、商务参赞和石化巨头近百人齐聚扬州，畅叙历史情谊，共话合作发展，就产业、文化、旅游等合作达成共识，通过了《合作论坛宣言》。空军指挥学院从 2012 年起，每年组织亚、非三四十个国家的高级军官团访问扬州高邮菱塘回族自治乡，并在该乡建立教育实践基地。中联部原副部长李进军称，扬州找准了一条通往海湾国家的特殊联系纽带。

运用马可·波罗在欧洲的影响力，组织参加多种形式的交流活动。扬州建有全国唯一的马可·波罗纪念馆，吸引了众多西方游客前往参观。借助马可·波罗的影响，扬州先后与意大利的里米尼、德国的奥芬巴赫、比利时的布瑞等欧洲 17 座城市建立了友好城市或友好交往城市关系。2013 年 4 月，意大利里米尼市长与扬州市委书记、协会名誉会长谢正义共同参加央视“城市 1 对 1”节目，宣传扬州和里米尼的旅游环境，向国内外展示了扬州城市的良好形象。2015 年，协会负责人率团出席在意大利米兰举办的第二届“中意文化外交和创意产业大会”并做主旨演讲，参与签署《关于共建“丝绸之路城市信息平台”的合作意向书》。还赴德国出席“第四届公共外交国际论坛”，探讨“全球公共产品与公共外交”。

二　以美食文化为切口，品牌化开展工作

从 2014 年起，协会牵头协调市外办等会员单位，每年初在北京举办“扬州美食节”暨城市发展推介会，重点邀请中国公共外交协会，外国驻华使节、参赞、国际组织驻华机构负责人，世界 500 强及跨国公司在华机构主管、境内外媒体记者等人参加，市领导做城市发展推介。中外嘉宾品味扬州美食，领略扬州文化和情谊。2019 年初的“扬州美食节”活动，外交部国际经济司、新闻司、外管司、拉美司、亚洲司、非洲司等 27 位司局级领导出席此活动。参加活动的还有来自 54 个国家的外交官和国际组织代表，其

中包含大使夫妇、首席代表 33 人。包括 8 位我国前驻外大使，来自印度、韩国、土耳其、马尔代夫、斯里兰卡、哥斯达黎加、哈萨克斯坦、尼泊尔、巴哈马、毛里求斯、黑山共和国、汤加王国以及阿盟、非盟等的 21 位外国驻华大使、国际组织首席代表和代办，红十字会国际委员会、联合国环境署、联合国粮食和农业组织、亚洲基础设施投资银行、亚洲开发银行、花旗银行、西班牙桑坦德银行、东芝、NEC、美国佳明、英国 MC、丹麦洛科威集团等世界 500 强和跨国公司代表以及国内外媒体共计 390 位中外嘉宾。“扬州美食节”已成为宣传扬州、推介扬州、加快提升扬州美誉度的一项品牌活动，成为国际友人了解扬州的一扇窗口。

为积极策应国家“一带一路”倡议，加强丝路城市国家的交流与合作，中国公共外交协会于 2015 年、2016 年在扬州先后举办“中外丝路城市美食文化交流——扬州活动周”“丝路美食扬州汇暨印度活动周”，共有 22 个国家、地区的 300 多家企业、展商参加，17 万市民观展购物。活动精彩纷呈、现场热闹非凡，集中展示了丝路城市风味美食，推动了扬州与丝路沿线国家及城市间经贸、旅游、美食、文化等多方面交流与合作。

三　以运河文化为纽带，国际化开展工作

作为中国大运河联合申遗的牵头城市，自 2007 年起，扬州每年举办世界运河名城博览会和世界运河城市论坛，在世界运河城市中产生了广泛的影响力。时任国务委员杨洁篪在视察运博会永久性会址扬州“京杭之心”后题词“办好世界运河博览会，推进名城扬州国际化”。2009 年 9 月，世界运河历史文化城市合作组织（WCCO）在扬州成立。2014 年 6 月，中国大运河成功列入世界遗产名录后，WCCO 着力推动后申遗时代大运河的保护和利用，推动运河城市之间的发展经验共享及互利合作，同时加快发展国际会员，打造世界运河城市综合资源展示平台，积极为会员城市生态保护与基础设施建设、旅游开发、文化产业发展提供服务。WCCO 共有 149 个会员，包括 46 座国内运河城市和古镇、46 座国外运河城市、27 家知名企业、25 家

运河研究机构以及5位国际运河界专业人士，遍及亚洲、欧洲、北美洲、非洲、大洋洲等五大洲。

连续11年举办世界运河城市论坛，服务运河城市，探讨交流遗产保护利用、文化旅游、环保生态案例分享、智慧碰撞，成为国内外运河城市合作沟通交流的平台。在2018年10月的世界运河城市论坛上，来自世界近30个国家和联合国环境规划署、内河航道国际等20余家国际组织的300多名代表相聚在扬州，围绕论坛主题“世界运河城市文化保护、传承与利用”进行了广泛深入的对话交流，梳理运河现实问题的应对之策，探讨运河保护开发的思路方向，推动运河事业的可持续发展。

论坛举办期间，在省委宣传部的支持下，论坛组委会共邀请31家中央、省级媒体的68名记者报道论坛盛况；在外交部新闻司支持下，论坛共邀请49家境外媒体的51名记者，以国际视角解读论坛主题。组委会还加大新媒体渠道投放力度，全球超过1500家媒体报道或转载。截至2018年底，世界运河城市论坛话题阅读量超1.8亿人次，评论近20万条，谷歌关键词收录超过600万篇次。

2019年9月，世界运河大会在扬州召开。WCCO以习近平总书记提出的构建人类命运共同体为指导思想，紧抓大运河文化带建设历史机遇，以促进世界3000多座运河城市共同发展繁荣为使命，着眼合作、分享，着力创造、创新。

四　以国际会议为平台，前沿性开展工作

近年来，扬州通过承办“第九次东北亚名人会”、“中日关系危机管控”研讨会、“第四届中韩公共外交论坛”，从民间或专家的角度分别对有关敏感话题深入交流了看法，进一步体现了与邻友善、不同而和的理念；通过承办联合国“可持续城市及可持续城镇化”高级研讨会，积极探索城市的可持续发展；通过承办2017年“世界地理标志大会”，共同探讨地理标志工作的现状、挑战以及发展方向等；通过承办“2017 MODEL APEC 大会”邀

请亚太地区近百名青年代表开展一系列活动，进一步促进了青年间的跨国文化交流；通过申办“2021 年世界园艺博览会”，进一步打造生态宜居之城；成功申办“2019 世界运河大会”，把中国大运河与世界运河城市的发展更加紧密连接在一起。

2018 年 12 月 12 日由协会会员单位市外办承办的“第六届中国—中亚合作论坛”在扬州举行。中共中央政治局委员、全国人大常委会副委员长王晨出席开幕式并致辞。江苏省委书记、省人大常委会主任娄勤俭、吉尔吉斯斯坦第一副总理和塔吉克斯坦副总理在开幕式上致辞。在论坛结束后，外交部领导盛赞此次在人文底蕴深厚的扬州办出了一届成果丰硕的精彩论坛。这也是扬州承接的政治分量最重、来宾层次最高的国家层面多边国际会议。

五 以友好城市为桥梁，多渠道开展工作

扬州是国务院首批公布的 24 座历史文化名城之一，迄今已有 2500 多年的历史。自 1982 年与日本唐津市结为首对友城以来，截至 2018 年，扬州已与世界五大洲的 15 个国家中 23 座城市结为友好城市，与全球 46 座城市建立了友好交往关系。

扬州与美国肯特市“青少年友好使者”交流项目已连续开展 20 多年，日本厚木 GP 少年足球访华团已连续 30 次访问扬州，日本唐津、韩国丽水与中国扬州的“三国三市”中日韩友好城市围棋邀请赛已连续举办 18 届。2015 年协会牵头举办“国际友城乒乓球邀请赛”，共有 4 个国家的 9 名友城选手同场竞技、交流感情。据统计，扬州的文化团体先后赴 40 多个国家和地区进行文化交流，演出 2000 多场次；20 多所学校分别与美国、英国、澳大利亚等国的学校建立了姊妹关系；扬州与世界 180 多个国家和地区有着经贸合作交流。借助国际友城对外交往渠道，扬州每年赴境外组织多场招商推介会、恳谈会，组织企业家代表团赴日本、德国等世界一流企业学习品质管理和环保技术。在日益频繁的友好交往中，作为历史文化名城，扬州已经成为许多外国友人、友城向往的投资创业热土和游览旅居地。

六　协会建设和发展实践的几点启示

回忆和总结过去，是为了更好地规划未来。扬州的对外交往史是经济发展、社会昌明的历史，是包容开放、兼收并蓄的历史，是和睦相处、相得益彰的历史。它告诉我们，交通便利是中外交往的物质基础；经济发展是中外贸易的基本前提；社会安定是中外交融的必要环境。扬州对外交往的经验和实践证明，只有发展交通、打开国门、平等待人、互利双赢，才能推动对外交往，促进城市繁荣。

（一）围绕国家总体外交战略，积极作为

扬州公共外交协会五年来所取得的成绩，主要得益于市委、市政府的高度重视和市政协对协会工作的有力支持；得益于中国公共外交协会的有力指导和兄弟省市协会的有力帮助；得益于协会各会员单位、社会各界的积极参与，并为协会开展活动创造条件。

协会始终以围绕国家总体外交战略、服务地方经济社会发展为重点，始终坚持和平、共赢的对外交往重要原则。不断开拓创新，以打造“扬州样本”为理念，借鉴先进城市先进经验，发挥扬州优势，不断拓展和创新扬州公共外交工作。主动接受中国公共外交协会领导和专家的指导，围绕规范运作、灵活高效、提高水平的总体目标，调整充实会员单位，积极探索项目市场化运作的可行性。同时结合工作实际，加强与国内公共外交智库、相关高校的联系与合作，参加各类学术研讨活动。组织赴南京、杭州、青田、东阳、上海考察学习，与兄弟协会交流心得，分享经验，取长补短。

（二）深化思想认识，稳妥开展活动

公共外交作为国家外交的重要补充，是不可或缺的一部分。其特点是民间性、宽泛性、友谊性，其作用是拉近距离、融洽关系、增进了解。我们认为，不能以“即时效应”来衡量公共外交作用，不能因为对“书画展”“文

艺交流”等不产生直接经济效益的活动不感兴趣就远离。从地方的视角来看，公共外交是国家的“大公益”事业，国家形象，全民塑造，需要每个公民主动去支持和服务。全面拓展公共外交功能，是新形势下国家整体外交布局的必然要求。协会在开展公共外交工作中，研究功能、展示功能、培训功能、交流功能都有待进一步拓展。只有这样，中国的公共外交事业才有前进的根本动力源，才有光明而远大的前程。正因如此，扬州公共外交协会配合国家的总体外交做了一些具体工作，我们仍需前行，再接再厉，以行动来打造一个充满活力的扬州样本。

（三）立足地方特色，多方鼎力支持

扬州历史文化悠久，历史上“扬一益二”，繁盛一时。到唐朝末年，居住在扬州的外国商人已经达到数千人。京杭大运河开通后，交通枢纽地位使得扬州是海上丝绸之路和陆上丝绸之路的交会点、东方著名的贸易港口、中外物资交流的中转站。如今扬州的外交资源十分丰富，在外交部、中联部等单位工作的干部有十多位扬州籍人士，每年还有外交部领导挂职扬州市政府，此乃扬州开展公共外交工作的独特历史资源和人脉资源。市外办、侨办等涉外机构工作在本系统名列前茅。正因为如此，扬州公共外交协会近水楼台先得月，各项工作的开展都能顺顺当当，各项任务的完成都有各方鼎力。

随着扬州城市知名度的上升，国际社会对扬州的期望值也在上升，要求扬州在国际交往中发挥更积极的作用。扬州需要更加积极主动地对外交往，尤其要进一步发展与建交城市的合作友谊，运用扬州文化、贸易、城市、园林、饮食、民间音乐书画等资源优势，在经济、文化、教育、体育等方面进一步扩大交流与交往。

（四）分享公共外交新经验新路子，积极发声

近年来，协会积极参加公共外交相关论坛、研讨会、研修班等，加强与国际组织、兄弟协会的联系和交流，认真学习并结合自身工作探索与寻找开展公共外交工作的新思路、好经验。

协会应邀参加“2016 公共外交温州论坛暨察哈尔公共外交年会”，围绕“中国公共外交的地方实践和创新”主题，做《开展地方公共外交推动扬州走向世界》的主旨演讲。应邀参加“第五届中韩公共外交论坛”，做《挖掘特色文化资源 增进中韩人民友谊》的交流发言。应邀参加“第七届公共外交‘北京论坛’”，并在分论坛中做《大力开展公共外交 积极传播中国声音》的主题发言。应邀参加“第四届公共外交圆桌会议暨第五次公共外交对话会”，并做《把握“三个关系”更好相通民心》的交流发言。应邀参加“2018 公共外交温州论坛”，并做交流发言，介绍扬州公共外交协会利用名人、运河、美食等讲述“扬州故事”、传播“扬州声音”的经验做法，共同探讨新时代下地方公共外交的新使命、新担当。应邀参加“第八届公共外交‘北京论坛’”，并在分论坛中做《共倡开放包容 共促合作共赢》的主题发言。还积极参加了“粤沪津公共外交工作座谈会”“中国企业走进金砖国家和新兴经济体研讨会”“2018 东莞公共外交沙龙”“2018 公共外交研修班”“首届国际进口博览会”等。

协会还专程赴中国公共外交协会、中国东盟博览会秘书处、中国联合国协会、上海合作组织秘书处、中国亚洲经济发展协会等组织拜访，听取他们对协会如何更活跃、更具特色开展工作的意见，以上对扬州的公共外交工作都起到了很好的促进作用。

2018 年 12 月 20 日，中国公共外交协会举行了换届大会，外交部秦刚副部长到会祝贺并做重要讲话，他指出：当前国际形势继续发生复杂深刻变化，在百年未有之大变局中，要做好中国特色大国公共外交事业，就要推进国际传播能力建设，讲好中国故事，展现真实、立体、全面的中国，提高国家文化软实力。地方公共外交工作必须紧紧围绕习近平关于新时代的外交思想内容，对焦新时代的外交工作目标，顾全新时代的外交工作大局。

2019 年是新中国成立 70 周年，是决胜全面建成小康社会的关键一年。扬州公共外交协会一定会在原有基础上，对标找差，提高政治站位，认真学习贯彻十九大精神，以习近平新时代中国特色社会主义思想、习近平外交思想为指导，坚持以实现中华民族伟大复兴为使命推进中国特色大国外交，把对外工作与民族复兴更加紧密地联系起来，坚持以中国特色社会主义为根本增强战略自信，使对外工作体现中国特色社会主义的制度优势。积极落实中国公共外交协会提出的工作任务，勇于开拓进取，主动发挥地方特色、地方优势，充分展示地方风采。协会将围绕服务国家总体外交战略，服务地方经济社会发展，深化公共外交工作。通过招商、招才、招会、招展、招赛、招游，大力助推扬州园林名城、科技创新名城、国际文化旅游名城建设。

广州发挥华侨华人资源优势推进国际交往中心建设

鲍雨 伍庆*

摘　要： 华侨华人以其联通中外的特色优势，在我国对外交往中扮演着天然的“民间外交官”角色。广州拥有丰富的华侨华人资源和悠久的国际交往历史，具有以此带动城市国际交往的天然良好条件。进入新时代，广州应充分发挥华侨华人资源优势推进国际交往中心建设，积极服务国家总体外交大局，推动城市国际化水平和国际地位不断提升。

关键词： 华侨华人　城市外交　广州　国际交往中心

党的十八大以来，中国特色大国外交全面推进，形成全方位、多层次、立体化的外交布局，为我国发展营造了良好的外部条件。其中，地方外事外交工作的作用和地位日益上升。国内越来越多的城市立足自身实际，制定特色举措，推动对外交往发展。广州拥有丰富的华侨华人资源和悠久的国际交往历史，随着近年来枢纽型网络城市加快成形，华侨华人资源的枢纽性作用将赋予广州独特的国际交往优势。广州应以习近平新时代中国特色社会主义思想和党的十九大精神为指引，以华侨华人资源为抓手助力国际交往中心建设，勇当实现“四个走在全国前列”的排头兵、当好“两个重要窗口”，以新的更大担当更大作为开创改革开放新局面。

---

* 鲍雨，广州市社会科学院国际问题研究所研究实习员，研究方向为公共外交；伍庆，博士，广州市社会科学院国际问题研究所所长、研究员，研究方向为城市国际化。

一 华侨华人资源对国际交往的重要意义

近年来，国际交往的主体日益呈现多元化、扁平化的发展趋势。我国的华侨华人以其“联通中外”的特性和优势，能够在国家与城市对外交往的过程中起到先导、桥梁和支撑作用。因此，有条件的城市也应当将华侨华人资源作为推进自身国际交往的重要切入点。

（一）华侨华人资源是对外经贸活动的中介网络

改革开放40年来，中国经济社会发展取得了举世瞩目的成就，华侨华人在其中做出了巨大贡献。海外华侨华人与祖国和故乡保持着千丝万缕的联系，比较容易建立起亲密关系和信任，这是开展一切经贸活动的基础，也使华侨华人成为连接中外的中介与桥梁。近年来，我国各项侨务工作紧密围绕国家各项重大发展战略部署，通过举办世界华侨华人工商大会、“华创会”等重大平台活动，促进华侨华人对接“一带一路”建设需求，发挥在“引进来”与“走出去”中的重要力量。由于华商对国际经贸规则和居住国政策法规相对熟知，由华侨华人作为牵线搭桥的“引路人”是中国企业“走出去”融入国外市场最为便捷可靠的途径。通过加强与当地华商的资金业务往来，不仅能够拓展我国企业的国际融资销售渠道，及时准确地掌握国际市场信息，还能够有效降低企业在海外从事经营活动的风险，从而进一步开拓海外市场，提升中国商品的国际竞争力和影响力。同时，通晓国际事务、管理经验丰富、科创能力领先的华侨华人也为中国输送和培养了大批人才，为我国经济社会发展注入更多智力资本。

（二）华侨华人资源是促进政治互信的民间桥梁

遍布全球各地的华侨华人积极阐释和传播中国核心价值理念，以普通民众喜闻乐见的方式介绍和阐明中国的现实国情及发展模式，配合与支持中国外交及侨务政策，扮演着天然的“民间外交官”角色。我国始终高度重视侨务资源涵养，重点加强与“三新四有”（新华侨华人、华裔新生代、社团新力量，在政治上有影响、在经济上有实力、在社会上有地位、在专业上有造诣）华侨华人的联谊交流，挖掘和发动各类华侨华人资源在促进政策沟通中的力量，也使侨务公共外交成为中国特色大国外交的有机组成部分。进入21世纪以来，海外华侨华人逐步成为中国公共外交的践行者和生力军，是实现中华民族伟大复兴中国梦的重要依靠力量。① 国务院印发的《国家侨务工作发展纲要（2011－2015年）》首次正式提出“侨务公共外交”，指出“海外华侨是中国公共外交的重要抓手，侨务公共外交有巨大优势”；《国家侨务工作发展纲要（2016－2020年）》进一步将大力拓展侨务公共外交列为“十三五”时期的重头工作，强调要发挥华侨华人资源在我国各项重大战略实施中的独特作用。通过向世界介绍中国的发展道路与成就，华侨华人不仅为更多国家和地区带去先进理念和经验，也为我国发展提供了坚实有利的外部环境。

（三）华侨华人资源是增进民族认同的情感纽带

海外华侨华人对祖国的情感认同主要源于三个方面：一是对华侨华人群体组织、经济、政治利益的认同；二是对由祖籍地认同、亲属认同、方言认同发展演变成对中华语言文化的认同；三是由习俗信仰认同、宗教认同演变而来对中华文化价值观念和民族信仰的认同。② 总的来看，华侨华人尽管存在代际和地域等差异，但始终保存着对中华民族的身份认同和中华文化的精神内核。传统的华侨华人虽然学习、工作、生活在国外，但他们对祖国的情感认同和对故乡的眷恋之情却历久弥深、历久弥坚。随着时间推移，新侨逐渐成长为华侨华人群体的中坚力量，这些“侨二代”“侨三代”由于在海外出生、成长，从儿时起就受到所在国语言、文化、环境等的影响和熏陶，较之于上一辈，他们对居住国的融入程度更高，社会生存和活动能力也日益增

① 张梅：《华侨华人与文化“走出去”研究》，《现代传播》2016年第2期。

② 陈荣岚：《华文传媒与华人文化认同及文化传播关系之研究》，《国务院侨办课题研究成果集萃（2007～2008年度）》，第638页。

强。比起单纯的血缘或情感认同，他们对拓展事业机遇具有更大动力，越来越多新侨也开始选择回国寻求更佳的发展空间，将自身与祖国结为紧密的“利益共同体”。

（四）华侨华人资源是中华优秀文化的传播使者

华侨华人与中华文明有着共同之根，在推动中华优秀文化走向世界中有着独特优势。绝大多数华侨华人移居海外依然重视中国语言文化教育，目前全球开设的华文学校近 2 万所，在校接受华文教育的学生有数百万人，海外华文学校教师达数十万人。华文媒体是中国国家形象在海外的集中展示载体，对于传播涉侨资讯、促进国内外媒体沟通互动具有无可替代的作用。全球各地华侨华人还在吸收当地文化特色的基础上，形成了各具特色的海外华文文学、宗教文化、商业文化、民俗和宗族文化等，将中华优秀文化进一步发扬光大。随着中华文化在海外影响力的日趋增强，我国成功举办了“世界华文教育大会”“世界华文文学大会”“世界华文传媒论坛”等大型活动，以多元文化纽带促进海内外民心相连相通。除此之外，华侨华人文艺工作者还建立了多元化的文化组织，在海内外开展形式多样的文化活动。例如，由国侨办成功打造的专业艺术社团组织“华星艺术团”现已达到 42 家，覆盖全球 25 个国家，积极开展“文化中国・四海同春”春节慰侨访演、“华星闪耀”新春系列活动、全球华侨华人春节大联欢电视晚会等品牌项目，促进中外人文交流范围和渠道不断拓宽。

（五）华侨华人资源是地方外事外交的特色抓手

作为中国特色大国外交的重要组成部分，地方外事工作的作用日益上升，越来越多的城市从自身特色资源出发，主动承担起对外交往的职能和角色，制定针对性、可行性强的地方外事外交发展战略。作为我国著名侨乡都市，广州一直拥有着雄厚的对外交往基础和庞大的华侨华人资源，各项侨务工作走在全国前列，为利用华侨华人资源推动国际交往水平提升奠定扎实根基。2018 年 10 月 24 日，习近平总书记在知名华侨学府暨南大学勉励来自港澳台地区和海外的学生为社会做出贡献，把中华优秀传统文化传播到五湖四海。进入新时代，广州枢纽型网络城市建设加快，华侨华人的跨地域活动所带来的物流、人流、资金流和信息流等能够从多方面起到先导、枢纽和支撑作用，有利于不断完善城市产业网络、创新网络、人才网络、交通网络、信息网络、生态网络，进一步巩固和提升广州作为国家重要中心城市的吸引力、辐射力、影响力、带动力。

“广泛团结联系海外侨胞和归侨侨眷，共同致力于中华民族伟大复兴。”党的十九大报告对新时代用好华侨华人资源开展国际交往提出了更高要求。华侨华人对于讲好中国故事、传播中国声音、阐释中国立场，增进中国和其他国家的友好合作，推动祖国和平统一，拓展我国全方位对外开放布局具有重要作用。广州立足自身特色的华侨华人资源推进国际交往中心建设，有利于多角度推进城市国际化水平提升，以广州实践为新时代中国特色大国外交提供鲜明案例。

二　广州利用华侨华人资源开展对外交往的实践经验

近年来，广州充分把握自身有利条件，走出了一条立足实际、特色鲜明的城市对外交往道路。各部门在涉侨各项工作中取得了多方面亮眼成绩，对充分发挥华侨华人资源在城市发展中的巨大推动力起到了不容小觑的作用。

（一）侨力资本雄厚，建立广泛联系

广州始终高度重视涵养海外华侨华人人脉，深交广交“三新四有”人士，拓展海（境）外广州校友会工作网络，打造高水平海外社团中青年领袖队伍和熟悉广州、重视乡情的海外华裔新生代队伍。积极开展海外联谊交流，重点加强与“一带一路”沿线国家和港澳地区的侨界联系。2018 年，广州市组织侨务访问团出访加拿大、美国、古巴等国家，应邀参加第九届世界广东同乡联谊大会暨第三届世界广东华人华侨青年大会，拓宽海外联系网络。番禺区、白云区等重点地区常态化举办旅外乡亲恳亲大会，在广泛联系

侨团侨胞侨眷基础上突出各区特色，介绍营商环境、政务服务、政策配套和发展愿景等，在海外华人社会引起强烈共鸣。构建广州侨情信息互联互通网络，2018 年开启广州侨务大数据平台一、二期建设，完善广州市荣誉市民、海外重点社团、海外华侨华人专业人才、海外华文媒体和新归侨高层次人才等资料的采集整理录入，为实现侨务资源储备持续扩大和优化夯实基础。

（二）侨务活动丰富，形成品牌机制

广州积极举办各类涉侨活动，取得了良好的宣传效果和广泛的海外传播效应。一是加强侨务招商引资活动，积极申办“华商圆桌会议”等国际性会议，开展“寻商机·谋发展”主题活动，协调对接不同地区的海外华商网络，加强与全球华商的沟通和交流，构建海外华商的跨区域协作平台。二是大力拓展招才引智活动，持续推进华侨华人聚焦广州系列圆桌会、“智汇广东·才聚广州”等项目，为海外人才与政府之间的沟通交流与合作创造条件。三是开展丰富多元的文化交流活动，通过举办海外华裔青少年“中国寻根之旅”夏令营，承办“亲情中华”系列活动，包括“汉语桥”夏令营、“欢聚广州”慰侨文艺演出等，有效增强华人华侨认同感和凝聚力。四是创新广州市荣誉市民称号品牌，自 1986 年以来，广州已经开展十六批次荣誉市民称号授予活动，据不完全统计，30 多年来，荣誉市民对广州市投资总额约 1300 多亿元，对广州的经济社会发展产生巨大推动作用。

（三）涉侨宣传有力，强化传播效果

2018 年是广州城市形象国际传播年和国际品牌提升年，广州“以侨为媒”“以侨为桥”做好城市形象对外宣传与推介。“2018 海外华媒看广东”广州行活动共吸引来自 26 个国家和地区的 40 家华文媒体高层代表齐聚广州，组织华媒团赴“中餐繁荣基地”、十三行博物馆、本地知名企业等地参观采访，集中展示广州在创新发展、区域协调、开放互动等方面取得的成功实践和发展成果，借助华文媒体传递新时代广州声音，提升城市国际形象。

2018 年 11 月，广州接连在巴布亚新几内亚、文莱、巴拿马举办三场海外友好故事会，以鲜活生动的案例讲好中国故事、广州故事。在巴拿马的约 30 万华侨华人中有近 80% 来自广州花都，为促进中巴合作、推动 21 世纪海上丝绸之路向拉美延伸起到了重要作用。在中国和巴拿马建交一周年之际，由广州市政府新闻办公室等单位主办，广州花都区政府新闻办、巴拿马花都（花县）同乡会等单位承办的“‘一带一路’连中巴·合作共赢谋发展”中国—巴拿马友好故事会在巴拿马城中巴文化中心举行，中巴侨胞共同讲述两国友谊，人民网、中国日报网、环球网、中国侨网、《南美侨报》等多家重点媒体进行广泛报道。

（四）侨务平台多元，集聚高端资源

广州充分利用广州市海外交流协会（以下简称市海外交流协会）、广州市侨商会（以下简称市侨商会）等平台作用，不断深化海外联谊工作，与近 70 个国家和地区的 600 多个华侨华人社团保持友好交往。2018 年上半年联络 28 个国家和地区 40 多个社团的海外侨胞 900 多人次；2018 年港澳地区广州社团联谊活动全年共吸引 30 多个港澳社团 100 人参加，共同展望粤港澳大湾区战略构想的合作前景。此外，广州大力推动增城“侨梦苑”侨胞创新创业平台建设，力争率先打造全国“侨梦苑”示范区。截至 2017 年底，“侨梦苑”已对接高端华侨华人 150 余批次约 1800 人次，成功引入社会化专业服务机构 8 个，共吸引落户高层次华侨华人 30 人，其中引进外国院士专家 1 人、引进并成功培育国家千人计划专家 3 人，引进 8 个创新创业项目，成功打造成为华侨华人回国创新创业综合服务枢纽和海外高层次人才聚集区。

三　广州利用华侨华人资源推进国际交往中心建设的新形势与新要求

21 世纪以来，我国社会发展出现巨大变化，也为广州利用华侨华人资

源推进国际交往中心建设带来新形势与新机遇。进入新时代，广州也应牢牢把握侨情、国情与市情的新变化、新发展，充分激活华侨华人资源在促进对外友好交流中的桥梁纽带作用，为推动城市国际交往、构建全面开放新格局贡献重要力量。

（一）新时代·新侨情

21 世纪以来，海外华侨华人在人口数量、人口结构、群体特征以及发展趋势上呈现不同于改革开放前的新特点，这也为广州利用华侨华人资源推进国际交往中心建设带来新的机遇与挑战。

一是人口数量持续增长，侨力资源丰富。近年来，随着我国对外开放的逐渐深入以及海外相关国家和地区移民政策的改变，包括港澳台同胞在内的中国新移民大量增加，以及传统华人社会人口的自然增长，海外华侨华人数量已有较大增长。据统计，目前，海外共有 6000 多万华侨华人，归侨侨眷 3000 多万。

二是华侨华人新生力量发展，素质普遍提高。华侨华人新生代开始逐渐走向前台，他们的受教育水平、职业层次、经济实力较老侨有了较大提高，普遍接受过国外的良好教育，积极融入主流社会，活跃于所在国的政治、经济、文化、科技等各个领域，社会影响力日益增强。

三是侨居地日益广泛，来源地更加多元。目前，海外华侨华人聚居区几乎遍及全球各大洲的各个国家，广州的华侨华人分布在全世界 116 个国家和地区，初步统计较集中于美国、加拿大、巴拿马、马来西亚、新加坡、印度尼西亚、新西兰、澳大利亚、秘鲁、越南、英国等国家。

四是经济实力增强，回国发展呈趋势。随着经济、科技实力进一步加强，华侨华人群体日益摆脱以往谋求生存的单一性动机，更加看重地区与城市所能带来的发展机会和整体环境，因而越来越多的人选择回国寻求机遇。

（二）新时代·新国情

在全球化不断深化的大背景下，我国提出了“大侨务”战略、“一带一路”倡议、“走出去”战略等一系列重大战略决策，积极推进全方位、多层次、宽领域的对外开放新格局，也对加强侨务工作、更好利用侨务资源提出了新要求。

一是国家对新时期侨务工作的重视。长期以来，国家高度重视侨务工作。2017 年 2 月 16 日，习近平总书记做出重要指示，强调要把广大海外侨胞和归侨侨眷紧密团结起来，发挥他们在中华民族伟大复兴中的积极作用。党的十九大报告更是提出要“广泛团结联系海外侨胞和归侨侨眷，共同致力于中华民族伟大复兴”。做好新时期的侨务工作，必须全面贯彻党的十九大精神，以习近平新时代中国特色社会主义思想为指导，深入贯彻习近平总书记对广东重要指示批示精神，准确把握国内经济社会发展大局，自觉围绕国家重大发展战略精准发力，坚持以凝聚侨心侨力、同圆共享中国梦为主线，不断开创侨务工作新局面。

二是“一带一路”重大倡议的提出。推进“一带一路”建设，是新时期我国扩大对外开放的重大战略举措和顶层设计。广州是古代海上丝绸之路的发祥地和改革开放前沿地，理应成为国家“一带一路”建设和推动形成全面开放新格局的先行者。华侨华人是推进“一带一路”建设和扩大对外开放中的重要参与者，广州应主动顺应全球经济格局演变，把握自身侨务资源优势，引导侨胞积极参与相关项目建设，加强侨务工作对侨资、侨智、侨技投向的引导，大力推动国际高端资源集聚运用和转移转化，打造“一带一路”上极具特色的枢纽城市。

三是“走出去”战略的实施。“走出去”战略是实现我国经济社会长远发展、促进与世界各国互利共赢的有效途径。华侨华人作为连接祖籍国与所在国的桥梁与纽带，在引导国内外经贸、文化、社会、人员的往来交流中发挥着不可替代的作用。侨务部门在长期的侨务工作中与海外华侨华人形成了密切的联系，建立了深厚的友谊，掌握了特有的海外人力资源、信息资源等，是深入实施“走出去”战略的重要抓手。面对国家战略新要求，广州应以更加宏大的格局，从更为开放、更为国际化的视野出发，创新利用华侨华人资源，牢固树立和贯彻落实新发展理念，完善城市产业网络、创新网络、人才网络、交通网络、信息网络、生态网络等，全方位提升城市枢纽功能，对国家重大战略的实施发挥重要的支撑作用，以更加积极的行动贯彻落实“四个走在全国前列”。

（三）新时代·新市情

近年来，广州城市发展日新月异，国际影响力和知名度不断提升，侨务资源发挥了不可或缺的作用。对华侨华人资源的利用也需要结合建设国际大都市的新定位、城市发展的新阶段和国际交往中心的新要求，确立更高的工作目标和任务。

一是国际地位迈上新层次。广州作为全球城市网络中具有重要全球影响力的区域性枢纽城市，逐步进入世界城市体系划分中的第一层级，步入迈向全球城市的发展轨道。从知名综合性城市指数历年排名来看，广州近年来名次稳步上升，在各城市排名中的表现普遍出现了具有显著意义的极大跃升。2016 年 GaWC 首次将广州纳入世界城市分级中的第一层级，表明广州已被国际权威研究机构视为“世界一线城市”，在 2018 年最新一期排名中广州跃升至第 27 位，首次进入全球前 30 名。广州自 2017 年 3 月入选“全球金融中心指数”榜单以来排名稳步攀升，并在 2018 年 9 月的最新一期中排名全球第 19 位，首次进入全球金融中心 20 强。在国际权威排名机构中的亮眼表现充分证明近几年来广州在全球资源配置、生产要素空间流动中的“枢纽”地位初步显现。广州正以其资源雄厚、发展均衡的优势，展现出充沛的发展动力与良好的发展前景。

二是城市发展提出新要求。2018 年 3 月，习近平总书记在参加第十三届全国人大一次会议广东代表团审议时发表重要讲话，对广东提出了“四个走在全国前列”的要求，明确“广东既是向世界展示我国改革开放成就的重要窗口，也是国际社会观察我国改革开放的重要窗口”。2018 年 10 月，习近平总书记在广东考察时明确要求广州要实现老城市新活力，在综合城市功能、城市文化综合实力、现代服务业、现代化国际化营商环境方面出新出彩，为广州发展指明了方向。2018 年 10 月 24 日，习近平总书记在参观知名华侨学府暨南大学时，勉励来自港澳台地区和海外的学生好好学习、早日成才，为社会做出贡献，把中华优秀传统文化传播到五湖四海。站在新的历史起点上，广州应紧抓华侨华人资源与侨务工作这一特色，扎实推进国家中心城市建设全面上新水平，着力建设国际大都市，在全省实现“四个走在全国前列”、当好“两个重要窗口”、勇当排头兵。

三是粤港澳大湾区带来新机遇。2018 年 12 月举行的中央经济工作会议强调促进区域协调发展，粤港澳大湾区被写入 2019 年中央经济工作重点任务。2019 年 2 月 18 日，中共中央、国务院印发《粤港澳大湾区发展规划纲要》。这份纲领性文件对粤港澳大湾区整体的战略定位、发展目标和湾区内城市的职能分工等都有了明确的规划。考虑到大湾区雄厚的经济基础和强大的政策支持，众多国际机构预测至 2035 年，粤港澳大湾区经济规模可翻数番，达到 52 万亿元人民币，届时有希望超越纽约、旧金山与东京三大湾区，成为世界第一大湾区。在这一发展过程中，广州将充分激活华侨华人带来的人流、物流、信息流等各类资本，聚焦粤港澳大湾区主阵地建设，发挥国家中心城市和综合性门户城市引领作用，全面增强国际商贸中心、综合交通枢纽功能，培育提升科技教育文化中心功能，着力建设国际大都市，有力带动湾区内其他城市共同发展。

四是建设国际交往中心明确新任务。作为国家重要中心城市，2016 年 9 月 13 日，广州首次提出“加快建设国家重要的国际交往中心”。市委十一届六次全会强调，要“拓展国际交往格局，建设国际交往中心”，在更高水平上扩大对外开放。2018 年 5 月，《广州建设国际交往中心三年行动计划（2018 –2020 年）》出台实施，明确广州建设国际交往中心的重要意义、发展目标、重大任务与保障措施，其中特别提出了“实施海外华侨华人人脉涵养计划，密织海外华侨华人联系网络，广泛开展公共外交和民间友好交往”，“用好华侨华人等海外资源，搭建各类交流合作平台”等任务，华侨华人在建设国际交往中心中的重要地位充分凸显，为广州进一步利用华侨华人资源提高国际交往能力与水平指明方向。

四 广州发挥华侨华人资源推进国际交往中心建设的对策建议

2017 年 2 月，国侨办主任裘援平在全国侨务工作会议上强调，侨务工作是一项复杂的人文系统工程，面对侨务工作社会化发展的新形势，必须摒弃狭隘的部门主义和本位主义，牢固树立“大侨务”观念。在此背景下，广州应以建设更高水平的国际交往中心为目标，结合自身优势明确发展定位，以华侨华人资源更好地服务国家总体外交大局，创新开展侨务工作，提升城市国际化水平。

（一）利用海外华商资源培育对外经贸动力

协调对接全球各地海外华商资源，积极申办“华商圆桌会议”等国际性会议，开展“寻商机·谋发展”主题活动，在促进华商落户投资的同时，加强广州枢纽型网络城市的打造，使广州成为全球华商投资与往来的首选平台。组织侨商侨企参加中国国际投资贸易洽谈会、国侨办侨资企业西部行活动、华人华侨创业发展洽谈会、广州国际投资年会、广州博览会、深圳中国国际高新技术成果交易会等活动，畅通政企沟通渠道，帮助侨资企业开拓市场。积极发挥广州市侨商会平台作用，形成一支具有较强竞争力的侨资企业队伍，引导其积极参与粤港澳大湾区和“一带一路”建设。推动传统侨资企业与高新科技企业合作，积极参加“互联网 +”、大数据等领域的发展规划，引导侨资企业加快转型升级，实现集聚发展、融合发展。打造面向海外华商的一体化交流服务平台，提供投资创业相关政策法规咨询等服务，为海外华商提供充分支持。发挥南沙自贸区优势，申请设立或加挂华侨经济开放合作试验区，打造国家层面对接全球华侨华人经济的合作平台。

（二）利用侨团侨领纽带拓展海外联系网络

重点加强与“一带一路”沿线国家和地区涉侨团体的联系，积极组织侨务访问团出访，开展政策咨询、经贸交流和侨情调研，拓展海外联系新资源。加强与海外侨团侨社的沟通联络，整合构筑海外社团联盟，建设一批广州侨务海外联络中心，激活对外交往中介作用。继续组织重点侨领、新华侨华人广州行活动，定期举办海外社团中青年负责人研习班、市海交会理事会年会，进一步发挥市海外交流协会青年委员会作用，拓展广州校友会工作网络，不断优化和扩充华侨华人资源储备。涵养海外华侨华人新生代力量，持续开展华裔青少年寻根冬令营和港澳社团学校青少年夏令营等活动，为港澳和华侨华人新生代加强了解、学习、传承中华文化搭建平台。继续举办授予广州市荣誉市民称号活动，凝聚为广州发展做出重大贡献的优秀人士，进一步提升海外联谊层次和水平。加强侨情摸查，更新完善侨务大数据平台，构建侨务数据共享机制，加强与其他部门和地区的信息互通。

（三）利用新生侨务资本搭建引智引技平台

充分利用海交会的品牌作用，建立常态化侨智人才对接平台和技术交流合作平台，探索与地方共建创业引导基金，促进自主创新科技成果的产业化，推进优秀人才项目的快速落地。以增城“侨梦苑”平台为载体，推动引入一批“高精尖缺”的创新创业人才。为广州高质量发展贡献更多智慧和力量。继续推进华侨华人聚焦广州系列圆桌会、“智汇广东·才聚广州”等精品活动，推动国家“海外人才为国服务计划”成果落地生根。积极推介广州营商环境，让海外华侨华人全方位、近距离了解广州市积极招才引智、优化创业环境、打造高新技术产业的政策措施，增强华侨华人落户广州的信心。加强“双创”队伍建设，围绕战略性新兴产业、科技创新主导产业布局，推动在穗科研机构与高校对接海外侨资、侨智、侨技，营造“万侨创新”新局面。

（四）利用侨务文化交流促进中外民心相通

依托各区基础优势，广泛开展民俗节庆等主题鲜明、内容丰富的涉侨系列文化活动，打造广州侨文化品牌。鼓励文艺院团出访交流，积极赴海外举办文化展览、美食厨艺、名家讲坛、中医保健等富有广府文化特色的系列展演活动，塑造提升城市形象。用好海外侨校资源，扶持设立一批华文教育基地、中华文化传承基地，增强华文教育力量。充分发挥广州华商职业学院“中餐繁荣基地”作用，传播“食在广州”文化。加强与港澳地区及海外青少年的友好往来，举办“汉语桥”“粤语桥”等华文夏令营活动，丰富华侨新生代的文化活动体验。建好华侨博物馆新型公共文化平台，主动收集、保护和研究、展示华侨历史文物及文献资料，举办专题展览展示广州华侨华人历史和侨情，让社会更好地了解和认识广州的侨乡文化特色。

（五）利用全球华文媒体加强城市品牌传播

建立与全球华文媒体的长效合作机制，继续办好海外华文媒体广州行等活动，深化与驻穗媒体互动合作，传播广州声音，讲好广州故事。利用世界广府人恳亲大会等重大机遇做好宣传报道，积极承办国侨办世界华文传媒论坛，延伸对外传播网络。办好《广州华声》等侨刊（报）乡讯，强化其海外侨胞“集体家书”作用。在主要媒体和侨务部门网站定期推送“今日侨乡”系列报道，推动设立“华侨与广州”专题栏目，为外界了解广州侨情动态打开窗口。发挥侨务微博、微信等新媒体作用，在国侨办“侨宝”App等平台做好涉穗信息推送，向海外侨界传递广州正能量。建立海外侨刊乡讯阅览中心，提升侨胞文化认同感与凝聚力。综合用好各类侨宣平台，大力宣传广州侨务工作的成就和经验，争创全国典范。

地方政府民间外交新途径之探究

——以浙江省金华市“海外名校学子走进金华古村落”项目为例

钟世杰*

摘　要： 随着“一带一路”倡议的提出，中国民间外交迎来了新的发展。金华市人民政府在新的时代背景下，立足古村落资源丰富的现实，搭建了一个世界青年和中国传统文化深入交流的平台，以“引进来”的方式推动中国故事、中国声音“走出去”，以“家+”家庭式温情增进中外民间友好交往。笔者通过对项目背景、路径和成果的分析来探索地方政府民间外交的新途径。

关键词： 地方政府　民间外交　金华

一　引言

随着经济全球化的推进，当今世界各国间交流的深度和广度不断拓展，逐渐迈向相互依赖、你中有我、我中有你的命运共同体。经过40多年的改革开放，中国已经形成了全方位、多层次和宽领域的对外开放格局，与国际社会的合作日益密切、关系日益紧密。2013年9月7日，习近平主席在哈萨克斯坦纳扎尔巴耶夫大学发表了题为《弘扬人民友谊　共创美好未来》的演讲，首次提出共建“丝绸之路经济带”的倡议。2013年10月3日，习

* 钟世杰，金华市人民政府外事办公室党组书记、主任，副教授。

近平主席在印度尼西亚国会发表题为《携手建设中国—东盟命运共同体》的演讲，首次提出共建“21世纪海上丝绸之路”倡议。这两个倡议共同构成了共建“一带一路”倡议，得到了国际社会的高度关注和积极响应。[①]

2015年3月28日，国家发展改革委、外交部、商务部联合发布《推动共建丝绸之路经济带和21世纪海上丝绸之路的愿景与行动》文件，对共建“一带一路”倡议的时代背景、原则、思路、重点、机制、行动和远景做了全面的阐释。文件指出“一带一路”建设以“政策沟通、设施联通、贸易畅通、资金融通、民心相通”这“五通”为合作的重点。[②] 习近平主席也在多个场合提出“国之交在于民相亲，民相亲在于心相通”，这就对民间外交提出了新的要求。

在新的时代背景下地方政府、地方外事机构如何积极响应国家“一带一路”倡议，更好地配合国家总体外交，在民间外交上有新的发展和贡献？浙江省金华市通过开展“海外名校学子走进金华古村落”活动，进行了积极的尝试和探索。“海外名校”项目是以金华古村落为载体，通过加深世界优秀青年对中国的了解，来促进“民心相通”的综合性外事活动。活动举办5年来，持续向海内外传播了中国好声音，带动了“大众创业、万众创新”在农村的实践，更培育了一大批“知华、友华、爱华”和了解中国、感恩中国的未来优秀人才。笔者全文通过对项目为什么做、怎么做和做得怎么样等三个方面进行介绍，来全面剖析该项目，寄希望于在民间外交途径的探索上达到抛砖引玉的作用。

二　项目基本情况

该项目的名称为“海外名校学子走进金华古村落”项目，金华市政府

---

① 推进“一带一路”建设工作领导小组办公室：《共建“一带一路”：理念、实践与中国的贡献》，2017年5月10日。

② 国家发展改革委、外交部、商务部：《推动共建丝绸之路经济带和21世纪海上丝绸之路的愿景与行动》，2015年3月28日。

从 2014 年开始动议和策划该项目，前期通过针对不同的国外团组进行设想宣讲，了解海外设想参与者对项目的预期和反应后，于 2015 年 6 月开始正式实施。该项目面向全球招募海外名校学生，请他们来浙江省金华市的古村落进行为期三周的体验式入住，体验期内主办方全方位地展示古村落的历史文化、民俗风情和古建筑的情况，参与者将与村落普通百姓同吃同住零距离交流，可与来自全球各地的优秀青年一起合作，并发挥各自特长为古村落的保护开发献计献策。通过撰写文章、翻译资料、拍摄视频、制作旅游地图和手册、设计可持续旅游开发方案和文创方案，以及为地方产业代言等形式推动所在古村落的国际化，共同把古村落打造成国际友好型的研学基地。项目由浙江省人民对外友好协会和金华市人民政府主办，由金华市人民政府外事办公室具体承办，目前，共在 6 个古村落举办了 7 季活动，邀请到来自全球 66 个国家的 297 名参与者参加活动。

三 “海外名校”举办背景：为什么做？

2013 年国家主席习近平提出“一带一路”倡议的时候指出“国之交在于民相亲，民相亲在于心相通”，所以金华一直在思考，如何在“心相通”上发挥政府的职能。在综合审视了自身的资源和优势后我们有了这样一个创意，原因有三。

首先，金华有得天独厚的自然和人文资源，山清水秀，风景优美，市内的 195 个古村落占了全浙江省古村落资源总量的四分之一。但这些古村落中，有的保护较好，比如诸葛亮后裔居住地——兰溪诸葛八卦村；也有很多古村落因为居住环境受限，在经济发展和历史推进的过程中被遗弃，疏于保护已经处于倒塌的边缘。我们希望通过这项活动让金华的古村落“活”起来，成为全世界人民喜欢和向往的地方。也希望青年们可以为古村落的保护开发和利用出谋划策，让这些古村落焕发生机，让乡村的老百姓能够依托丰富的人文资源增收致富，进而更好地保护古村落。

其次，中国精准扶贫实施五年来取得了历史性成就，随着乡村振兴计划的推进，金华的乡村已经一改以往脏乱差的现象。当然中国也依然不是所谓“中国威胁论”腔调中的那个超级大国。乡村是我国优良传统文化、淳朴民风保存最完好的地方，我们希望通过邀请海外学子到金华的古村落与村民同吃同住同生活，通过切身体验了解中国人的传统文化和现实生活，为他们打开一个了解真正中国的窗口，为来自全球的优秀青年们提供一个交流的平台，为乡村振兴助力，为文化自信打 Call，向世界展示开放、包容、发展的中国。

最后，希望这个活动可以助力讲好中国故事。在对外交流中，我们发现不同的文化背景之下对同一事物的认知偏差经常让我们在对外宣传中事倍功半。因此，我们希望用“请进来”的方式让金华和中国文化“走出去”，让参与者在各项民俗文化活动中感知中国故事，在与乡亲同吃同住零距离情感交流中结下深厚友谊，然后带着充满喜爱的心情向世界介绍中国故事。

四 “海外名校”主要做法：怎么做?

1. 聚焦海外名校，吸引尖端学子

海外名校学子在民间外交中具有特殊的影响力。项目伊始，我们就把眼光瞄准了海外名校学子这一生力军。我们制作了反映金华风情和古村落风貌的中英文视频，邀请了来自英国、德国和意大利的三名喜爱并了解中国文化的外籍人士作为项目顾问，依托国际站点制作了海外名校学子走进金华古村落项目网站。同时，积极向 73 所国际知名高校的孔子学院、51 个国际友城发送项目推介书，重点走访美、英、德、法、印度等 39 个国家驻沪总领馆进行上门推介。通过一系列重磅宣传组合拳，吸引了大量海外名校学子的关注。美国哈佛大学教授、著名中国历史研究学者包弼德也通过宣传了解到该项目并向学生推荐，“我强烈推荐利用这样的机会和当地家庭一起生活、体验金华的古村落。通过和当地人接触，了解他们的生活方式，是了解今日中国的绝佳方式。在古村落生活也是了解今日中国如何传承历史的极好途径。这将是一次终生难忘的经历。”

2. 设计项目任务，完成国际研学

在项目设计之初，我们在 Chinese Forum 上发了一篇关于项目的帖子，帖子上说“邀请海外名校的学生来金华进行为期三周免费的体验式入住”，结果帖子下有回复“免费的一定是最贵的，天上不可能掉馅饼”，“可能想把你骗到什么偏僻的地方去给当地孩子教英语”等怀疑的声音。包括当时市内也有这样的议论，“如果免费请我去国外游学三个礼拜，我也很愿意去，这就是一个倒贴的项目等”。因此在充分沟通之后我们结合当地实际和需求，每季都会设置 5 个项目任务。参与者必须至少完成其中的一项任务，并和我们签署版权许可与媒体许可等协议。任务的设计和协议的签署，一方面可以最大限度地发挥参与者的才智，另一方面参与者感觉自己用专业知识等价交换了免费的食宿，消除了疑虑。此外也确保该项目真正成为广大海外学子的“心灵之旅”和“研学之路”。每一季活动，海外参与者都会以己之长参与到古村落的保护、开发与利用中，在“活着的古村落”探讨其可持续发展的路子，同时为乡村振兴注入国际化的元素和活力。从古村落旅游手册、古村落骑行地图到古建筑保护、旅游业态开发和可持续发展，从 3D 童话公园创建到小水滴水环境探险项目，从地方产业电商改进方案到创客结对……“海外名校”项目每一季都有创新，每个村都有特点。

3. 创新“家 +”模式，深化体验感悟

为给海外学子营造一个特殊温馨的家，我们首创了古村落“家 +”模式。通过整合利用村民闲余的房屋等资源，提出了“关上房门是星级酒店，打开房门是温馨家庭，走出家门是乡野生活”的“家 +”模式。在 21 天的项目体验中，通过志愿者提供的全程翻译服务，海外学子和村民们一起拉家常、舞龙灯、磨豆腐，看金华道情，感受古村风韵，融入村民生活，和村民结下了深厚的友谊。

4. 办好文化沙龙，共说中国故事

为加深海外学子对中国古建筑和传统文化的了解，也方便各国学子进行文化交流，项目在古建筑厅堂设立国际文化沙龙区，并装备现代化的设备，把老房子变成一个中国传统元素和国际时尚元素交相辉映的创意交流空间。

各国学子专程带来的体现本国文化特色的物品在这里展示；古建筑雕刻、民俗手工艺书画演示、中医养生等传统文化在这里传授；围绕各种主题研讨交流和专题头脑风暴等不同文化交流碰撞在这里进行；建筑探索、野外骑行、村民采访、拍照手绘、文字记录等成果在这里分享。文化沙龙区成了一个集合不同国家实物展示、图片展览、视频播放和会议研讨的多功能跨文化交流平台。形成人人都积极参与传播中国声音、处处都在讲述中国故事的生动局面。

五 “海外名校”主要成果：做得怎么样？

1. 创新了一种“家＋”模式

“家＋”模式多功能、多样化、多途径的特点被世界各地的学子所喜爱并广泛的认同，通过这种模式，项目实现了“老外变老乡，学子变孩子，他乡变故乡”的预期。“家＋”模式让全村家家户户都变成了酒店、餐馆、便利店，当游客在房子外面看到“家＋”这一标志牌时，随时随地可以敲门进驻，只需付出合理的费用，就可以要求购进一些生活必需品，可以请主人家烧几个家常菜，也可以选择留宿。“家＋”模式，在发展古村旅游的同时，保留了原有的古建筑，不改变居民原有的生活方式，因地制宜，注重保持古村的原汁原味，注重古村落的造血功能，保留一个活的古村落，为游客提供服务，既满足生活需求，又满足情感需求，创造出新的价值。

2. 探索了民间外交新途径

有一名海外参与者在项目结束的时候写道“谁能想到，在无与伦比的三周之后，在中国的一个小乡村，有了中国的父母、德国的室友。和老挝人一起聚会，和罗马尼亚人一起写文章，和南非人一起分享一瓶啤酒，和意大利人一起唱 Azurro，和喀麦隆人一起跳 Wakka Wakka，和莫桑比克人一起练习葡萄牙语，由美国人为我画肖像，和德国人在巴士上进行促膝长谈，遇到了在镜头前害羞的中国摄像师，并和来自世界各地的人士结交朋友。在这里，我远离家乡的家，在这的经历令人终生难忘。伙伴们，我想你们，希望很快能再见。”而这也是所有参与者的心声，正是这无与伦比的体验和这份牵挂，海外学子们积极践行“民间友好大使”的使命，不遗余力地推介金华，“金华故事”吸引着越来越多的海内外游客走进金华。近三年，金华市通过海外参与者的介绍和牵线，新增友好交往城市 10 个，正式签署友好交流关系协议书的城市 5 个。2018 年项目组应邀参加了金砖国际地方政府论坛，并专题介绍项目；中欧国际工商学院也把项目举办地研学纳入课程体系；以色列、印度的大学也纷纷发邀请函给项目组希望我们能前往介绍项目的经验以及如何用这样新颖的方式促进文化交流和旅游发展。

而“海外名校”项目的参与者，在参加完项目后像小候鸟一样时不时地回到他们的第二故乡。英国伦敦大学的学生诺克带着父母回到了她的住家阿姨家里，瑞士小伙菲利普领着女朋友来看他的中国爸妈，意大利姑娘伊拉通过网络悄悄预定了住家的住宿给住家叔叔阿姨带去惊喜，美国西伊利诺伊大学学生布雷迪毕业后来到金华工作，日本早稻田大学学生清水真美子在参加完活动后表示要当一名外交官，为中日友好做出自己的贡献，而她毕业后也如愿进入了日本外务省工作。瑞士、老挝、南非、英国、德国、印度等不少国家的参与者在活动结束后选择了来中国留学，其中意大利学生劳拉在写给项目组的信中说，“在参加项目之前，我仅仅对中国文化有一点了解，来了中国之后，我才发现中国文化的博大精深，她像一块磁铁一样深深地吸引着我，所以我一定要再回来，来了解她”……在项目举办的 4 年多时间里，这样的例子举不胜举。

3. 提供了乡村乡亲创业增收的新选项

通过承办“海外名校”项目，6 个举办过活动的古村落，旅游经济和古建筑保护得到进一步发展，实现了从普通古村到国际化旅游研学胜地的“华丽转身”，古村古韵与国际元素相得益彰，向世界展现了一个“古韵的金华、友好的金华、美丽的金华”。村集体经济和旅游收入都出现了井喷式增长，老百姓更富了，古建筑保护得更好了，而村落也更美了。以 2018 年 8 月项目的举办地浦江县嵩溪村为例，游客同比增加 500%，单日最高游客量达 13 万人，直接带动旅游收入超 1000 万元，目前已与一家国际旅行社签署 5 年战略合作协议，预计全年游客新增 30 万人次，带动全村收入实现 3000 万元以上。当然，这些成果的取得也与活动期间我们通过事件营销在媒体上发布大量的消息有着密切关系。活动三周内，国内外 20 多家主流媒体发表 400 多条内容，点击量超千万。通过海外参与者发表的各类文章使得 PUJIANG 关键词，在 Twitter、YouTube、Facebook、维基百科的词条数从零增加至 1220 条。而且值得一提的是，这不是一个个别现象。活动过后每个古村落都收获了可观的经济效益，开启了旅游新篇章，借助活动的热度，根据自身特色开启了内容各异的国际研学。更难能可贵的是活动过后老百姓脸上那种自信的笑容，那种通过他人的视角来重新审视和发现自身文化之美的喜悦。

4. 向世界传播了金华好声音

通过推广项目向 51 个友城、73 所国际知名高校和孔子学院宣传金华；通过海外参与者发表的文章，金华在维基百科上的词条数由 730 条增至 1293 条；在谷歌搜索中国古村落，金华的相关信息为第三名；活动期间 45 国驻沪总领事或其他官员参加了活动开幕式，并有部分领馆将项目挂到官网上，对本国学生进行专题宣讲；《德国明镜报》、《印度时报》、《蒙古日报》、《内华达州报》、海外罗马尼亚、克罗地亚通讯社以及各知名高校的学院报和 Facebook、Twitter 等媒体上涌现了大量金华相关新闻报道；新华社、《中国日报》、《人民日报》等 43 家国内权威新闻媒体和网站予以专版或专题做了广泛持久的关注，重量级报道达 89 篇（次）。一名印度参与者在活动结束后在《印度时报》上发表了 20 多篇系列文章，其中一篇写道：很多印度人觉得，中国的马路上一定很拥挤，因为人口很多，但这里的马路这么干净、宽敞；很多印度人觉得中国人不太愿意接受印度人，但我的住家阿姨是那么的亲切、友好，我感觉寺平就是另外一个家；很多印度人觉得中国没有好吃的食物而拒绝来中国工作，而这里的美食品种繁多、美味诱人。来自美国西伊利诺伊大学的杰里米副教授在参加完项目后专门在全美旅游研讨会上推介了项目并提到“这个项目改变了我对中国的看法”，他还引用了马克·吐温的一句名言“旅游可以破除偏见、顽固以及思想狭隘”。他说，

“海外名校学子走进金华古村落”这个项目对于全世界学者而言，使他们踏出固有的环境，改变固有的想法，体验这种经济文化可持续旅游，让旅游者和民宿主人都有所收获。能够在此体验，在体验中成长，进一步了解中国、中国人以及当地特色文化，让他激动不已。

六　结语

“外事+”是“海外名校”活动的显著特点：通过“外事+经济”，实现点睛式发力，服务经济转型升级；通过“外事+旅游”，实现乡风文明、乡村基建的全方位推进，助力乡村振兴；通过“外事+文化”，让海外参与者浸入式体验文化民俗项目，增强中国文化自信；通过“外事+宣传”，讲好中国故事，传播中国好声音，以“家+”家庭式温情，增进中外民间友好交往。金华市人民政府结合地方特色，以古村落为项目载体，以“海外名校”项目为抓手，在地方政府开展民间外交途径上进行了探索和深化，取得了一定的成效。当然项目也存在着如何更好地把活动提升为机制，如何更好地、有针对性地维系海外有效资源，如何让这些民间友好力量发挥更大的作用等问题，期待在下一步的实践中更好地进行完善。

“一带一路”背景下西安建设国际物流中心的经验及其对北京的启示

徐炜峻 *

摘 要： 西安作为“一带一路”的重要节点城市、“一带”的起点，其区域乃至国际物流中心的建设经验值得深入研究；而北京与西安在城市历史积淀、重要文化地位、国家中心城市定位等方面具有一定的相似性，本文以陕西自贸区为切入点，通过总结分析西安在这一领域的建设经验、面临的问题与提升优化的思路等，为北京提供一定的借鉴，同时探讨两座城市在国际物流中心建设方面的合作发展空间。

关键词： 国际物流 “一带一路” 自贸区 区域比较

一 陕西自由贸易试验区的建立与物流职能

作为“西部开发”地理战略前沿与核心枢纽、“丝绸之路经济带”的重要经济地域起点、西北地区唯一的国家中心城市，陕西省西安市在区域与跨国物流、供应链领域具有重要地位。自国家提出“一带一路”倡议以来，西安市遵循“共商共建共享”的发展愿景，结合西安自身独有地理位置优

---

* 徐炜峻，西安欧亚学院“一带一路”经济贸易研究中心高级研究员，美国密歇根州立大学供应链管理硕士毕业。

势与社会经济特色，在服务于本地、区域经济的同时，主动构建跨境贸易新结构与经济增长新基础，通过与“一带一路”国家开展深度经济和贸易合作，助力发展本地经济，建立标杆，进一步带动我国西部地区协同发展。而作为生产与贸易等实体经济活动的重要支撑，物流产业在西安的这一发展愿景当中扮演着举足轻重的角色。因此，从建设国际物流的角度解析西安近年来在地方经济发展、国家中心城市定位、“一带一路”建设背景下的跨国经贸交往发展，不失为一个新颖的研究角度，这也可以为北京国际物流中心进一步发展提供一些借鉴意义。

陕西自由贸易试验区是西安作为国际物流中心的实际载体。2013年，陕西省向国家提出建设申请，2016年8月顺利获批，陕西自由贸易试验区于2017年4月1日在西安正式揭牌运行，成为我国最新的自贸区之一。

陕西省自贸区自成立至今，紧抓国家战略调整新机遇，积极建立开放型经济新体制，加快内陆地区向外部开放进程，主动增强本地经济与外部关联性。自贸区认真贯彻“走出去，引进来”的大方针，更多人流、物流、资金流、信息流与商流汇聚堆叠，各功能区域发挥自身优势，积极打通合作渠道，大力发展国际物流、金融融资、旅游与会展服务、电子商务等。其中，国内互联网企业巨头阿里巴巴、腾讯、京东等一大批跨境电商企业成功入驻，不仅降低了陕西本地企业进入国际市场的门槛，同时在金融、贸易、物流等服务方面也极大地惠及陕西当地民生。

占地总面积119.95平方公里的陕西自贸试验区，西安片区涵盖了两大片区、4个功能区，包括中心片区与国际港务区，涵盖西安高新区、经开区、国际港务区、浐霸生态区。杨凌示范区片区，是当前国内唯一的现代农业自贸区板块，为中亚、西亚国家在旱地作业、设施农业、绿肥种植等方面持续提供技术支撑。①

① 张永军：《“一带一路”新起点　自贸区建设开新局》，《西部大开发》2017年第6期，第30～35页。

截至2019年3月底，陕西省自贸区在新增市场主体、注册资本上取得骄人成绩。2018年整年进出口总额占陕西进出口总额的比例持续提升（见表1、表2）。自贸区的建立对于陕西省经济发展拉动与提升作用日趋明显，自贸区的蓬勃发展形成的牵引力正在带动陕西经济社会快速发展，形成区域发展合力，进而更好地服务“一带一路”建设和“走出去”大战略。

表1　2019年3月底陕西省自贸区新增企业数量与注册资本统计

单位：家，亿元

新增注册市场主体		新增注册资本
注册企业数	其余市场主体	
27457	13237	6024.32

资料来源：陕西省商务厅。

表2　2018年底陕西省自贸区进出口总额与进出口占比统计

单位：亿元，%

进出口总额	占全省进出口总额比例	进口总额	占全省进口总额比例	出口总额	占全省出口总额比例
2649.79	75.41	1090.56	75.99	1559.23	75.01

资料来源：陕西省商务厅。

在陕西自贸区中，具体来看，担负物流领域职能的是其下设的西安国际港务区、西咸新区空港新城以及西安高新区的一部分。三大功能板块抓住自身特点，发挥优势，各自突破，取得了一定的成绩。

（1）西安国际港务区

作为西北地区可提供进出口报关报检量最大的重要公路、铁路交会内陆港口，通过近几年的快速发展，已经形成相对完备的港口功能与物流平台，并据此持续引进大型企业物流投资。2018年5月11日召开的“第三届丝博会”，宝能、国药控股等大型国企进行了物流战略投资，建设冷链物流基地与物流枢纽平台项目，总投资超过110亿元，各类企业纷纷跟进，港务区共获得签约项目24个，签约金额951.6亿元，不仅极大地提升物流基础建设投资，同时创造更多利润与物流从业人员就业机会。

成立两年多来，自贸区西安区域主动增强与“一带一路”沿线国家的经济合作，开通西安与西亚、中亚、与欧洲 11 条跨国铁路货运干线，覆盖“一带一路”沿线 44 个国家和地区，在政策服务方面，推出“货站前移”“舱单归并”等优化举措，大大缩短企业进出口物流通关时间。截至 2018 年 5 月 14 日，“长安号”向“丝绸之路经济带”国家已开行 323 列，全年开行 1000 列的日均标准，总运货量 38.17 万吨，创造进出口货值 2.9 亿美元，总运行量、运输量与货值显著提升。①

（2）西咸新区空港新城

西咸新区空港新城是我国西北地区最重要的陆空铁交通核心枢纽，空港新城通过“整体功能构造，协同项目建设”的方式，帮助自身建设新一代“空中丝绸之路”，重点突出物流速度快、商品附加值高、经济辐射面宽等特点，加大力度聚集临空偏好型产业，满足“丝绸之路经济带”国家对于高附加值科技产品的旺盛需求与物流预期。② 同时，在国家政策与西咸新区的大力支持下，空港新城成立空港保税区，通过完善货代、办公区、检验检疫站点与物业等综合服务场所，减少物流相关活动中的时间消耗。

（3）西安高新区

2017 年，高新区紧抓新一轮战略发展机遇，制定“5882”战略，构建区内新型生态体系，持续革新“硬科技”产业结构，积极引入“航空航天、人工智能、新材料、智能制造、光电芯片”等高精尖技术企业，提供政策与服务支持，扶持企业落地并进入良性发展，进一步加强对西安国际物流中心的研发支撑。在各项政策服务支持下，高新区部分新材料企业秉持全球化研发设计与采购供应链思维，建立从最初研发、采购、生产环节到“最后一公里”物流配送的全程“一条链”思维，持续探索供应链全球化本地应

① 肖燕、仲德：《西安国际港务区：打造丝绸之路经济带上第一大内陆港》，《中国报道》2018 年第 6 期，第 82 ~ 83 页。

② 刘迎秋：《中国经济：大转型与新支点——源自西咸空港新城的思考》，《国家行政学院学报》2014 年第 4 期，第 32 ~ 39 页。

用范例，虽受制于当前西安地域经济、社会形态与产业结构等因素，在设计与执行过程中解决实际问题经验不足等负面因素，未能形成跨越式发展，但在长期政策支持与自身创新驱动下，寻找差距与多方实践，最终整体提升供应链设计与执行能力，“以点带面”辐射带动高新区企业乃至大西安地区，助力提升物流整理运筹思维与执行能力，切实提高大西安国际物流中心建设水平。

二　西安国际物流中心的发展定位、优势、挑战与前景

西安市的国际物流中心发展，是紧密依托自身特点、定位以及国家“西部大开发”与“一带一路”倡议的政策引导而进行的。本文的第二部分，将从陕西省自身经济特点与西安物流中心建设进程、国家发展战略与西安物流中心定位、“一带一路”倡议与西安的对外经济联系这三个方面进行论述。

（一）陕西省自身经济特点与西安物流中心建设

1. 陕西省经济概况与转型

陕西省紧跟国家战略与政策大方向，充分考虑当地经济、社会、人文发展现状与特色，因时因地制宜，申请成立自由贸易试验区。自由贸易试验区的成立是结合国家主导政策与陕西自身优势的必然产物。陕西省认识到“改革创新，政策先行”的重要性，坚决服从国家前瞻性引导，认真贯彻国家战略精神，最终成为国家第三批获批自贸区的地区之一。

2017 年党的十九大报告中指出，国家经济正由高速增长阶段向高质量发展阶段转变。融合实体经济建设、金融、科技、人力资源等现代协同发展体系对于当今国家经济与产业发展至关重要。由古至今，作为东西方经济与文化交融的重要节点、国家重要门户，“一带一路”倡议的提出对陕西省提出新的发展要求，与此相应地提供了全新的发展思路。据此，2017 年底，陕西省委提出“三个经济”体系建设，即枢纽经济、门户经济与流动经济。

2018 年，发展“三个经济”被正式列入政府重点工作。①

枢纽经济深度结合优质资源与相关产业，陕西省利用自身区位优势，将优质资源聚集为高位配置打下良好基础，以高质量经济与资源要素聚集推进多方联动枢纽型产业发展格局。首先，陕西省积极打造航空航天、汽车产业群等先进制造集群，重点扶持具有技术领先优势的企业单位，以全球/全国重大项目为着眼点，引导与构建市场需求新体系，融合人才、技术、信息等要素，形成现代集成产业群。其次，陕西省持续完善交通网络建设。“米字形高铁”、“关中城际铁路”、全省公路建设、咸阳机场扩改建工程等国家与省级重点交通改善工程的提出标志着陕西省在陆、空、铁综合交通网络建设方面成为国家综合交通枢纽核心节点的信心，为陕西省经济进一步发展打下坚实基础，并带动国内外更多优质资源流入。最后，随着综合交通枢纽网络的建立与不断完善，陕西省内国际物流中心的建设与发展优势凸显。阿里巴巴、腾讯、京东、海航集团、申通、圆通、传化集团等企业的加入为西安物流基础设施建设添砖加瓦，加快西安国际物流枢纽建设；通过进一步增强物流中心规划系统性与前瞻性，培育区域物流龙头企业，建立健全无缝连接的现代物流服务与物流运输网络体系，加快传统物流企业信息化升级转型等一系列组合拳，系统性促进陕西省国际物流枢纽良性发展，提升陕西整体竞争力，重振实体经济。

门户经济是陕西省充分利用“一带一路”倡议红利，积极融入全球国际化战略，带动自身经济发展，转型外向型经济，塑造新时代国际开放门户的一次历史性机遇。陕西省企业坚持“互利共赢”原则，结合自身优势与“一带一路”国家进行科技、人文、商业等方面的互融互通，建立利益共同体。与此同时，为更好地支持省内企业与“一带一路”国家企业合作交流，陕西省政府积极制定政策规划与保障措施，学习并构建与国际接轨的体制，通过完善国际贸易投资体制、政策与监管体系，为陕西省作为“一带一路”

① 李瑛：《聚力“三个经济”建设　为陕西加速追赶超越贡献力量》，《新西部》2018 年第 31 期，第 14～15 页。

门户提供制度支持。

流动经济是通过提供良好的平台与有利条件，吸引外部区域更多的人才、资本、高端技术、信息等经济要素向自身流动。西安市 2017 年通过"人才新政"等各类途径吸引国内外人才的效果明显，随着"一带一路"倡议的推进，陕西正在吸引更多跨国企业的资金、人才与技术加入投资陕西的队伍中来，极大地提升了陕西省经济要素流动的数量、质量与发展潜力，为陕西的进一步发展提供有力保障。①

2. 基于陕西省经济转型的西安物流中心建设概况

2018 年 2 月 7 日，《国家发改委住房城乡建设部关于印发关中平原城市群发展规划通知》（以下简称《规划》），明确平原城市在发展区域经济、构建产业体系与优化空间格局方面的重点任务。西安处于关中平原最核心地域，如愿获批国家第九大中心城市。《规划》中明确将西安打造成为内陆开放高地与国家综合交通枢纽，积极推动西咸一体化集合发展，全力将关中平原城市群打造成丝路经济带中规模覆盖面最广、功能最齐全、效率最高的国际物流枢纽。

物流业的发展带动产业的发展，各个产业的蓬勃发展进而带动城市的高速发展。物流作为全社会的支柱产业之一，在城市发展战略中占据重要位置，政府应将物流作为战略性产业来重视。② 因此，西安市高度重视城市物流发展与国际物流中心建设，提出进一步提升西安作为国家交通物流枢纽的地位；加强物流集散能力建设，建立现代物流大平台与支撑体系，全力支持与培育万亿元级物流大产业，最终形成辐射丝路经济带与国家西部区域的大物流网络。

同时，为积极响应国家号召，抓住战略发展机遇，不少国内外知名企业已提前在西安布局，京东无人机研发"X 事业部"落地西安，并在陕西省获得国内首张覆盖全陕西省飞行空域的批文；圆通进一步加大对于西安航空

① 张首魁：《大力发展"三个经济"构建陕西现代产业体系》，《陕西日报》2019 年 4 月 10 日。

② 老冲：《金融市场：向人民群众的汪洋蓝海进发》，《新民周刊》2016 年 4 月 10 日。

航天产业的投资；中通建成“西北电商物流产业园”；传化集团将打造“一城二港三中心”；海航集团将自身物流板块——现代物流集团总部落地西安。[①] 围绕西安自身地理位置、发展特点与发展潜力，国内外企业正持续为西安物流中心建设添砖加瓦，开辟广阔发展空间。

3. 陕西省自身优势与省内物流企业的不足

（1）拥有强劲的科教底蕴与实力

陕西省是科教资源总量丰富的科技大省，各类科研机构超过 1100 家，全省科技人才超过 170 万人，拥有科技工作人员 110 万，在航空航天产品研发与配套和国防科技工业等硬科技支柱产业上，陕西实力名列前茅，陕西整体科技活动直接产出位于全国第 7 位。陕西省同样是教育强省，拥有高等院校 108 所，具有门类齐全的学科、人才体系，构建了一系列科研基础设施，如能源化工、高端制造、电子工程、航空航天与生物医药等。陕西高校一直是陕西科研与研发实力的重要标志，在促进陕西省自身发展与对外交流上具有得天独厚的优势。[②]

（2）具有天然的地理区位优势

位于中国版图中心位置的陕西省，对内连接西部周边区域与东部、南部沿海重要经济发展区域，对外连接与中国接壤的中亚区域，已然形成“畅联内外”的地理格局，具有十分重要的战略地理位置。作为“一带一路”的起点，陕西省省会城市西安，同时也是国家中心城市，也是新欧亚大陆桥中重要的经济与交通枢纽，承载国内东西南北区域与中亚接壤国家重要经济活动的桥头堡。[③]

（3）本地物流企业管理水平偏低

近些年，依托新时代技术创新与市场多样化需求，互联网、电商与快递业快速发展促使物流行业加速变革。然而，在快速变化市场与产品更迭的压力下，

① 席悦：《西安：建设国际物流枢纽城市》，《中国物流与采购》2018 年第 5 期。

② 李承明：《雄厚的陕西科技实力》，《西部大开发》2016 年第 9 期，第 88 ~ 90 页。

③ 付颖：《陕西在“一带一路”战略中的优势及发展定位》，《新西部》（理论版）2015 年第 18 期，第 14 ~ 15 页。

物流企业需具备更先进的管理水平和更科学的管理体系以应对不断变化的需求与市场，持续不断提升企业运行效率、降低成本，提供更符合市场需求、更具性价比的产品与服务。西安市物流企业的管理水平与东部沿海及南方相比整体处于落后状态，需进一步引进高端物流人才，吸引更多国内物流专业优秀毕业生落户西安，通过多年优秀实践，积累经验，提升物流龙头企业管理化水平，建立区域标杆，辐射整个大西安地区，整体提升西安物流企业管理水平。

（二）依托国家发展战略的物流中心建设

1. 国家发展战略与西安国际物流中心的定位

（1）建立陕西自贸区是更好推进“西部大开发”战略的重要举措

“西部大开发”战略的实施依托于建设完善的国内交通干线，通过串联辐射方式，带动各个西部中心城市与地区共同发展。因此，对于西安这个典型内陆中心枢纽城市，通过自贸区发展外向开放型经济，对于整体推动西部地区经济交流与开放有着举足轻重的意义。结合现有“西咸一体化”“关天一体化”体系辐射模式，在经济建设层面，为带动西部大开发提供了十分重要的借鉴意义。①

（2）国家“一带一路”建设需要国际物流中心支撑

为支撑国家“一带一路”建设下的内外经济与贸易活动，西安建设承载“物流、信息流、资金流、商流”流通端的国际物流中心势在必行。如何结合西安在丝路经济带建设中的重要作用，使其充分发挥自身特点与优势，承载一系列不可取代的贸易、工程等支撑与服务功能，是一项艰巨的任务，在新欧亚大陆桥范围内，需要构建与增强西安自身作为内陆港流通中转枢纽的角色。

同时，在“两横三纵”战略下，西安陆港则是连接国内东西部、通行欧亚大陆桥至关重要的交通枢纽，更好地实现区域间互联互通，更好地促进

① 张伟杰：《有效推进西安自贸区建设的模式研究》，《西部金融》2017 年第 2 期，第 53 ~ 55 + 70 页。

河西走廊、银川、呼和浩特、包头等经济带辐射地区提速发展，最终实现丝路经济带与其他周边经济带互融互通、合作发展，实现共赢。[①] 由此可见，为更好地支撑中国经济良性与可持续发展，落实国家“一带一路”倡议，助力丝路经济带繁荣发展，大力建设西安国际物流中心并持续完善其各项服务功能，升级并形成外向开放型经济格局则是大势所趋。

2. 国家发展战略下的西安国际物流中心建设成果

（1）西安物流业总产值保持高增长率

随着国家政策与城市发展加速，现代物流业服务产品与服务范围相应得到迅速发展，如表 3 所示，西安物流业整体增加值及其占 GDP 比重显著增长，提升 0. 905 个百分点。

表 3　大西安物流业增值与 GDP 占比

单位：亿元，%

年份	西安市 GDP	物流增加值	物流增加值占 GDP 比重
2010	3241. 69	124. 69	3. 846
2011	3862. 58	147. 64	3. 822
2012	4366. 10	167. 46	3. 835
2013	4924. 97	215. 11	4. 368
2014	5492. 64	235. 59	4. 289
2015	5901. 20	260. 33	4. 411
2016	6282. 65	298. 52	4. 751

资料来源：西安市 2011 ~2017 年国民经济和社会发展统计公报。

（2）物流业从业人员数量高速增长

伴随着国家中心城市政策与经济发展红利，西安市人才引进持续发挥“虹吸效应”，带动更多行业从业人员加入新城市建设，同时，国内外物流企业纷纷入驻西安，为生产贸易相关活动提供服务。因此，物流行业从业人员数量得到显著提升，如表 4 所示，相比 2011 年，2017 年西安市物流企业

① 董千里：《“一带一路”背景下国际中转港战略优势、条件及实现途径》，《中国流通经济》2017 年第 31 期，第 46 ~54 页。

数增长 1717 个，增幅约 136%；物流企业从业人员稳中有升，2015 ~ 2017 年，从业人员增加 62400 人，增幅 22%。

表 4　2010 ~ 2017 年西安物流企业数与从业人员变化情况

单位：个，万

年份	物流企业法人单位数	物流企业从业人员数
2010	1264	31. 80
2011	1505	32. 01
2012	1660	27. 39
2013	1690	33. 21
2014	2659	31. 67
2015	2213	27. 86
2016	2368	29. 61
2017	2981	34. 10

资料来源：《西安市统计年鉴》（2011 ~ 2018 年）。

（3）物流基础设施建设进一步完善

在物流基础设施建设方面，公路、铁路、航空通航里程建设等相关数据可反映西安在物流基础设施领域建设情况，如表 5 所示，西安公路里程、桥梁长度与民航通航里程逐年增长，尤其桥梁长度与民航通航里程显著增长，通航里程增加 112759225 千米，增长 15188%，桥梁长度增加 132314 米，增长 86%。

表 5　西安物流基础设施建设情况

单位：千米，米

年份	民航通航里程	公路里程	永久式桥梁长度
2010	742375	12378	153850
2011	898628	12599	148810
2012	981450	13127	213985
2013	70643568	13135	223970
2014	78626210	13251	224165
2015	93375419	13328	250175
2016	92561215	13356	155322
2017	113501600	13383	286164

资料来源：《年西安统计年鉴》（2011 ~ 2018 年）。

3. 西安国际物流中心的优势与挑战

从总体来看，国家发展战略视角下的西安作为国际物流中心，具有下列具体优势。

（1）地理区位优势

西安位处中国南北分界点秦岭以北的关中平原、国家版图的中心区域，作为“一带一路”起点城市，西安具有建设发展国际物流中心的先决条件，为国内外生产企业提供原材料加工、生产、仓储、包装、运输等一系列生产加工与物流活动设施和服务支持，可有效实现国内与国外，尤其是“向西”国家市场与贸易的对接。建立国际物流集散中心（International Logistics HUD），有助于显著降低物流成本，在增强物流活动中的规模经济效应的同时提升自身经济活跃度与国外经济黏性。

（2）道路交通体系与建设优势

《陕西省“十三五”综合交通运输发展规划》中提出，“十三五”期间，利用5年时间投资5000亿元，实施“586”发展战略，包含“综合交通创建、强化公路发展、铁路提速发展、升级航运发展”等八项工程，使陕西省运输水平达到全国前列、西部领先水平。① 西安作为陕西省中心城市，继北京之后的全国第二大公路交通枢纽，将全力加快交通基础设施建设工作，充分发挥中心城市交通基础设施承载优势，配合国家“八纵八横”高铁网络规划，形成以公路为主、铁路与航空运输为辅的“米”字形道路交通体系，进一步增强交通承载能力，做到物流辐射范围全覆盖。

（3）市场与产业物流需求优势

西安在能源化工、高端制造、电子工程、航空航天与生物医药等军工、研发、科教领域的市场与需求相对全国其他地区更为旺盛。经过逐年建设，西安各科技产业蓬勃发展，尤其是西安高新区带动的一系列拥有核心技术的高科技企业与研发机构，形成一整套研发、生产、运输与销售产业链条。与

① 《陕西“十三五”投资5000亿元支持交通运输建设》，《中国建材数字报》2016年第14期，第86页。

此同时，西安提出“人才新政”，将西安打造成为全国新一线城市，预计到2020年，常住人口超过1500万。如此，构成物流需求的主要三类指标：制造业、社会消费品和进出口将会经历强势增长。据统计，全年社会消费品零售额从2010年的1678.01亿元增长至2016年的3730.7亿元，增长幅度122.33%。从历史数据可以看出大西安地区具有十分庞大的物流需求。①

但也应积极地看到，西安本地物流信息化水平有待提升，这在一定程度上制约了西安国际物流中心的进一步发展。信息化发展是当今国内社会乃至全世界绝大部分行业的必经之路。一个行业的信息化发展水平决定了此行业整体发展水平，对处于商业环境中的企业尤为如此。西安本地物流企业在信息化应用端经验不足，难以系统化利用物流活动中所产出的信息流对接不同利益相关市场所需的运输方式，无法实现物流活动统一化，因此进一步提升了物流成本，降低了服务效率，使企业盈利能力与应对市场风险能力变弱，不利于西安地区物流业快速与健康发展。鉴于此，西安市物流企业应充分利用当今大数据、物联网、云计算等技术，建立信息化平台，分析、总结并利用数据优化物流活动，系统优化运营模式，提升运行效率，降低运营成本，提供更好地满足客户需求的产品与服务。

（三）“一带一路”背景下西安的对外经济联结

前文已经提到，西安不仅仅是“两纵三横”的战略枢纽，更是新欧亚大陆桥的重要节点，因此在“一带一路”倡议的大背景之下，建立陕西自贸区是更好地贯彻“一带一路”倡议的先决条件。2015年2月，习总书记在陕西调研时指出，陕西省作为西部地区重要枢纽，应抓住“一带一路”建设机遇，主动融入“一带一路”经济建设大格局。随即，陕西制定“打造丝绸之路经济带新起点”战略定位，西安作为陕西省中心城市、“一带一路”经济带重要桥头堡，因势利导，紧抓“一带一路”建设战略契机，主

① 张武康、王子涵：《大西安建设背景下的西安物流发展策略》，《经济师》2018年第9期，第19~21+24页。

动扮演排头兵的角色，全力配合国家战略，建立经济带物流贸易中枢，发挥陕西省在科教、历史与文化方面的优势，促进与经济带内国家贸易自由化，切实将西安打造为国家内陆改革开放新高地。

西安在“一带一路”背景下的对外经济交往中，拥有较为丰富的资源。当今丝绸之路经济带合作与交流平台主要位于西安，如欧亚经济论坛及欧亚经济综合园区、西咸新区能源金融贸易中心、丝绸之路国际博览会、西安国际港务区及综合保税区、丝绸之路最大的空港及航空城试验区等。[①] 现有各大论坛、试验区与合作组织的建立，为西安国际物流中心后续进一步加深与“一带一路”国家合作，建立健全相关政策，完善国际物流中心各项设施与服务打下良好基础。

但与此同时，“一带一路”进一步开放带来外企加入竞争的趋势，也应提早做出应对。随着中国成为全球前列的生产与消费大国，外国企业纷纷加入投资中国实体建设与第三方服务大军。以国内快递业为例，政府决定引入部分国外知名快递企业进入中国市场，以实现倒逼国内快递企业增强自身经营与管理能力，提升服务水平。随着国外知名企业进入中国市场，对于本来就竞争激烈的物流市场而言，将会带来更多的新变化。外企的进入将引起中国物流业的“马太效应”，将形成物流业内优胜劣汰的行业态势，可以预见国内各大物流与快递企业如中远、中海、中外运、四通一达等企业与外企的竞争态势将进一步加剧。国内各物流企业应积极大胆创新，利用新技术、新思维创立新平台，提升社会对于国内物流企业服务满意度，以应对外国物流企业带来的竞争压力。

三　西安与北京国际物流中心建设的异同比较

（一）北京国际物流中心建设概况

作为首个国家中心城市，全国政治、经济、文化中心，重要地域交通枢

① 春秋：《自贸区，来了》，《西部大开发》2016年第10期，第23～26页。

纽，北京市在国际物流中心建设中同样秉持建设国际领先且宜居城市目标，以提高民生需求保障水平为着眼点，持续推动业内创新、促进产业升级、提升产业区域竞争力。2016 年 6 月 13 日，北京市政府发布《北京市“十三五”时期物流业发展规划》，提出夯实城市物流运行基础，加强民生保障能力；持续完善专业物流体系，提供支持高精尖产业发展的物流服务网络；提高协同协作意识与能力，系统推动京津冀物流一体化建设；鼓励物流创新，推动绿色物流发展；强化国际物流板块功能，服务北京对外开放等建设要求。重点发展城市物流网络、冷链配送、物流标准化建设与“互联网 +”物流创新工程等。

为更好地支撑北京国际物流中心建设，完善基础设施与功能服务，北京市大力开展物流园区建设，提升海陆空铁多式联运与国内中转物流能力，通过提供多样化物流园区服务，提升仓储、包装、配送、装卸搬运、集货装箱、转口加工等环节的服务水平，北京市目前已建成通州马驹桥、顺义空港、大兴京南与平谷马坊四大物流配送基地，根据不同区位交通与地域条件，形成城市交通体系、空—陆联运、陆—铁联运与陆—海联运等不同物流运输形式。顺义空港物流基地汇集如 UPS、DHL、TNT、顺丰、宅急送等国内外高端物流快递企业，为国内外企业各类高附加值产品提供高实效、高效率的空运集散服务。据统计，顺义空港物流基地每年占据全北京市快递集散业务的份额近 40%。大兴京南物流集散中心位于北京大兴区南部，拥有 28 条铁路专用线，可承担铁路整车、零担运输、陆—铁联运换装等业务，是北京唯一具有陆—铁联运能力的综合物流基地。通州马驹桥物流基地位于北京“大动脉”通道之一的京津塘高速公路，并与京石、京开、京哈、京沈等国内 11 条重要高速公路相连。依托强大的高速公路运输网络，马驹桥物流基地 2014 年货运量超过 800 万吨，占当年北京市货运总量的 3%。平谷马坊基地是北京市重点发展的口岸物流基地，是北京连接天津港的重要中转枢纽，提供大宗货物集中转运、分拨、加工与保税仓储服务，成为京津冀地区重要的物流集散地。①

① 王青燕：《北京市物流园区发展优势研究》，《中国储运》2019 年第 2 期，第 101 ~ 104 页。

（二）北京与西安国际物流中心的相似性与北京的独特优势

具体来看，北京与西安国际物流中心具有如下三点相似之处。

（1）地域区位优势

北京与西安都属于国家中心城市、重要地域交通枢纽，同样具有地理区位天然优势。从物流活动覆盖区域来讲，北京可辐射东北、华北、国外重要城市与地区，西安可辐射西北、西南、华中、丝绸之路经济带沿线国家与地区。

（2）科研实力与教育资源雄厚

北京与西安均为全国重点科教基地，具有丰富的教育、科技、人才资源，广泛分布在金融贸易、电子通信、航空航天、能源化工、计算机应用高端制造与生物工程等产业。

（3）政府高度重视物流发展

市政府高度重视国际物流中心规划、建设与发展，积极制定中长期物流发展规划。结合自身经济与地域发展特点，通过积极整合资源，推出物流及相关产业优惠政策，完善物流配套基础设施配置，依托海陆空铁枢纽港口集散功能以及保税政策等促进国际物流中心建设，助力重点产业发展，带动区域和国际经济贸易协同发展。

与此同时，在建设各自的国际物流中心过程中，北京也具有更为突出的三方面支持。

（1）研究支持

北京作为首都，科教资源极其丰富。据调查，2018 年，北京所有高校一级博士培养点 568 个，博士培养规模占全国的 11.8%，硕士培养点超过 1100 个，占全国比例超过 11.5%。另外，中国科学院、中国工程院超过 50% 的专家、学者与研究人员分布在北京高校与相关科研院所；北京地区开展课题研究数量达 3 万多项，其中取得相关成果 1 万多项，获得国家奖项的比例占全国的 30% 左右。① 丰富的科教与学术资源可为北京在国际物流中心

① 王青燕：《北京市物流园区发展优势研究》，《中国储运》2019 年第 2 期，第 101 ~ 104 页。

建设中提供极具价值的研究支持。

（2）产业支持

北京具备最为丰富的产业资源，大部分企业均在北京设立区域或全球总部。尤其近些年服务业发展迅猛，极大地提升了全社会对各类产品与服务的数量需求，而服务业的蓬勃发展全方位带动经济贸易活动，各企业为满足大众对于产品的多样化需求，积极研发、设计并生产出更多的产品，从而正向提升了全社会乃至全世界物流需求度。因此，需求多样化与产业的蓬勃发展带动物流业的变革与更新，从这方面来说，丰富的产业结构与产业深度是北京建设与发展国际物流中心的重要支撑。

（3）口岸支持

西安市作为典型的内陆城市，仅仅能够发展结合陆运、空运与铁路运输的多式联运，而北京地理位置虽然也不近海，但作为京津冀经济联合体，北京可直接使用天津港开展海陆空铁全方位多式联运业务。通过各类运输方式的组合，可运输的货物种类更多，经济贸易合作与交流的辐射面更广。

四　西安国际物流中心建设经验对北京的启示与未来相互借鉴、合作发展的展望

西安的国际物流中心建设充分依托自身的地方经济特色、国家发展战略对西安的定位以及“一带一路”节点城市所需承担的对外经济贸易交往功能。尽管在发展水平、先天资源、研究水平支持等方面与北京相比有所差距，但西安物流中心发展至今的很多经验仍对北京国际物流中心的进一步发展具有一定程度的启示意义；同时，两座城市的国际物流中心在相互借鉴、合作发展的层面上，也具有相当大的空间。

（1）充分利用政策与区域优势，开展国际物流中心建设

西安充分利用“一带一路”倡议与“西部大开发”大战略、国家中心城市、丝路经济带起点、科教之都、国家交通枢纽城市等政策与区域优势，大力发展与扩充国际物流中心影响力和服务功能。同样的，北京应遵循“因地

制宜、因材规建”原则，充分利用自身地域、产业与政策优势，执行“系统规划，紧抓落地，全时监管，及时优化”行动路径，进一步明确国际物流中心建设方向，加强与周边经济贸易中心合作，尤其需积极带动京津冀经济共同体协同发展，产生大区域集群效应，促进北京国际物流中心建设与发展。

（2）加大信息公开力度

西安市政府部门、职能机构、物流园区，如西安国际港务区、西咸新区空港新城、西安市高新区等，在物流建设信息公开力度上能够做到多方位与全覆盖传播。通过设立官方网站，定期向社会公布自身建设、发展规划、招商引资等信息与数据，此举不仅有利于政府部门及时监管，同时也可极大地提升产业关注度，吸引更多有实力且有意向进入西安物流中心的企业。而据笔者调查发现，北京市在区域物流建设信息公布方面相对乏力，需进一步加大信息公布力度，通过更多信息与数据披露，展现国际物流中心建设进展与成果，提升国际物流中心影响力。

（3）建立物流企业战略合作关系

北京与西安同为国家中心城市、硬科技之都，一部分物流服务产业呈现高度重叠态势。近些年，北京与西安同样面临第三方物流企业数量与服务能力薄弱问题。笔者认为，两座城市可在相近产业物流服务端建立第三方物流企业战略合作关系，通过优势互换、业务互通与信息共享等方式，发挥物流集群效应优势，引领物流协同发展，并可试图探索带动其他产业效仿与学习的路径开发，从而建立更多、更大的物流企业合作关系网络，有利于两座城市第三方物流企业共同发展，形成集群核心竞争力。

（4）打造物流人才双向实习就业基地

同样作为人文教育之都，北京与西安高校在专业设置、人才培养、就业方向等方面存在共通之处。两地政府可积极引导高校与物流企业在共同优势行业领域的深度合作，通过建立物流产学基地，鼓励两地高校应届物流毕业生与社会物流人才双向实习和就业，在人才就业与发展方面由“独立单一发展”转变为“合作互通共建”模式，进一步扩充就业渠道，实现两地物流人才培养“互赢”，进而更好地促进两地物流企业战略合作。

五 结语

本文结合国家“一带一路”倡议与“西部大开发”战略，通过理论与现实依据的分析总结，重点介绍陕西省自贸区的建立以及西安国际物流中心的建设与发展。由发展经验来看，西安市作为国家中心城市、重要交通枢纽、文化历史名城，依托国家“一带一路”倡议与“西部大开发”大战略，辅以相应配套政策，结合西安自身地域、经济与科教优势，通过国际跨境交流/贸易，带动自身与地区经济快速发展。西安国际物流中心建设中虽取得了一定的成绩，但同时也面临着诸多挑战。

西安在国际物流中心建设过程中充分贴合国家大战略与当地人文、经济、社会发展现状以及自身独具一格的特色，因时因地制宜，循序渐进并卓有成效地推进建设进程。西安国际物流中心的建立是西安市政府、职能部门与物流建设部门结合国家战略性规划政策和西安市自身优势的必然产物。同样作为国家中心城市的北京市，在经济、政治、国际交流、产业结构等方面具有更加全面、优质的架构和资源，优势与地位尤为突出。北京市更有希望也应更好地结合国家发展大战略、落地国家政策，同时结合北京市优质的经济、文化资源，更好更快地推进国际物流中心建设，取得更大更具影响力的成绩。本文希望通过西安自身经济、社会、科教等方面的特点，结合建设国际物流中心所遇到的问题给予北京相应的参考，避免走弯路，同时，两个国家中心城市可以在两地物流企业战略合作与物流人才培养方面加强交流和合作，积极打造“产学研”一体化服务，在建设国际物流中心的事业中取得更多的突破。

减碳排放与都市群能源保障：纽约经验及其对北京的启示

蔺睿　戚凯*

摘　要：　在减碳大背景之下，如何确保能源安全保障是都市群所面临的主要挑战之一。纽约州及纽约都会区是全球知名的都市群聚地带，也是全球经济最为发达的地区之一，它的正常运转高度依赖复杂的能源保障系统。从20世纪末到目前，在减碳减排总原则的指引下，该地区的能源供应与消耗环节发生了诸多重要的变化。目前看来，在减少煤炭消费、加强天然气主体能源地位、提升能源效率等方面取得了一些进展，形成了一定的减碳效果。当地的举措形成了一些经验，也面临一些挑战，对于北京做好减碳背景下的能源保障工作，具有一定的启示意义。

关键词：　减碳　都市群　能源保障

城市群聚化是人类社会经济高度发展的结果，都市群一般拥有千万级的人口总量、繁忙的交通运输系统、数额庞大的建筑群和覆盖范围广泛的温度调节系统，这些都意味着高额的能源消耗；与此同时，都市群往往远离能源生产地，处于能源净输入状态，能源安全系数低，能源安全保障形势严峻。

---

* 蔺睿，欧亚学院物流贸易学院副院长、学科带头人；戚凯，北京市社会科学院外国问题研究所副研究员。

进入21世纪以来，国际社会对于碳排放与气候变化问题日益重视，减少碳排放成为能源系统升级保障的主要方向与目标。在减碳大背景之下，如何实现能源安全保障是都市群所面临的主要挑战之一。纽约州及纽约都会区是全球知名的都市群聚地带，也是全球经济最为发达的地区之一，它的正常运转高度依赖复杂的能源保障系统。减碳大背景下纽约州及纽约都市群能源保障的现状与挑战，是一个值得研究的典型案例。

一 纽约州及其都市群的社会经济概况：基于能源保障视角的观察

从能源安全保障层面来说，要评估都市群的能源安全态势，需要考虑以下几个方面的特征：地理位置与气候、人口、城市规模及建筑形态、经济发展水平、交通系统等。

纽约州处于美国大陆东北部，濒临北大西洋，纬度上大致与中国东北地区相当，总体上整个纽约州的气候属于温带大陆性气候，冬季寒冷多降雪，夏季凉爽；但纽约都市群因为紧靠北大西洋，故而气候又具有明显的过渡性，冬季较冷微潮，时而偏向寒冷，夏季相对炎热潮湿。从人口与土地面积来看，纽约州面积大约为14万平方千米，2018年人口普查数量为19542200人，[①] 虽然可以称得上是地广人稀，但是其人口主要集中于都市群及周边城镇，能源需求高，保障程度难。

纽约州及其都市群的城市形态与建筑布局的特征深刻反映了当地人口分布、气候地理的根本特征：主要比例的人口向纽约都市群范围的大中型城市大量集中，剩余比例人口在城镇集中居住的程度也较高。该地区冬季的室内采暖需求极为庞大，夏季则有一定的室内降温需求。

经济发展水平是决定一个地区能源消耗水平的决定性因素，经济发展规

① U. S. Census Bureau, U. S. Population Public Data, https://www.census.gov/topics/population.html.

律证明，经济越繁荣，其能源消耗越大。2017 年纽约州国民生产总值为 1.697 万亿美元，在全美各州排名第 3 位，超过韩国全国的国民生产总值，人均 80940 美元，是全球经济最为发达的都市群之一。[①] 在经济高度发达的背后，则是庞大的能源消耗量。以终端消费为统计依据，美国能源信息署所公布的最新数据为 2016 年纽约州消耗能源总量为 922.76 万亿千卡，全美排名第 8。[②]

整个纽约州及纽约都市群的交通运输系统高度发达，多种形式并存。就国内交通而言，以纽约市为核心，整个交通服务向纽约州、周边各州及全美各地辐射；以国际交通而言，以纽约市为枢纽，民航服务向全世界延伸，同时整个纽约都市群所处的大西洋沿岸遍布港口，通过海运与世界各地连接。

总的来说，由于纽约州及都市群人口众多，经济发达，气候易冷易热，交通系统庞大，因而能源需求旺盛，保障难度较大，且能源保障系统脆弱性较强。

二　减碳背景下纽约州及其都市群的能源供应与消耗

减碳对纽约州及其都市群的能源保障系统提出了全新的要求，从 20 世纪末到目前，在减碳减排总原则的指引下，该地区的能源供应与消耗环节发生了诸多重要的变化，目前来说，在减少煤炭消费、加强天然气主体能源地位、提升能效等方面取得了一些进展，形成了一定的减碳效果。

1. 减碳背景下纽约州及其都市群的能源供应

纽约州作为美国经济最为发达的地区之一，其能源的供应种类多样，包括电力、天然气、石油产品在内的生产供应多年来形成了完备的体系，可再生能源的供应也在近年来得到了较大发展。

（1）电力

纽约州的电力产能相对充足，发电量居于美国各州的第 8 位；截至

① Federal Reserve Bank of St. Louis, Total Gross Domestic Product for New York, https://fred.stlouisfed.org/series/NYNGSP.

② U.S. Energy Information Administration, New York State Profile and Energy Estimates, https://www.eia.gov/state/?sid=NY.

2016 年，纽约州的总发电量为 38.57 亿瓦时，总输电线路里程为 1.79 万千米。根据纽约州电力管理机构的统计，2000 ~ 2016 年，纽约州新增发电容量为 11.65 吉瓦，新增输电能力 2765 兆瓦。根据其估计，2016 年夏季纽约全州所需电量为 39198 兆瓦，而全州可提供的电量（包括从外州可进口的电量）为 41552 兆瓦，全州的用电需求能够得到充分保障。①

从电能来源的变化趋势上看，由于纽约州环境保护政策的作用，州内发电厂的能源比例当中，煤炭发电呈显著下降趋势，从 21 世纪初的占比近 11% 降至 2016 年的 3%，纯燃油发电的电厂比例也有所下降，至 2018 年 11 月，纽约州内已经完全消除了煤炭发电；目前，州内半数以上的电能来源为燃气发电与燃气/燃油双燃料发电。核电与水电在州内电能来源中占比较为稳定，以全州范围统计，水电占据电能来源总量的 20% 左右，核电所占比例同样显著。同时，以风能发电为代表的可再生、清洁能源发达，近年来增长明显，风电目前已发展到占全州电能来源的 3% 左右。

纽约州的输电网络也较为完备。输电网络主要由纽约独立系统运营商（New York Independent System Operator）负责管理与运营；各发电厂产生的电能通过 230 千伏以上的高压输电网络遍布全州各地区，其中下州地区输电网络基本全数为 330 千伏以上的超高压输电网络。输电线路的铺设方面，全州各处基本采用架空输电线路，在纽约市范围内由于高层建筑物密度高、人口稠密，则主要采用电缆输电线路进行输送。

根据纽约州电力管理机构报告，2000 ~ 2016 年，纽约州新增的 2765 兆瓦输电能力全部集中于下州地区，特别是纽约都市群的范围之内。六条新增的输电线路连接了长岛、纽约市等人口最为稠密的地区，其中最大的两项输电线路工程为纽约市与长岛各新增加了 660 兆瓦的电能，充分保障了纽约都市群的经济发展。

---

① New York Independent System Operator, *Power Trends 2016*: *The Changing Energy Landscape*, www.nyiso.com/public/webdocs/media_ room/publications_ presentations/Power_ Trends/Power_ Trends/2016-power-trends-FINAL-070516.pdf.

（2）天然气

纽约州对天然气的需求量巨大，天然气不仅是纽约州电能生产最为重要的来源，也是居民生活所需的基本能源之一。历史上纽约州曾拥有丰富的天然气资源，但近年来纽约州并不是天然气的主要产地，目前，纽约州的天然气主要依靠从其他地区进口。根据纽约州能源规划委员会（New York State Energy Planning Board）的统计，该州 97% 的天然气需求依赖于其他州以及外国的天然气产区，包括墨西哥湾、加拿大，以及纽约州周边的各传统能源产出大州，如宾夕法尼亚州等地。①

近年来的页岩气革命深刻地改变了美国的能源供应形势，在页岩气采集技术革命性进展的带动下，靠近纽约的宾夕法尼亚州以及西弗吉尼亚州如今依然是国内最为重要的油气能源产区。该地区作为页岩气的主产区之一（Marcellus Shale），新增的天然气产量极大地满足了纽约州的天然气需求。同时，纽约本州的天然气产区方面，Trenton-Black River 产区的天然气构成了本州天然气产量的大部分，曾一度达到本州天然气总产量的 60% 以上。

在天然气的供应终端方面，纽约州全州共计拥有逾 470 万个天然气用户，分别由 11 家州内天然气销售公司提供服务。纽约都市群所在的下州地区主要由 National Grid NY、National Grid LI、Consolidated Edison Company of New York、Orange & Rockland Utilities，Inc 等公司提供天然气服务，另外八家销售公司则覆盖上州地区。这些销售公司的天然气通过来源于天然气主产区（主要为宾夕法尼亚州、加拿大、墨西哥湾地区等）、途经纽约州的各主要跨州天然气运输管道输入纽约州内，再对各自区内的用户进行销售。

（3）石油产品

纽约州的石油需求量同样巨大；交通运输、冬季取暖以及燃油发电厂的原料都依赖于汽油、柴油、航空燃油、燃料油等石油产品的供应。根据纽约州能源规划委员会的统计，纽约州的石油产品市场是全国第五大市场，仅次于德克

① New York State Energy Planning Board，*2015 New York State Energy Plan*，https：//energyplan. ny. gov/Plans/2014. aspx.

萨斯州、加利福尼亚州、路易斯安那州以及佛罗里达州。然而与天然气的供应情况类似，近年来纽约州自身的原油产量无法满足本州巨大的需求，纽约州的石油供应绝大部分依赖于其他国家与国内其他产油州的原油供应。

尽管纽约州内的原油资源不丰富，但州内的油品运输与供应体系非常发达。通过陆运、水运与管道运输，来自周边石油及成品油产区的油品可以输送至纽约州内全部地区。纽约港作为世界最大的港口之一，同时也肩负着为纽约下州地区乃至整个纽约州与美国东北部提供原油和成品油的任务。纽约/新泽西港区拥有原油与成品油码头，拥有储存与转运能力，同时在港区内也拥有石油精炼厂，可以为本地提供各类精炼油品；此外，该港区还是美国最为重要的油品管道 Colonial 的终点站。该管道始自墨西哥湾地区的主要炼油区（德克萨斯州、路易斯安那州、密西西比州、亚拉巴马州等），为美国整个南部与东部地区提供石油产品，管线总长度达 8880 千米。纽约港作为全州乃至整个美国东北部油品供应体系的枢纽，其重要地位不言而喻。此外，纽约/新泽西港区内还拥有大规模的成品汽油调和能力，为全州直接提供成品汽油；按美国能源信息署的统计数据，美国东海岸地区的成品汽油中，83.4% 来源于东海岸地区本地的汽油调和厂。

2. 减碳背景下纽约州及都市群的能源消耗

纽约市的能源消耗依托于纽约州发达的能源供应体系，加之纽约下州地区相对集中的人口密度、能源供给的规模经济效应以及节能技术的应用，纽约州特别是纽约都市区的人均能源消耗在全美排名居于末位，能源使用效率较高。美国能源信息署最新数据更新至 2018 年 8 月，统计了全美 50 个州及哥伦比亚特区 2016 年人均能源消耗量，纽约州人均能源消耗量为 466306182 千卡，仅次于罗德岛的 443621017 千卡，而排名最末的路易斯安那州人均能源消耗量是纽约州水平的近 5 倍。①

在纽约都市群的能源消耗结构中，电能消耗占据最大比重。根据纽约州

① U. S. Energy Information Administration, *New York State Profile and Energy Estimates*, https://www.eia.gov/state/?sid=NY.

电力管理部门的数据，纽约都市群所包含的地区中，纽约市、长岛、下哈得逊河谷三地2015年的用电量分别为53485亿瓦时、21906亿瓦时、19211亿瓦时。纽约市区内的楼宇用电情况方面，根据纽约市政府公开数据库的最近数据，自2010年至2016年，纽约市区的年楼宇用电量在1200亿瓦时至1300亿瓦时，自2010年起呈逐年下降趋势，至2014年达最低点1222亿瓦时，随后两年有所上升。

纽约市区的楼宇能源消耗整体方面，除电能之外，直接使用天然气与燃料油所占比重也较为显著。在能源用途方面，天然气与燃料油的很大比重用于楼宇供暖与热水，电能则主要用于电器供电、照明、制冷、排风等方面。从整体上看，供暖占据了该区域楼宇能源消耗用途的最大份额，制冷相较之下则份额较小。

在天然气方面，从1997年到2017年，纽约州年天然气总消耗量基本在339.72亿立方米至396.34亿立方米，呈小幅波动趋势。其中，作为电能生产消耗的天然气数量始终保持在每年总消耗量的30%左右，其余部分作为一次能源使用，主要用于供暖等方面。①

石油产品的消耗方面，纽约州2008～2016年汽油消耗量呈递减趋势，其中受石油价格波动影响，2014年消耗量大幅减少，2015年起有所回升。在石油产品的用途方面，纽约州约3/4的燃油消耗用于交通方面，其余多用于供热，其中，汽油作为最普遍的车用燃料，在石油产品的消耗中占据最大比重。譬如，从2018年7月1日至10月31日，纽约市机动车消耗了37898096升汽油。② 不过，美国能源信息署也指出，纽约州作为全美第五大汽油消耗州，其人均汽油消耗量却是全美最少的。③ 另外，出于环境保护的需求，纽约州对于汽油品质要求较为严格，州内销售的汽油必须添加乙醇成

① U. S. Energy Information Administration, *New York State Profile and Energy Estimates*, https：//www. eia. gov/state/? sid = NY.

② 《纽约机动车数量创新高》侨报纽约网，https：//kknews. cc/zh-cn/world/9pnzznb. html。

③ U. S. Energy Information Administration, *New York State Profile and Energy Estimates*, https：//www. eia. gov/state/? sid = NY.

分以减少污染物和二氧化碳排放。

3. 减碳背景下纽约州及其都市群的能源储备

第一，天然气。纽约都会区的天然气储备依赖于全州乃至周边地区的储备设施。天然气的消耗与气候条件高度相关，由于冬季供暖需求大，因此天然气的储备工作极为重要。该地区每年的四月至十月为通常的天然气需求淡季，在此期间各天然气销售公司一般将天然气注入各地下储存设施进行储备，储备量通常为储存设施容积的90%以上。十月至次年四月为天然气的需求高峰，天然气销售公司在此期间将储备的天然气取出，供冬季供暖使用。同时，天然气储备也肩负着应对非常规情况，如恶劣天气导致的能源断供等情况的责任。

纽约州所主要依靠的天然气储备能力来自本州的储备设施以及邻近的宾夕法尼亚州的储备设施，两州现有的有效储备能力分别为35.67亿立方米及122.29亿立方米。① 随着近年来纽约州使用天然气进行火力发电的电厂增加，该地区传统上冬季需求旺盛、夏季需求较低的趋势正在逐渐转变，因此对于天然气储备的需求也在发生变化；为应对这一变化，纽约州一些主要天然气供应商目前也在谋划增加新的天然气储备能力。

第二，石油产品。作为美国重要的石油市场之一，纽约州同样拥有完备的石油产品储备能力。全州的石油产品供应网络中，遍布着一级（大型油料储运设施）与二级（油料批发与零售）储备点。在纽约都市群，纽约/新泽西港区更是拥有巨大的成品油储备能力，保障了整个地区乃至美国东北部的石油产品供应。尽管近年来纽约州的油品储备能力有所下降，从1994年的103.71亿升下降至2011年的85.92亿升，但从2004年起，该州的油品储备能力始终稳定在87.06亿升左右，而且馏分燃料的储备能力甚至有所增加，② 这为全州的冬季供暖需求提供了重要保障。

① New York State Energy Planning Board, *2015 New York State Energy Plan*, https://energyplan.ny.gov/Plans/2014.aspx.

② New York State Energy Planning Board, *2015 New York State Energy Plan*, https://energyplan.ny.gov/Plans/2014.aspx.

此外，在交通运输最为重要的汽油方面，纽约州的汽油储备能力自1994年至2011年也呈逐步下降的趋势，从1994年的21.61亿升储备能力降至2011年的12.87亿升。同时，由于纽约下州地区对于乙醇添加的强制要求，近年来伴随着汽油储备的乙醇储备能力有所增长。从总体上看，纽约州的汽油储备逐步降低与车辆设备的燃油效率不断提高有直接关系。

三　减碳背景下所面临的能源保障新挑战

一方面，我们应该看到，纽约州及纽约都市群近年来为应对减碳问题展开了大量的努力，取得了显著的效果，譬如彻底消除了煤炭的生产与使用，进一步压缩了燃油发电的比重，增强了天然气在发电与取暖环节的主体地位，并且在能效方面位居全美前列，但另一方面也要认识到，减碳任务以及全球变暖给当地所带来的挑战依然巨大。

第一，能源系统老化。在减碳大背景之下，稳定、高效、低碳的能源保障是纽约都市群正常运转的生命线，但是当地仍然受到能源系统老化的威胁。

美国能源情报署公布的数据表明，在纽约都市群，有1/4的居民出行都是通过公共交通来实现的，是全国范围内公共交通系统平均使用率的5倍，由此可见纽约市公共交通的重要性。其中最主要的公共交通工具是纽约都市群的地铁及通勤铁路系统，工作日平均每天客流量约560万人次，周六平均每天客流量为320万人次，运客量还在持续上涨。然而，该交通系统建于1868年初，老化严重。虽然地铁运营方MTA已经更新定位信息系统等，但是动力系统等传统能源消耗系统却并没有实质性更新：其现有的600伏、625伏和650伏直流3轨供电方式，及其相对老化的电路，导致古老而拥挤的纽约地铁滞客停运的现象屡见不鲜。

纽约都市群的建筑老化也是导致能源浪费的主要原因之一，美国约有75%的楼宇年龄都已超过20年，纽约老建筑占比更是名列前茅。纽约都市群有1/3以上的能源用于建筑能源消耗，远远超过美国国内平均水平。究其原因，首先，因为本地区的建筑比较古老，整个能源消耗系统跟不上现代能源技术和耗能需求的发展。其次，因为这些古老街区都处于纽约都市群中心地带，建筑改造与能源系统更新会给当地市政带来额外的负担，因此很多建筑的能源系统改造都被搁置；至于改造皇后区等古老居民街，更是纽约“不可承受之重”。然而这些老化的建筑和能源输送系统，也一次一次警醒纽约的能源安全危机，从 2003 年的大停电，到 2006 年的电缆故障，一直到 2017 年机场停电事故，每年因为自然灾害或者电路自身老化等原因，造成纽约城市陷入瘫痪的事件都有发生，不仅让当地直接经济损失巨大，还成为都市群最大的安全隐患之一。

第二，气候变暖与碳排放。气候变暖正在成为纽约州及纽约都市群最现实、最严重的威胁。纽约都市群拥有约 836.86 千米海岸线，超过了美国绝大多数城市，由气候变暖导致的海平面上升，可能引致频繁强烈的海洋风暴，将会严重威胁位于海滨地区的纽约都市群。

目前，纽约都市群拥有超过 1126 千米的地铁，144840 千米的地下电缆，14 个废水处理厂，2000 座桥梁和隧道，现在这些基础设施都在老化，建设这些基础设施时没有考虑到由于气候变化而引起的海洋风暴、洪水等问题。气温升高也会引起降水量的变化，降水量变化也将冲击业已老化的基础设施。随着温室气体排放的增加，纽约将面临更加严峻的气候变化挑战。

在曼哈顿下城的炮台地区，海平面在 20 世纪已经上升超过 0.3 米，极端洪水灾害发生的频率会越来越高，造成的影响越来越大，然而城市的基础设施却没有做好迎接极端灾害的准备。比如 3 级飓风能在每个小时产生 178.60～209.17 千米的风速，但目前纽约市政府的建筑规范只要求窗户能够承受每小时 177 千米的阵风。在全球气候变暖的背景下，纽约都市群面对极端洪水、飓风等相关灾害时的表现将十分脆弱。

随着人口的增长以及由人口增长引起的环境压力凸显，纽约都市群的碳排放与日俱增，其中建筑能耗和交通运输在纽约都市群的碳排放中占有重要地位。就建筑而言，近年来纽约都市群持续增长的人口推动了对住房源源不断的需求，纽约正在迎来建筑开工高峰期，新建筑的大量开工将给当地的节能减排带来巨大挑战；居民住宅用房的耗能水平居高不下，住宅取暖和热水供应的耗能水平惊人。此外，尽管纽约具有发达的公共交通体系，但随着人口的增加，现有公共交通系统不仅无法满足新增加人口的交通需求，而且还存在设施陈旧、耗能过高的问题。另外，纽约都市群的小型汽车正在不断增加，它们对减碳目标构成了新的挑战。

四 国外经验、教训及其对北京能源保障的启示

总的来看，由于发展阶段早、管理经验先进，以纽约都市群为代表的发达国家，在减碳减排的大背景下，率先采取行动，一方面减少碳排放，治理空气污染；另一方面坚守确保能源安全、支持社会经济发展的底线。当然，正如前文所述，它同样也面临着应对不足的相应风险与教训。这些对于北京而言，都有强烈的启示意义。

1. 纽约都市群的经验与教训

为了保持纽约都市群的世界领导地位，2006 年以来当地政府推动“规划纽约”行动，目标在于减少温室气体排放、改善城市基础设施、推动绿色增长等。同年纽约市还专门成立长期和可持续发展市长办公室（Mayor's Office of long Term Sustainability），该机构负责推动纽约的可持续发展。早在 2007 年，纽约市就提出了温室气体减排目标，2030 年相对于 2005 年将减排温室气体 30%，与此同时，设定了 2030 年建筑和交通的具体减排目标，届时两者将分别减排 1420 万吨和 330 万吨。十余年已经过去了，目前看来这些措施已经取得了一些积极进展。在可预见的未来，控制建筑能效、发展公共交通、对有关基础设施进行全面的更新换代及能效提升改造，是纽约州与纽约都市群在减碳背景下保障能源安全的主要措施。

总结起来，其主要的经验与教训有以下几个方面，其一，充分尊重市场的力量，按照市场经济规律办事。在渴望能源供应充足的同时，当地各级政府，包括民众并不否认能源作为一种经济资源的稀缺性，因此必须通过市场来进行合理的分配，当能源变得相对稀缺时，价格上涨会自动减少人们消费的数量，提升增加供给与扩大研发的动力。

其二，强调政府的引导与托底作用。纽约市、州、都会区所涉及的各级政府都高度重视能源安全保障问题，从法律、制度、市场准入等多个方面对涉及能源安全问题的方方面面进行引导与保护，譬如颁布地方性法规强制要求燃油效率与排放标准，制定建筑节能标准等。同时，政府还发挥了托底的作用，主要体现在建设能源应急战略储备上，市场能源供应不足时，向市场投放储备能源，供应过剩时，则买入低价能源以充实储备，从而达到了稳定能源市场，确保供需双向稳定的作用。

其三，强调企业自发的作用。在这样的原则指导之下，纽约整体对于能源事务的看法一直是强调必须通过市场机制解决能源问题的研究导向，鼓励相关企业通过市场竞争手段向能源产业上、下游拓展，形成完整的产业链，控制更多的能源初级产品生产企业；同时还主张通过采取更加透明的措施来维持能源市场的公平竞争与稳定态势，减少个人与企业的压力，鼓励投资者对能源领域相关技术进行投资与开发。

另外，在当前美国页岩油气产业大繁荣的背景下，纽约州与纽约都市群的减碳事业都遇到了新的挑战。对于传统化石能源开采企业而言，页岩油气能源前期投入成本巨大，目前正处于企业收回成本并盈利的最佳时期，市场的力量使得它们根本没有意愿去投资新能源与节能减排产业。

对于近年来新成立并且以新能源或节能减排产业为主营业务的中小型公司而言，在当前技术并不成熟的情况下，新能源的生产价格远远高于传统化石能源，成本优势不足是这些企业发展受限的最直接原因；在纽约当地某些地区，因为施工与运营成本问题，家庭太阳能电池板的铺设入网问题甚至引发了这些家庭、新能源企业与电力公司之间的直接冲突，由此可见在低油气价格的背景之下，新能源与节能减排事业在当地的发展进入了阻力更大的时期。对于普通企业与民众而言，市场的力量驱使其更乐于选择页岩油气繁荣带来的价格低廉的石油与天然气，而较少有人愿意购买更为节能环保但价格更为高昂的能源或产品。

2. 北京在减碳背景下维护能源安全的努力方向

北京拥有全中国最好的能源安全领域基础设施、财富实力与软实力优势，有条件、有能力搞好能源安全保障建设。譬如说，北京是绝大多数全球500强跨国公司在中国或者亚太区域的总部所在地，大量的巨型国有企业也在此运营，堪称中国的金融与贸易中心；中石油、中石化、中海油三家巨型国有油气企业，大唐、华能、中电、中电投等国有能源公司的总部都坐落于北京，同时北京市还有京能集团等各类能源企业。同时北京也是中国拥有最多高等院校的城市，聚集了众多著名大学，北京拥有各类足以应对各种能源安全问题的资源。要依托北京这些得天独厚的政治、经济、社会、科技、金融等资源，积极探索引导，大力推进能源安全保障建设。

在推进北京能源安全保障建设的进程中，需要遵从固守安全供应底线，稳步建设战略储备，油气消耗为根、可再生能源殿后，市场运行为主、政府扶助为辅，绿色环保是终极目标的基本原则。

其一，进一步做大做强在京能源企业，特别是北京市政府所属的能源企业，加强与中石油、中石化、中海油、大唐、华能等中央能源企业的合作。当前，提升北京能源安全保障水平的底线是确保供应不中断，通过合并、收购等市场经济方式将北京的能源供应集结到一个或若干个大型国有集团之内，以大型公司的方式进行大规模、有组织、统一协调的供应活动，由公司出资出面为供应过程中可能遭遇的意外事故、自然灾害等风险提供统一保护和补偿；同时成立相应的相关产业集团，整合能源行业产业链。在这方面，京能集团与各相关能源央企，应该与北京市委市政府、国家发改委、能源局、交通运输部等相关政府部门联手合作。

其二，进一步加强战略储备建设工作。能源是北京市经济发展、社会运转的命脉所在，是北京市稳定和谐的根本要素之一，绝不能够出现供应剧烈波动乃至中断的危机。因此，北京市委、市政府应该进一步深刻认识到能源供应战略多元布局、加强战略储备的极端重要性，北京市周边东北、西北、西南与东南海上方向都要有稳定的能源输入通道，避免单一依赖，分散风险；另外要高度重视并支持油气战略储备工作，扩充储备量并合理布局，以应对极端突发危机。

其三，积极利用在京大型企业、科研院校的优势，积极助力央企、京企的能源生产工作，予以各种政策扶助与优惠。能源开发工作难度大、成本高、开发所需时间长，在这个领域，北京应当说具有其他任何省份都没有的优势地位，中石油、中海油、中石化、中国化工、中国机械等一大批与海洋能源开发相关的能源、机械、工程企业云集北京，它们既是驻京央企，也是中央推动重大战略的主要工具。凡是涉及这些央企在世界各地的能源开发活动，北京市应当从税收、人才引进、社会保障、专项政策保障等多个方面予以大力支持。

其四，北京市委、市政府应当考虑建立能源安全风险评估与应急机制。该机制要从政治风险、商务环境风险、安保风险、市场稳定风险、重大意外风险等多个层次出发，全面分析把握北京市能源安全的实时信息，通过建立模型、实地考察等多种方法对风险和损失进行动态评估，并针对不同损失制定出一整套应对之策。在研究队伍建设问题上，既要充分利用相关企业内部现有的研究力量，充分发挥其身处一线实践的优势，积累翔实丰富的政治、经济与安保情报；又要与外交部、商务部、国家安全局、国防部等政府部门积极合作，做好应急预案与部署，同时还要与学界保持密切沟通，学习西方国际化大都市的有益经验，针对一些宏观或具体的案例开展学术研究项目资助，充分利用学术界的智库作用。

其五，从自身实际来看，北京肯定无法像地广人稀的西方国家和城市那样，毫无节制地消耗油气能源。提倡节能环保，积极发展风电、太阳能等低碳能源产业，不仅仅是为了响应国家应对气候变化的号召，更是为了北京经济社会与生态环境的可持续发展。北京要积极促成能源利用与减排任务的适宜结合，一方面提高煤炭、油气等化石能源的利用效率，相对降低这类能源的消耗增长速度，减少碳排放；另一方面加快开发低碳、无碳能源，既增加能源供应，又不增加碳排放负担。

信息化背景下的东京奥运外交及其对北京冬奥会的启示

李坤泽*

摘　要： 奥运外交是公共外交的重要组成部分。随着公共外交内涵的发展以及信息化的快速发展，民众成为奥运外交的主要受众。因此，奥运外交的特点和路径也出现了新的变化：公众参与度提升、信息去中心化和方式的多样化越发凸显。2020年东京奥运会通过对这些新特点的把握寻求到了新的奥运外交路径，精准进行城市定位，通过多种先进技术手段结合传统文化引发外国公众共鸣与好感，取得了良好的效果。2022年北京—张家口冬奥会即将举行，东京奥运会的奥运外交宝贵经验可以带来重要的参考与启发。

关键词： 奥运外交　信息化　2020年东京奥运会

奥运外交历史悠久，影响深远。早在古希腊时期，当时的奥运会就成为让古希腊各个城邦止息干戈，聚集在一起参与体育竞技的盛会。古代奥运会的宗旨之一就是和平，《神圣休战条约》就是和平的法律保障。[①] 另外，奥运会本身也是参赛各城邦或者各国展现综合实力，提升影响力的绝佳舞台，尤其是现代奥运会的主办国家和城市更会不遗余力地向世界展示本国的魅

---

* 李坤泽，中国人民大学国际关系学院博士生。

① Donald G. Kyle, *Sport and Spectacle in the Ancient World*, Blackwell Publishing, 2007, p. 103.

力，因此奥运会本身就带有浓厚的政治外交色彩。

作为公共外交的重要组成部分，随着公共外交概念的拓展，“重点从间接影响外国政府政策和行动向直接塑造外国社会和公众转移，前者主要还属于一种政府间的互动，而后者已经是政府与外国社会的互动，”① 奥运外交的功能也得到了进一步的扩展，体育赛事相对较低的政治敏锐性和社会对于体育赛事极高的关注度让奥运会在公共外交中的地位进一步提升。随着全球化和信息化的不断深入，奥运会已经成为具有多元价值、多重目的和多边外交的总体互动平台。② 现代技术也为奥运外交赋予了更丰富的内涵和更加多样化的路径，让奥运外交具有更强大的潜在力量的同时，也让奥运外交的路径变得更加复杂，对主办国家和城市提出了更高的要求。

一　信息化对奥运外交路径的影响

科学技术尤其是通信技术的发展一直与奥运会相伴：从 1896 年第一届现代奥运会的报纸报道，到 1960 年罗马奥运会的首次电视转播，再到现如今信息化环境下的全球同步转播，科技进步让奥运会的影响力不断上升，辐射整个世界。这个过程既是新的媒介不断出现的过程，也是旧的媒介不断进化的过程，“新媒介通常并不会消灭旧媒介，它们只是将旧媒介推到它们具有相对优势的领域”③。由信息化带来的种种变化，也对奥运外交提出了新的要求，只有适应新环境的奥运外交路径才能带来良好的外交效果。

1. 公众参与度提升

信息化带来最显著的特征就在于公众参与度的显著提升。在很长的历史时期中，传统媒体如报纸、电视等都是以输出为主，传导方向相对固定的媒介手段；但信息化却让公众有了充分的能力和充足的机会参与到奥运会之

---

① Alan K. Henrikson, What Can Public Diplomacy Achieve, http: //fletcher. tufts. edu/murrow/readings. html.

② 杨洁勉：《全球化中的奥运会和中国外交的新任务》，《国际问题研究》2008 年第 4 期。

③ 杰克·富勒：《信息时代的新闻价值观》，展江译，新华出版社，1999，第 224 页。

中。不仅如此，公众参与外交事务讨论的欲望也在长期的互联网环境熏陶下变得空前高涨。无论是大量的自媒体还是公众讨论区，都让公众的意见成为左右奥运外交成果的重要一环。

过去，公众通常只能被动接受来自报刊、电视台等方面的官方或大资本权威信息，更缺乏参与其中进行讨论的机会。因此，公众对于奥运外交的观感大多数时候与官方或大资本态度相同，只要着眼于各国政府和权威媒体，就可以用本国的官方叙事直接影响到他国公众。

但是在公众参与远胜于过去的今天，传统媒介的影响力消退，就要求当今的奥运外交必须准确把握公众的心态，引导公众参与其中，以公众喜爱的方式展现本国的影响力和魅力，从而影响其他国家的公众进而增进与他国社会的互动。如在 2016 年里约奥运会中，傅园慧虽然只获得铜牌，却因为其乐观本真的心态和幽默的“洪荒之力”成为里约奥运的焦点，英国广播公司（BBC）称赞道“傅园慧是最富表现力的奥林匹克明星”，各国网友和媒体对她都给予了很高的关注和评价。

究其原因，相对于各国官方层面对于竞技成绩的重视以及大多数运动员的话语，傅园慧未经雕琢的话语纯粹地表达了自己的喜悦，令人耳目一新，也引发了公众对于本真的快乐的共鸣。无意为之的话语却起到了很强的外交效果，某种程度上更甚于政府和主流媒体刻意打造的奥运外交活动。

2. 信息去中心化

与公众参与度提升同步的，是信息去中心化的趋势。信息化带来了丰富多样的媒体类别，众多拥有数以百万计观众的自媒体号在社交平台的影响力丝毫不逊色于通常的主流媒体。而这些自媒体号所发布的信息和传达的观点很难受到政府和主流媒体的控制，反而以更加灵活多样的传播方式深受民众青睐。

尽管不同时期的奥运外交都着眼于通过奥运会提升本国国际形象，赢得其他国家民众好感，展现本国运动员实力。公众参与度较低的时期，公众大多作为被动的接收方接收信息，并因此而做出判断。政府影响舆论的能力较强，无论是正面的宣传还是负面的中伤都相对简单，奥运外交只需要将重点放在对方国家和主要媒体身上即可。但在信息去中心化的今天，只重视官方和主流媒体的过于官方化的奥运外交手段常常难以达到效果，甚至引发民众的反感；而大量去中心化的自媒体和便捷的通信既让奥运盛会的诸多细节一览无余，也让台下的遮掩和交易更加容易暴露。如个别国家在奥运会等重要赛场上使用贿赂、作弊等手段以赢得成绩，展现国家实力，却在短时间内被大量曝光，反而大大影响了国际形象。

信息去中心化的另一个影响是相对于宏大的叙事，细节问题常常更能引人注目。“新媒介下的叙事方式是微小的、多样的、奇思妙想的，通过新媒介，奥运叙事范围变广了，叙事热点增多了，叙事视角扩大了，更重要的是，人们获得了一种糅合自身经历的叙事。”① 奥运会作为世界上最盛大的体育赛事，在大量现场运动员、媒体和观众去中心化的观察下，被消解成一个个具体的细节，而这些细节问题相对官方和主流媒体的宏大叙事却更容易引起社会的兴趣。主办方的考虑不周之处或者运动员的一个个动作语言细节都可能被发掘出来，无意中成为一次次成功或失败的奥运外交事件。而且这种无意为之的“奥运外交”活动往往被认为更加“真实”，无心插柳更可能发酵出意想不到的结果。

3. 奥运外交方式的多样化

随着公众外交内涵的发展和信息技术的进步，奥运外交的方式也发生着新的变化，呈现更加多样的态势。

多样化体现在媒介多样化、主体多样化和内容多样化三方面。

媒介的多样化是信息化带来最直接的变化。新的媒介带来了更丰富的传达本国奥运外交意图的手段。除了新媒体账号、互动讨论等常见新媒体形式以外，VR、AR 等先进技术手段和 VLOG 等新兴呈现方式都让奥运外交可以使用的媒介越来越多。尽管“新媒体”的概念提出时间并不长，但其内涵已经经过了多次进化，传统的只简单设立自媒体账户互动、拍摄宣传片等形式已经不足以满足当今公众的需要，奥运外交需要更进一步地利用最新媒介手段。

---

① 冯雅男、孙葆丽、毕天杨：《新媒介下奥运传播推广策略及对 2022 年冬奥会的启示》，《体育文化导刊》2018 年第 11 期。

主体多样化与公共外交的演进和技术的进步一脉相承。传统的奥运外交主体是各国政府，但各种不同主体如媒体、企业、非政府组织、个人等在奥运外交中的地位不断提高。这些新的主体同样可以以自己的方式参与到奥运外交之中。尽管这些主体力量仍不能与国家相当，但其巨大的数量和灵活的工作方式却让它们总的力量不容小觑，有些时候更甚于国家或政府。

内容多样化则体现在通过奥运外交传达的理念不再局限于过去的展现本国魅力、宣扬国家影响力的国家政治目的，而更多地扩展到展现本国在环境保护、全球治理等全球议题上的能力。如 2012 年伦敦奥运会提出了“同一地球，同一奥运”（One Planet Living，One Planet Olympics）的口号，与全球知名环保组织 WWF 和 BioRegional 合作，打造了“最环保”的奥运会，奥运期间碳排放减少了接近 50%，并且将永久建筑的能源利用率提高了 15%，赢得了世界的赞誉。伦敦奥组委着眼于全球关注的环保议题，并以此展示了英国在环境问题上的努力和担当，展示了英国强大的环境科技实力，通过关注全球性议题不仅造福地球，也提升了英国的国际形象，同样是一次十分成功的奥运外交实践。

二 2020年东京奥运会的奥运外交实践

2020 年东京奥运会虽然尚未开幕，但日本借由东京奥运会的契机所进行的外交活动早已开始，前期的宣传和准备已经取得了良好的效果。对于同样正在筹备奥运赛事的北京和张家口来说也有很多启发性作用。

1. 注重国家城市形象打造，定位精准

东京奥运会受到日本各方面的高度重视。在 2015 年日本内阁确定东京奥运会筹备方针时，指出 2020 年东京奥运会的主要意义为“重拾日本失去的自信，向世界展示日本成熟社会先进的管理机制的契机”①。作为老牌发

① 《日本公布 2020 年东京奥运会“夺金”计划破 16 块纪录》，人民网，http：//world. people. com. cn/n/2015/1127/c1002 －27864573. html，2019 年 5 月 29 日。

达国家，日本将“成熟社会”的概念引入东京奥运会，希望能够将外界认为的所谓“暮气”转化为对“成熟社会”先进一面的认同。

在实践中，“成熟社会”既有着造价预估高达 13.7 亿美元，被称为“史上最昂贵的主场馆”的新国立竞技场和雄心勃勃的“全日本体制”以展现老牌发达国家强大的经济实力和管理能力；也力图通过丰富多彩的设计，展现“成熟社会”独特的文化传统和强大的科技实力。

如在里约奥运主会场附近设置的宣传东京奥运会以及日本文化和科技的“日本屋”大获成功后，日本又在圣保罗、洛杉矶、伦敦等地新设立了多个“日本屋”，提供日本料理、文化宣传、科技展示等活动内容。“日本屋”的设立迅速成了当地的“网红景点”，引发了包括不少知名博主在内的游客“打卡”游玩，其中圣保罗“日本屋”创立一年来访量突破 77 万人。“日本屋”作为国家政府运营的巨大对外传播基地，对日本的海外影响力提升起到了极大的帮助作用。

“成熟社会”的概念对于今天的日本来说恰如其分：作为发展速度相对缓慢的老牌发达国家，借助第二次举办奥运的机会展示传统与现代良好结合的成熟形象，反而令惯常于“变化”的各国民众有了新的感受。加上充分利用现代技术手段进行的科技展示和媒体宣传，让“成熟社会”的概念广为接受。

2. 内容丰富多样，引发公众共鸣

里约奥运会后的“东京八分钟”令人印象深刻，不仅仅在于其使用先进的 AR 等技术营造出极具未来感的内容以及丰富的文化特色展示，更在于其极强的引发公众参与和共鸣的能力。

每一个国家都有其独特的文化传统和独到的魅力，这也是所有国家奥运宣传中的重头戏。相对于其他“奥运八分钟”，“东京八分钟”没有选择常见的宏大叙事展开，而是从东京女高中生视角开始“东京八分钟”的叙述。以普通人的视角展开，利用先进的 AR 和 CG 技术将 33 个奥运会大项、知名运动员、东京地标以及大量脍炙人口的卡通角色呈献给全世界观众，成为“东京八分钟”最大的特色。

这其中，外界评价最高的就是大量卡通角色的加入。不同于樱花、歌舞伎等日本传统文化要素，“东京八分钟”突出展现了其作为文化产业大国的现代文化产品。哆啦 A 梦、大空翼、Hello Kitty、马里奥、吃豆人等人气形象相继登场，既表现了日本的科技文化实力，又因这些形象的世界影响力很容易引起世界各国观众的回忆和共鸣，而不存在因文化鸿沟而带来的理解困难，成功地讲述了日本的科技与文化魅力。到日本首相安倍晋三身着马里奥服饰“穿越地心”来到主舞台时，更将这种展示带到了高潮：政治人物自带的严肃属性被这种亦真亦幻的表现形式消解，成为各国民众热议的焦点。从讨论热度和效果来看，“东京八分钟”是一次极其成功的奥运外交，它展示了跨国界的文明魅力，实现了“日本的”和“世界的”交融。

除了“东京八分钟”之外，东京奥运一系列其他奥运外交活动也有效地表现了跨国界的文化共鸣的特色。2010 年菅直人内阁时期提出的“酷日本”战略一直执行至今，涵盖日本的传统文化和流行文化，其中重要一环就是从官方角度选出一些品牌形象符号来构建城市形象元素资料库，精准定制对日本不同科技文化内容感兴趣的群体，打造高端文化符号，因此所有人都可以根据自己的需求在这个资料库中挑选相对应的旅行目的地。[①] 借助先进的信息技术，这种定位和宣传可以精准定位到不同的人群，达到最好的宣传效果。如秋叶原、新宿、银座等都受益于此，成为不同亚文化群体心目中的“圣地”。

在制定这一战略的同时，其配套项目也似乎十分完整。如 NHK 电视台的 TOKYO EYE 2020 频道从 2015 年起每周播报东京导览节目。相对于其他旅游节目，NHK 的 TOKYO EYE 2020 频道有着鲜明的特点：从微观的视角更立体地讲述东京故事，传播东京形象，以及有所侧重地选择在海外有一定影响力的文化符号进行重点宣传。[②] 如近期的节目中，既有惠比寿放松、东京公共浴场等具体地点活动的内容，也有“东京的 500 个瞬间”系列较为

① 姜瑛：《城市形象媒体传播的框架与策略——以 2020 年奥运会举办地东京为例》，《北京邮电大学学报》（社会科学版）2018 年第 6 期。

② 魏然：《日本 NHK 的 2020 年奥运会传播战略及启示》，《中国电视》2016 年第 9 期。

宏观的总结式内容，还有以一位游客身份的教授视角展开的西荻洼探秘之旅，连续播出多年仍保持了较高的关注度和制作水准，深受各国观众喜爱。

三 对北京—张家口冬奥会外交工作的启示

1. 奥运外交应当贴近民众

冬奥会先期筹备的奥运外交工作，主要对象是各国民众。通过各种各样的外交活动来赢得各国社会以及民众的好感。东京奥运会立足于民众的奥运外交形式所取得的成果就是这一“民众路线”的例证。

中国作为历史悠久、幅员辽阔的新兴大国，在进行奥运外交活动时更应当注意针对民众与针对政府的叙事要求差异。相对于官方性较强的宏大叙事，针对民众的公共外交活动更应当采取更加平易近人的方式进行，从贴近生活，能引起民众同理心的视角切入。避免因起点平台过高而让外国民众难以理解，甚至被已有成见的外国民众认为是一种“秀肌肉”，很难达到预期效果。北京—张家口冬奥会的“冬奥有我”全民线上邀请活动就吸引了国内外过亿人次参加，取得了很好的效果。

另外，过去的奥运外交语境中，中国悠久的历史文化往往作为重点的宣传对象，但这些传统文化要素却因为与外国民众距离较远而效果有限，传统与现代结合才有更好的效果。平昌冬奥会后的“北京八分钟”就给出了一张优异的答卷：熊猫布偶将中国最为世界所知的标志性符号与先进的材料科技结合惊艳世界，而机器人、“冰屏”等展示的科技感与北京普通民众参与的生活感交会，也产生了不同于过往宣传中只强调传统要素的效果，更通过高铁等展现了中国作为新兴大国的魅力。在后续奥运外交工作中，也应当一以贯之。

2. 奥运外交应当强调城市本土特性

北京是历史悠久的古都，张家口也是著名的旅游城市，城市本身值得挖掘的内容十分丰富。奥运会既是一次国家级的盛会，也是城市本身的一次盛会。奥运外交本身也包含着城市为主体的城市外交部分。尽管冬奥会总的关注度并不如夏季奥运会，但同样是一次展示城市文化特色的机会，尤其是对于国际知名度较低、发展较慢的张家口来说更是一次良机。

中国在国家层面的冬奥宣传能力和力度都很充足，也取得了较好的外交效果。但城市层面的外交相对东京却有着很大的不足，尤其是在城市层面的活动中，因为北京丰富的资源和较高的国际知名度，占据了绝对的优势。而张家口却出于种种原因关注度较低，城市外交工作十分有限。然而相对于已经跻身世界城市的北京来说，冬奥会对于张家口意义更加凸显。

而即使是北京的城市外交，也面临城市核心形象不够清晰的问题，与2017年习近平主席提出的“首都风范、古都风韵、时代风貌”的战略定位相比仍有较大的发展空间。与此同时，相对于东京对各个城区文化特色的深入挖掘、着力宣传，充分利用信息手段扩大城市影响力吸引各国民众，北京的城市宣传仍有不足。北京—张家口冬奥会的奥运外交，仍然以政府为绝对主导，缺乏包括企业、社会乃至个人在内的各方力量的参与，更需要建立统一的目标和理念来整合资源，利用好现代技术手段和多种媒介，提升公众参与度，讲好“中国故事”的同时也要讲好“北京故事”“张家口故事”。

图书在版编目(CIP)数据

北京国际交往中心发展报告.2019／刘波主编. -- 北京：社会科学文献出版社，2019.11
ISBN 978-7-5201-5293-8

Ⅰ.①北… Ⅱ.①刘… Ⅲ.①国际交流-研究报告-北京 Ⅳ.①D827.1

中国版本图书馆 CIP 数据核字（2019）第160188号

北京国际交往中心发展报告（2019）

主　　编／刘　波
副 主 编／张　暄

出 版 人／谢寿光
责任编辑／张　媛

出　　版／社会科学文献出版社·皮书出版分社（010）59367127
地址：北京市北三环中路甲29号院华龙大厦　邮编：100029
网址：www.ssap.com.cn
发　　行／市场营销中心（010）59367081　59367083
印　　装／三河市尚艺印装有限公司

规　　格／开　本：787mm×1092mm　1/16
印　张：21.75　字　数：328千字
版　　次／2019年11月第1版　2019年11月第1次印刷
书　　号／ISBN 978-7-5201-5293-8
定　　价／89.00元

本书如有印装质量问题，请与读者服务中心（010-59367028）联系